Edition Akzente
Herausgegeben von
Michael Krüger

Boris Groys

Topologie der Kunst

Carl Hanser Verlag

ISBN 978-3-446-23434-5

Umschlag: nach einem Entwurf von Klaus Detjen
unter Verwendung einer Zeichnung von Ilya Kabakov
Satz: Filmsatz Schröter, München
Printed in Germany

Inhalt

Einführung: Kunstwerk und Ware 9

Installation

Die Topologie der Aura 33
Der Künstler als Konsument 47
Medienkunst im Museum 59
Ikonoklasmus als Verfahren:
Ikonoklastische Strategien im Film 77
Einführung in die Heterochronie 97
Die Dauer der Bilder 104
Fragen ohne Antwort 111
Das Versprechen der Photographie 118
Die Erotik des Nicht-Perfekten 138
Kunst im Zeitalter der Biopolitik:
Vom Kunstwerk zur Kunstdokumentation 146
Die Einsamkeit des Projekts 161

Zirkulation

Das Museum im Zeitalter der Medien 175
Die Stadt im Zeitalter ihrer touristischen
Reproduzierbarkeit 187
Versklavte Götter: Kino und Metaphysik 199
Im Namen des Mediums:
Kunst und Politik der Avantgarde 221
Jenseits der Heterogenität: Die Ideologie der Cultural
Studies und ihr postkommunistisches Anderes 232
Die Sprache des Geldes 255
Kapital. Kunst. Gerechtigkeit 269

Anmerkungen 291
Quellennachweise 295

Für Natalia Nikitin

Einführung
Kunstwerk und Ware

Die Kunst ist primär ein Wirtschaftszweig. Die Aufgabe der Kunst besteht in Produktion, Verbreitung und Verkauf von Kunstwerken. Das Kunstwerk ist eine Ware wie jede andere. Der Kunstmarkt ist ein Teil des Marktes als solchem und funktioniert nach den üblichen Gesetzen der Warenökonomie. Die Kunstwerke zirkulieren in unserer Ökonomie wie jede andere Ware auch im Kontext der allgemeinen Warenzirkulation. Das sind Feststellungen, die in unserer Zeit unbestreitbar gelten. Die Schwierigkeiten beginnen erst dann, wenn man versucht, diese allgemeinen Feststellungen zu qualifizieren, zu präzisieren und sich zu fragen, worin das Spezifikum der Ware besteht, die wir als Kunstware, eben als Kunstwerk bezeichnen. Es ist leicht zu behaupten, daß das Kunstwerk eine Ware sei. Viel schwieriger aber ist zu bestimmen, welche Waren Kunstwerke sind.

Zumindest seit Duchamp wissen wir nämlich, daß jede Ware als Kunstwerk ausgestellt und anerkannt werden kann. So läßt sich sagen: Jedes Kunstwerk ist eine Ware, und jede Ware ist ein Kunstwerk. Die Identität zwischen Ware und Kunstwerk scheint somit perfekt zu sein. Jeder Versuch, das Kunstwerk von den üblichen Waren »qualitativ« zu unterscheiden, muß scheitern – und in der Tat sind solche Versuche historisch immer wieder gescheitert. Wir sind fähig, jede Ware »ästhetisch« zu erleben – es ist nur eine Frage der Optik, der Perspektive, die man leicht umstellen kann, wenn man entsprechend trainiert ist. Und inzwischen sind alle – oder fast alle – Betrachter entsprechend trainiert. Aber dessen ungeachtet spürt und weiß man sogar, daß es einen Unterschied zwischen der üblichen Ware und dem Kunstwerk gibt. Dabei handelt es sich offensichtlich um keinen »materiellen« Unterschied, der uns durch eine Untersuchung des jeweiligen Gegenstandes Auskunft über dessen Kunststatus geben könnte. Es gibt nichts »in der Ware« selbst, das sie als Kunstwerk ausweisen könnte. Aber noch weniger kann der Unterschied in der Wahrnehmung des Betrachters liegen. Wie gesagt: Jede Ware kann als Kunst gesehen und erlebt werden. Die totale Ästhetisierung der Welt, inklusive der Warenwelt, bildet den Horizont, in dem sich der moderne Kunstbetrachter notwendigerweise bewegt. Der Unterschied zwischen dem üblichen, »prosaischen« und dem ästhetischen, »poetischen« Konsum – zwischen Bedürfnis und Begehren, zwischen Notwendigem und Exklusivem – ist somit längst verschwunden.

So sieht man sich genötigt, sich bei der Suche nach dem Unterschied zwischen Kunstwerk und üblicher Ware an den Ursprung des Kunstwerks zu wenden. Diese Vorgehensweise ist durchaus üblich. Man hat traditionell unterschieden zwischen der bloßen Herstellung, der bloßen Produktion von Waren und dem Schaffen eines Kunstwerks. Diese Unterscheidung ist auf vielfältige Weise beschrieben, interpretiert und kommentiert worden. Doch vor allem wurde sie immer wieder geleugnet – und zwar besonders vehement gerade in der Tradition, die ihren Ausgangspunkt in Duchamps Readymade-Verfahren hat. Man fragt sich nämlich: Wenn jedes industrielle Produkt als Kunstwerk gelten darf – wo liegt dann der Unterschied zwischen (industrieller) Produktion und (künstlerischem) Schaffen? Wenn die Ergebnisse dieser beiden Produktionsverfahren identisch sind – wo liegt dann der Unterschied zwischen Produktion und Kreation? Nun scheint mir aber diese Schlußfolgerung den eigentlichen Sinn von Duchamps Verfahren zu verfehlen, denn dieser Sinn besteht nicht in der Abschaffung des Unterschieds zwischen Produktion und Kreation, sondern in einer präzisen Analyse dieses Unterschieds.

Das Readymade-Verfahren zeigt nämlich: Die Kreation besteht aus zwei Operationen – Produktion und Selektion. Wenn der Arbeiter eine Ware erzeugt, wird die Eignung dieser Ware auf einem üblichen, bürokratischen Wege überprüft – durch einen Vorgang der Selektion werden die guten, tauglichen Erzeugnisse von den schlechten, defizitären, untauglichen Erzeugnissen getrennt. Die guten, tauglichen Erzeugnisse werden in den Warenumlauf gebracht, während die schlechten, untauglichen Erzeugnisse auf dem Müll landen. Auf keiner Stufe dieses Selektionsprozesses wird eine individuelle, persönliche Verantwortung für die Selektion übernommen, weder vom Arbeiter selbst noch von den Prüfern – denn sie prüfen nach Kriterien und Instruktionen, die nicht von ihnen selbst entworfen wurden. Diese Kriterien und Instruktionen sind explizit vorformuliert und öffentlich zugänglich. Jeder kann, wenn er sie studiert hat, selbst überprüfen, ob die fertigen Erzeugnisse, die er kontrolliert, den etablierten Kriterien entsprechen oder nicht. Auf keiner Stufe dieses Prozesses der Selektion übernimmt also ein konkretes Individuum eine individuelle Verantwortung für den einzelnen Akt der Selektion – für eine konkrete Entscheidung für oder gegen ein bestimmtes Produkt. Letztendlich ist es eine Firma, die eine solche Verantwortung trägt, aber dies auch wiederum nur partiell.

Völlig anders sieht es jedoch im Bereich der Kunst aus. Wenn Duchamp dieses eine Urinoir unter allen anderen auswählt und als Kunstwerk ausstellt, gibt es für diesen Akt der Selektion keine Vorgaben, keine Kriterien, keine Instruktionen. Und die Gründe für diesen Akt der Selektion bleiben dunkel und rätselhaft. Der Akt der Kreation ist also primär ein Akt der Selektion – und kein Vorgang der Produktion. Als Gott die Welt schuf, hat er sie angeschaut und gesagt, sie sei gut. Bis jetzt kann man nicht verstehen, wie Gott auf die Idee kommen konnte, diese von ihm produzierte Welt als gut zu bezeichnen. Auch nach Jahrhunderten der theologischen Exegese bleibt diese Einschätzung für uns ein Rätsel. Und eben in diesem Sinne gilt Gott für uns nach wie vor als Kreator – und nicht bloß als Produzent – der Welt. Gerade weil es allen Kriterien der Tauglichkeit widerspricht, über die wir als Menschen verfügen, diese Welt als gut zu bezeichnen, staunen wir über diese Entscheidung Gottes und respektieren ihn als Künstler – und nicht etwa als Handwerker, Ingenieur oder

Arbeiter. Ein Künstler zu werden bedeutet also zu sagen: Es ist gut so – und zwar aus einem Grund, der für andere möglicherweise oder sogar meistens uneinsichtig ist. So ist es für uns uneinsichtig, warum und in welcher Hinsicht ein nicht funktionierendes Urinoir gut sein kann, wie Duchamp es indirekt behauptet, indem er dieses Urinoir als »Fountain« ausstellt. Aber gerade deswegen gilt Duchamp für uns als Künstler – und nicht als Installateur.

Oft wurde gesagt, daß die Kunst ihrem Wesen nach nicht funktional sei, daß sie bloß betrachtet, aber nicht gebraucht werden kann und darf. Darin sah man einmal den Vorteil, einmal den Nachteil der Kunst. Etwas zu betrachten, zu bewundern, es zu schonen, statt es zu gebrauchen, galt lange Zeit als Auszeichnung – als Zeichen besonderen Respekts. Heute glaubt man in einer solch kontemplativen Einstellung meistens bloß das Zeichen eines gesellschaftlich privilegierten Lebens zu erkennen – ein Zeichen unrechtmäßig erworbener gesellschaftlicher Macht, ein Zeichen von Ausbeutung oder von Klassenherrschaft, die einem einzelnen ein kontemplatives Leben auf Kosten der übrigen arbeitenden Bevölkerung sichert. Das Nicht-Funktionale als etwas Höheres zu bewerten reflektiert demnach bloß das Klassenbewußtsein der dominierenden Klasse. Die Kunst – als eine nicht-funktionale, unnütze Beschäftigung – wird somit zum Symptom des herrschaftlichen Bewußtseins, zum Symptom der Macht. Daraus entsteht der Wunsch, die Kunst nützlich zu machen. Meistens passiert dies in einem übertragenen Sinne: Die Kunst wird als gesellschaftliche Kritik oder als Entwurf einer gesellschaftlichen Utopie gebraucht. Ist aber die Kunst als solche tatsächlich nicht-funktional oder unnütz?

Insofern das Kunstwerk nicht bloß ein Produkt oder eine Ware ist, sondern den Akt der Selektion dieser Ware vollzieht und manifestiert, stellt das Kunstwerk selbst einen Gebrauch dieser Ware dar. Denn eine Selektion setzt immer einen – realen oder möglichen – Gebrauch voraus, der auch dann ein Gebrauch bleibt, wenn er sich als rätselhaft und obskur zeigt, wenn er sich unserer unmittelbaren Einsicht entzieht. Das

Kunstwerk kann also nicht gebraucht werden, weil es immer schon ein Gebrauch ist. Man kann das Kunstwerk im Grunde nur gebrauchen, wenn man den Gebrauch mimetisch wiederholt, der sich im Kunstwerk manifestiert. Eine solche mimetische Wiederholung nennt man Mode – und die Mode hat sicherlich auch ihre eigene ökonomische Dimension. Diese ökonomische Dimension der Mode unterscheidet sich aber wesentlich vom üblichen Gebrauch. Es gibt nämlich einen deutlichen Unterschied zwischen dem Gebrauch eines Gegenstandes und der mimetischen Wiederholung eines Gebrauchsmusters, das in einem Kunstwerk seine Manifestation findet. So wiederholen wir die göttliche Kreation, indem wir in der Welt leben. Man kann aber nicht sagen, daß wir die Welt gebrauchen. Vielmehr werden wir von der Welt verbraucht. In den Gebrauch der Waren wird Geld investiert – und das Geld läßt sich ab und zu regenerieren. In die mimetische Wiederholung eines modischen Lifestyle wird dagegen die eigene Lebenszeit investiert – und die läßt sich nicht regenerieren. Die Kunst manifestiert den Verbrauch des Verbrauchers – den Modus der Ökonomie, in dem nicht wir die Dinge verbrauchen, sondern in dem unser Lifestyle uns verbraucht. Das Wort Lifestyle ist in dieser Hinsicht sehr passend, weil der Stil etwas Abgeschlossenes, Totes ist. Im Lifestyle ist unser Leben schon abgeschlossen – und wir selbst sind wie immer schon tot. So kann man vielleicht sagen, daß die Kunst, wenn schon von Macht die Rede ist, die Herrschaft des Todes über das Leben manifestiert. Nun ist ein Kampf gegen die Macht des Todes bekanntlich ein schwieriger Kampf, der kaum zu einer baldigen Abschaffung der Kunst und ihrer vollständigen Auflösung in der Warenwelt führen kann.

In der Nachfolge von Guy Debord wird freilich oft behauptet, daß wir in einer Gesellschaft des Spektakels leben, in welcher der Gebrauchswert einer Ware definitiv durch den Tauschwert ersetzt ist. Demnach schätzen wir die einzelnen Waren, die uns die heutige Konsumgesellschaft anbietet, allein dafür, daß sie viel Geld kosten – ansonsten wissen wir nicht, wozu wir sie eigentlich brauchen können. In diesem Fall manifestiert die »Schönheit« einer Ware allein deren verborgenen Tauschwert. Und das ästhetische Erlebnis muß seinem Wesen nach ein Gelderlebnis sein. Diese Analyse hat sicherlich ihre Berechtigung – aber nicht, weil der Gebrauchswert verschwunden, sondern weil er seinerseits zur Ware geworden ist. Die Rede von der allgemeinen Ästhetisierung des Konsums hat nur dann einen Sinn, wenn man nicht bei der abstrakten Feststellung stehenbleibt, die Waren seien schön geworden, ihre utilitäre Funktion habe im Vergleich zu ihrer Verpackung, ihrer Aufmachung und ihrem Design an Bedeutung verloren. So etwas wie »Schönheit« als solche gibt es nämlich nicht. Jede bestimmte Ästhetik verweist auf einen bestimmten Lebensstil. Und da Lebensstile unterschiedlich sind, sind auch die Kriterien der Schönheit unterschiedlich. Der individuelle Lebensstil ist aber nichts anderes als eine spezifische Art des Gebrauchs – und des Selbstverbrauchs. Die Schönheit der Ware manifestiert also nicht allein den Tauschwert, den Preis dieser Ware, denn in diesem Falle würde Schönheit vereinheitlicht, so wie auch Geld einheitlich ist. Die Schönheit ist der Mode unterworfen. Und die Moden sind unterschiedlich – und stehen zueinander oft im Widerspruch.

Das Kunstwerk führt ein oder zumindest manifestiert eine Mode – eine bestimmte Art von Gebrauch. Gleichzeitig ist das Kunstwerk aber auch eine Ware. Daraus entsteht die Versuchung, den Unterschied zwischen dem Kunstwerk und der üblichen Ware für nichtig zu erklären. Dabei wird aber der Unterschied zwischen dem Gebrauchswert des Kunstwerks und dem Gebrauchswert der üblichen Ware übersehen. Wir kaufen eine Ware, weil sie uns gefällt – im Rahmen des eigenen Lebensstils. Wir produzieren oder erwerben Kunstwerke, um diesen Lebensstil zu explizieren und zu manifestieren – für uns selbst und für die anderen. Deswegen wird auch, wie schon Kant bemerkt hat, über Kunst gestritten, wenn sonst jeder seinem eigenen Geschmack unwidersprochen folgen darf. Wir wollen nämlich nicht nur das selektieren, was uns persönlich gefällt, sondern auch von anderen selektiert werden. Wir wollen gefallen. Wir wollen, daß unser Geschmack vom Geschmack der anderen akzeptiert, anerkannt und respektiert wird. Freilich ist jede Warenselektion von diesem Wunsch nach Anerkennung diktiert: Auch die Wohnungseinrichtung oder die Wahl der Restaurants – von den Kleidern ganz zu schweigen – setzt uns dem ästhetischen Urteil der anderen aus, das auch durchaus negativ ausfallen kann. Wir können aber in allen diesen Fällen eine Ausrede finden, die auf diese oder jene praktischen Gründe verweist, die es uns erlauben, dem ästhetischen Urteil über unseren eigenen Geschmack zu entgehen. Doch für die Präferenzen im Bereich der Kunst gelten alle diese Ausreden nicht, denn das Kunstwerk hat keine andere Bedeutung, als einen bestimmten Geschmack zu manifestieren – und somit einen bestimmten Lebensstil. Durch aktive oder passive Partizipation an der Kunst verlassen wir die Position des Betrachters eines Spektakels, inklusive des Konsumspektakels, und verwandeln uns selbst in eine Ware. Denn auch wenn wir nur passiv mit Kunst zu tun haben, indem wir etwa Kunstwerke kaufen, erwerben wir nicht nur bestimmte Waren, sondern wir appropriieren, wiederholen die Selektionsverfahren, die einem Kunstwerk zugrunde liegen. Und so bieten wir wiederum den anderen die Möglichkeit, uns nach der Beschaffenheit dieses Selektionsverfahrens zu beurteilen und einzuschätzen.

Jedes gesellschaftlich etablierte Selektionsverfahren hat einen Namen – und zwar den Namen des Künstlers, so daß wir sagen können: Wie bei Leonardo, wie bei Warhol, wie bei Kafka. Diese Namen bezeichnen nicht nur ein bestimmtes Angebot an Bildern oder Romanen, die man als Konsument erwerben kann. Vielmehr bezeichnen sie auch bestimmte Selektionsstrategien – und bestimmte Lebensweisen, die man wiederholen kann, wenn man will. Nun steht es außer Zweifel, daß solche Namenszuschreibungen konventionell sind. Man kann nicht beweisen, daß Warhol oder Kafka ihre Selektionsstrategien tatsächlich »erfunden« und nicht ihrerseits wiederholt haben. Zugleich kann man mit Recht darauf verweisen, daß auch große Firmen wie etwa »Nike« oder »Macintosh« Lifestyles entwerfen, um sie als Werbung für ihre Produkte einzusetzen. Das alles aber ändert nichts an der Tatsache, daß ein Unterschied besteht zwischen der Autorschaft im Sinne der Einführung eines Selektionsverfahrens und der Autorschaft im Sinne der Produktion eines Produkts. Diese zweite Art von Autorschaft ist eigentlich gar keine Autorschaft. Der Autor unterwirft sein Werk nämlich nicht einer Überprüfung, um festzustellen, ob sein Produkt gut ist oder schlecht – wie ein gewöhnlicher Produzent es tut. Oder wie ein Sportler es tut, der seine sportlichen Leistungen messen läßt.

Ein Autor ist jemand, der sich selbst autorisiert. Er ist der Kritiker seiner selbst. Er ist der Kurator seiner selbst. Er ist das Museum seiner selbst. Und er ist die Bibliothek seiner selbst. Und vor allem: Er ist der Endverbraucher seiner selbst. Indem der Autor sein eigenes Werk ästhetisch beurteilt, ohne irgendwelche Gründe dafür anzugeben, übernimmt er die Rolle des autonomen Konsumenten. Der Autor sagt: Es ist gut. Oder: Es ist schlecht. Und dieses sein Urteil über sein eigenes Werk gilt für alle Zeiten. Denn es ist gut oder schlecht gemessen nach Kriterien, die der Autor nicht explizit angibt – und die er möglicherweise selbst nicht kennt. Deswegen sind die Aussagen des Autors nicht zu widerlegen. Freilich kann es passieren, daß dem Urteil des Autors niemand folgen will. In diesem Fall fühlt sich der Autor von der Welt verlassen, unglücklich, sogar gescheitert – aber keineswegs widerlegt. Der Autor kann scheitern – doch er kann nicht widerlegt werden. Und eben deswegen ist der Autor souverän: Eine souveräne Entscheidung kann zum Sieg oder zum Scheitern führen, aber sie kann weder legitimiert noch widerlegt werden. Der Autor ist souverän, weil in ihm die Trennung zwischen Produzent und Konsument aufgehoben ist.

Man kann nicht einmal sagen, daß jedes Kunstwerk selbst die Kriterien diktiert, nach denen es beurteilt werden soll. Genausogut kann es sein, daß die Kriterien der Selektion, die der Autor benutzt, um sein Werk zusammenzustellen, rein willkürlich oder gar zufällig sind – solche Kriterien lassen sich nicht beschreiben, rationalisieren, rekonstruieren und systematisch anwenden. Die Tatsache, daß der Autor dies als gut und jenes als schlecht beurteilt hat, bleibt somit eine unreduzierbare, unerklärbare und unbegründbare Tatsache. Die souveräne Figur des modernen Autors manifestiert die Souveränität des modernen Verbrauchers, der keinem eine Erklärung schuldig ist in bezug darauf, wie er selektiert – was er kauft oder nicht kauft. Allerdings ist es eine Souveränität, die den anderen gefallen will, die nicht scheitern will – und die in diesem Sinne äußerst unsouverän ist. Die moderne Autorschaft ist eben diese unsouveräne Souveränität: Der Autor trifft souveräne Entscheidungen, aber gerade weil sie souverän sind, können sie nicht gerechtfertigt, begründet oder verteidigt werden. Sie können nur gefallen oder nicht gefallen. Das Schicksal des Autors besteht darin, gefallen zu müssen, um zu überleben. Ein souveränes, aber ausgesprochen unwürdiges Schicksal.

So wird verständlich, warum es gerade in der Kunstwelt eine starke Sehnsucht nach Subjektlosigkeit, Anonymität, Wissenschaftsähnlichkeit und Warenförmigkeit gibt. Man protestiert immer wieder gegen den der Kunst immanenten Kult der künstlerischen Subjektivität, gegen die Figur des Autors, gegen die auktoriale Signatur. Diese Rebellion versteht sich meistens als Aufbegehren gegen die Machtstrukturen, die in der Figur des souveränen Autors ihren sichtbaren Ausdruck finden. Immer wieder wollen die Kritiker beweisen, daß es so etwas wie ein künstlerisches Genie gar nicht gebe, daß dementsprechend der auktoriale Status des jeweiligen Künstlers nicht von seiner angeblichen Geniequalität abgeleitet werden könne. Vielmehr wird in der Zuschreibung der Autorschaft eine Konvention gesehen, welche die Institution Kunst, der Kunstmarkt und die Kunstkritik benutzen, um Stars strategisch aufzubauen und von diesen Stars kommerziell zu profitieren. Der Kampf gegen die Figur des Autors wird demnach verstanden als ein Kampf gegen ein undemokratisches System von willkürlichen Privilegien und unbegründeten Hierarchien, die de facto niedere kommerzielle Interessen reflektieren. Und immer wieder wird der Autor im Verlauf dieses Kampfes für definitiv entmachtet und sogar für tot erklärt. Freilich führt dieser Sieg über den Autor unweigerlich dazu, daß die Kritiker der Autorschaft ihrerseits zu berühmten Autoren erklärt werden – und zwar gerade deswegen, weil sie die traditionelle Figur des Autors entmachtet haben. So kann man hier auf den ersten Blick bloß die Wiederholung des altbekannten Verfahrens des Königsmordes am Werk erkennen, das aus dem Königsmörder den neuen König macht. Aber so einfach liegen die Dinge nicht. Vielmehr muß nach den Gründen für die Polemik gegen die Autorschaft in der heutigen gesellschaftlichen Lage des Künstlers gesucht werden.

In der Regel wird der Autor von seinen Kritikern als Herrscher präsentiert, der dem Publikum seinen auktorialen Willen diktiert, der eine institutionell verankerte Autorität besitzt, der als Genie gilt, dessen Werke einen großen Marktwert haben. Und das bedeutet: Der Autor wird ausschließlich als ein erfolgreicher, prosperierender Autor beschrieben – und als solcher kritisiert und dekonstruiert. Was dabei systematisch übersehen wird, ist die Figur einer mißglückten, gescheiterten Autorschaft. Der gescheiterte Autor ist aber in Wirklichkeit eine viel weiter verbreitete Figur als der erfolgreiche Autor. Und für einen gescheiterten Autor liegen die Dinge völlig anders als für einen erfolgreichen Autor. Für einen gescheiterten Autor bedeutet seine eigene auktoriale Signatur kein Zeichen von Autorität, sondern ein Zeichen von Mißerfolg – kein Gütesiegel, sondern ein Stigma. Wie die »schwachen« Arbeiten eines berühmten Künstlers gefeiert werden, gelten auch die »guten« Arbeiten eines gescheiterten Künstlers in der Regel als gescheitert. Die Autorschaft ist also nicht nur eine Prärogative der Herrschaft, sondern auch ein Fluch für den Gescheiterten. Wie gesagt: Der Autor ist souverän. Doch die Souveränität führt meistens zum Scheitern – und nicht zum Erfolg. Die Souveränität ist also keineswegs zu beneiden, und souverän zu sein ist alles andere als attraktiv.

Und in der Tat: Man kann in der Kunst so gründlich scheitern, wie man etwa in der Wissenschaft nicht scheitern kann.

Für eine wissenschaftliche Theorie übernimmt ihr Autor nicht die volle auktoriale Verantwortung. Eine wissenschaftliche Theorie ist kein Ausdruck der eigenen, souveränen Selektion – sie hat immer bestimmte Vorläufer, besteht meistens aus Umformulierungen von schon Bekanntem und kann im weiteren ihrerseits modifiziert, verbessert oder den Fakten besser angepaßt werden. Der einzelne Autor leistet einen Beitrag zur Entwicklung der Wissenschaft, aber er kann dafür nur bedingt und partiell die Verantwortung übernehmen. Da der Wissenschaftler niemals die volle Verantwortung für seine Arbeit übernimmt, wird er auch im Falle eines Erfolgs weniger berühmt als der Künstler. Dagegen kann der Wissenschaftler aber auch nicht so tief fallen, wie der Künstler es kann. Um dies einzusehen, genügt es, einen Blick darauf zu werfen, wie etwa ein Gott als Autor der Welt gründlich scheitern kann. Wenn sein Werk als enttäuschend empfunden wird, werden seine Altäre und Kirchen verwüstet, seine Diener umgebracht, seine Bilder und Statuen verbrannt. So etwas passiert einem Wissenschaftler hingegen niemals. Auch wenn seine Theorie irgendwann als falsch erkannt wird, behält er in der Regel seine akademische Position, wird in Ehren emeritiert und nach seinem Tod respektiert.

Eine künstlerische Entscheidung gilt dagegen für alle Zeiten. Ein Kunstwerk kann nicht willkürlich verändert, modifiziert oder redigiert werden. Verändert der Autor sein Kunstwerk, wird es zu einem anderen Kunstwerk erklärt. Verändert ein anderer Autor ein schon existierendes Kunstwerk, wird die neue Autorschaft diesem anderen Autor zugeschrieben: Durch das Verfahren der Appropriation gilt die frühere Autorschaft als ausgelöscht. Eine souveräne künstlerische Entscheidung läßt sich also nicht revidieren, anpassen oder verbessern. Ein souveränes Scheitern ist definitiv. So entsteht der Verdacht, daß die Bekämpfung der Autorschaft als einer leeren Konvention, die zur Hauptbeschäftigung der heutigen Kunsttheorie geworden ist, weniger dazu dient, gegen die Herrschaft der künstlerischen Souveränität aufzubegehren, als vielmehr deren mögliches Scheitern abzufedern. Wenn der Künstler kein Autor ist, trägt er auch keine auktoriale, persönliche Verantwortung für sein eventuelles Scheitern. Und die Zahl der gescheiterten Künstler wächst ständig, weil überhaupt die Zahl der Künstler ständig wächst. Das Hauptmerkmal der Kunst von heute ist ihre Überproduktion. Durch das von Duchamp eingeführte Readymade-Verfahren ist es möglich geworden, Kunst mit Lichtgeschwindigkeit zu produzieren. Im Grunde genügt der Blick eines Künstlers, um aus einem profanen Gegenstand ein Kunstwerk zu machen. Somit ist das Readymade-Verfahren die schnellste Technologie des zwanzigsten Jahrhunderts. Sie wird aber noch zusätzlich von anderen Technologien unterstützt, die ebenfalls die Geschwindigkeit der Kunstproduktion erhöhen, wie etwa Photographie oder Video. Die relative Einfachheit dieser Verfahren führt dazu, daß tendenziell jeder zum Künstler avancieren kann, der imstande ist, auf den Knopf des Photoapparats oder der Videokamera zu drücken. Dazu kommen der heutige globalisierte Kunstmarkt und neue Medien wie etwa das Internet, die fähig sind, jede Art von Kunst mit großer Geschwindigkeit weltweit zirkulieren zu lassen. Im Endeffekt wird der Betrachter mit einer ständig und schnell wachsenden Masse an Kunst konfrontiert, die er nicht mehr überblicken kann.

Darüber hinaus hat die Kunstkritik der letzten Jahrzehnte alle denkbaren Wert- und Qualitätskriterien bekämpft und abgeschafft, die dazu verwendet werden könnten, ein Urteil über ein Kunstwerk zu begründen. Hinter allen diesen Kriterien wurden gesellschaftliche Machtstrukturen vermutet, deren Stabilisierung diese Kriterien letztendlich dienen sollen – wodurch all diese Kriterien unglaubwürdig wurden. Niemand glaubt heutzutage, daß irgendwelche Erklärungen und Begründungen eine Grundlage für ein ästhetisches Urteil liefern können. Die Kunsttheorie hat keine normierende oder legitimierende Funktion mehr. Jeder, der sich mit kunsttheoretischen Diskursen beschäftigt, weiß ganz genau: Beim heutigen Publikum wie auch bei den Künstlern rufen diese Diskurse nur Unbehagen und Überdruß hervor. Im Grunde ist die Kunsttheorie als solche gescheitert und definitiv erledigt. Jede Art der diskursiven Vermittlung zwischen dem Kunstwerk und seinem Zuschauer hat ihre gesellschaftliche Rolle verloren. Die Souveränität des Zuschauers und des Käufers hat sich auch im Kontext des Kunstmarktes uneingeschränkt durchgesetzt. Die Souveränität des Künstlers wird unmittelbar, ohne jede Vermittlung und Institutionalisierung, mit der Souveränität des Zuschauers konfrontiert. Beide operieren mit Entscheidungen, die eine Begründung, eine diskursive Legitimierung weder brauchen noch zulassen. Es ist also nicht verwunderlich, wenn viele Künstler Angst bekommen, als Künstler zu agieren – und volle Verantwortung für ihre souveränen Entscheidungen zu übernehmen. Statt dessen ziehen sie es vor, sich als Wissenschaftler, soziale Kritiker oder Dienstleister unterschiedlicher Art zu definieren – allesamt Berufe, die sich jenseits des souveränen Scheiterns legitimieren lassen.

Darüber hinaus können offenbar nur die Künstler richtig scheitern – während der Zuschauer und der Käufer gegen das Scheitern immun sind. Daraus ergibt sich eine scheinbare Dissymmetrie im Verhältnis dieser beiden Souveränitäten, die im Kampf gegen die Autorschaft ebenfalls eine wichtige Rolle spielt. Als Folge dieses Kampfes wird die auktoriale Verantwortung dem Betrachter, dem Zuschauer, dem Konsumenten aufgebürdet. Jetzt gilt: Der Künstler macht nur, was dem Zuschauer gefällt. Und das bedeutet: Nicht der Künstler trägt die Verantwortung für seine auktorialen Entscheidungen, sondern der Zuschauer. Die Kunst verwandelt sich dadurch in eine Art Marktforschung, in ein ständiges Plebiszit, in eine sich ständig wiederholende statistische Umfrage. Zugleich wird der Künstler zu einem demokratischen Politiker, der sich damit trösten kann, daß er bei seinen Entscheidungen nicht den eigenen Willen, sondern bloß »den Willen der Wähler« zum Ausdruck bringt. Demnach scheitert der demokratische Politiker auch nicht auf die Weise, wie ein »Diktator« scheitern kann, der für seine Taten zur Verantwortung gezogen werden kann. Dies kann dem demokratischen Politiker nicht passieren, weil er keine eigenen Taten vorweisen kann – seine

Taten werden immer im Namen und im Auftrag anderer vollbracht. So trifft auch der heutige Künstler seine Entscheidungen nicht aufgrund seiner eigenen Vorlieben, sondern aufgrund bestimmter Annahmen über die Vorlieben seiner potentiellen Kunden. Und deswegen können der Künstler wie der demokratische Politiker tatsächlich nicht mehr scheitern, denn auch ihre Niederlagen sind im Sinne der Marktforschung wertvoll, weil aufschlußreich.

Allerdings wird der Betrachter in dem Moment, in dem er zum souveränen Konsumenten, zum König des Kunstmarktes wird, zugleich mit der Möglichkeit des eigenen Scheiterns konfrontiert. Jeder Betrachter wird, indem er selektiert, nämlich seinerseits automatisch zum Künstler – und hört somit auf, ein Betrachter zu sein. Der Betrachter kann heute den Künstler im Grunde nicht beurteilen, weil er, indem er selektiert, das Gleiche tut wie der Künstler. Und das bedeutet: Der Betrachter tritt bloß als Konkurrent des Künstlers auf, wenn er sein eigenes Selektionsverfahren vorschlägt, das sich alternativ zu demjenigen verhält, das vom Künstler zum Erzeugen seines Werks verwendet wurde – und kann somit nicht mehr als eine dem Künstler übergeordnete Instanz gelten. Wer selektiert, wird im Sinne des Readymade-Verfahrens zwangsweise als Künstler positioniert. Wer über Kunst urteilt, wird als Künstler beurteilt. Jeder ist heute dazu verurteilt, ein Künstler zu sein, denn keiner kann es vermeiden zu selektieren. Und niemand ist gegen ein ästhetisches Urteil immun, denn jeder ist ständig einem Blick von außen ausgesetzt. Die neue Souveränität des Betrachters als Konsument ist teuer erkauft: Als Träger eines bestimmten Geschmacks, als Repräsentant eines bestimmten Lebensstils kann der Konsument scheitern – genauso wie ein Künstler. Mit der sozialen Immunisierung des Zuschauers ist es vorbei. Die Autorschaft ist eine Pest, gegen die sich niemand immunisieren kann.

Damit der souveräne Autor seine auktorialen Entscheidungen nicht nur vollziehen, sondern auch manifestieren kann, braucht er allerdings einen Ort, der als ein Ort der Kunst markiert ist. Denn die üblichen Orte solcher Entscheidungen, wie etwa die eigene Wohnung, gelten als privat und der breiten Öffentlichkeit unzugänglich. Öffentliche Räume, wie etwa Büros oder Verkaufsstellen, sind ebenfalls keine Orte der Kunst: Die Gegenstände, die sich dort befinden, fungieren als Ausstattung, als Möblierung – auch wenn sie an anderen Orten als Kunst fungieren mögen. Die Orte der Kunst haben eine ganz besondere topologische Beschaffenheit. Es sind Orte der Überschneidung zwischen privaten und öffentlichen Räumen. Der Ort der Kunst ist ein Ort, an dem die Verfahren und Ergebnisse von privaten ästhetischen Entscheidungen öffentlich zugänglich werden. Die Definition der Kunst ist nur als eine topologische möglich, wenn die individuelle, souveräne Autorschaft als zentrales Charakteristikum der Kunst, wie sie sich in der Moderne etabliert hat, anerkannt wird. Strenggenommen können wir nur über Kunstorte – nicht über Kunstwerke – sprechen. Denn die souveräne Autorschaft braucht weniger die Auswahl von Dingen als vielmehr einen klar definierten öffentlichen Ort, um sich als solche manifestieren zu können: einen Ort der Kunst.

Orte der Kunst

Dabei funktioniert die Überschneidung zwischen privatem und öffentlichem Raum, welche die Topologie der Kunst bestimmt, auf zweierlei Art. Im ersten Fall zirkulieren die Kunstwerke in öffentlichen Netzen der Verbreitung – und werden in einen privaten Raum zugestellt. So werden Bücher zu Hause gelesen, Bilder in der Wohnung aufgehängt, Fernsehprogramme angeschaut, Videos aus dem Internet heruntergeladen oder Schallplatten abgespielt. In diesem Fall wird die private Kunstauswahl allein durch die Statistik öffentlich gemacht. Der Zuschauer fungiert als ein Knoten im Netz der Kunstzirkulation. Das Verkaufsnetz in seinem Ganzen wird statistisch erfaßt – und so wird der private Kunstgebrauch mitveröffentlicht. Jeder individuelle Akt des Kunstgebrauchs bleibt dabei allerdings verborgen – und daher auch irrelevant. Wichtig sind allein die großen Zahlen, die Charts. In diesem Sinne werden die Charts zu den eigentlichen Orten der Kunst. Die im Netz zirkulierende Kunst definiert sich dadurch, daß sie durch die Kunststatistik erfaßt wird.

Dies betrifft vor allem Pop-Gruppen und kommerzielle Filme, die nach dem Grad der aktuellen Verbreitung ihrer künstlerischen Produktion beurteilt werden. Das Kriterium des Erfolgs präsentiert sich als Ranking, als Position in den Charts. Und wenn etwa ein historischer Vergleich unter Pop-Gruppen veranstaltet wird, dann gilt als Kriterium ebenfalls das Ranking der jeweiligen Zuschauerquoten »aus allen Zeiten« – die Geschichte verwandelt sich in eine ewige Gegenwart, ihr Sinn wird gesehen in einem zeitübergreifenden Wettbewerb aller Pop-Gruppen oder aller Filme untereinander um die Gunst eines Publikums, in dem zwischen Lebenden und Toten nicht mehr unterschieden wird, da sie alle in der entsprechenden Statistik gleichermaßen aufgehoben sind. Doch wer heute verloren hat, der hat auf jeden Fall für alle Zeiten verloren. Der Van-Gogh-Effekt existiert nicht mehr. Die heutige Niederlage kann nicht mehr durch einen späteren historischen Sieg kompensiert werden – so wie das Hundeleben in der diesseitigen Welt nicht durch ein jenseitiges Paradies kompensiert werden kann.

Gott ist nämlich schon längst zu einer Fiktion erklärt worden. Die Geschichte wurde unlängst ebenfalls zu einer Fiktion erklärt. Der Kommunismus war die letzte Gesellschaftsform, die auf einer Ideologie gründete, d. h. auf einem bestimmten historischen Narrativ, das als wahr galt. Nach dem Ende des Kommunismus ist die Geschichte insofern passé, als sie nicht mehr gebraucht wird, um die Gegenwart zu regieren. Damit wird jede Geschichte zur Fiktion, zur Erzählung, zum Märchen. Und damit verliert jedes Warten auf ein zukünftiges – sei es göttliches, sei es historisches – Urteil jeden Sinn. Die Statistik ist dagegen eine Sache der reinen Gegenwart. Sie verkörpert die ganze Macht des Gegenwärtigen. Sie schafft hier und jetzt harte Fakten, die man zur Kenntnis nehmen muß.

Gegen die Statistik helfen keine Theorie, kein Diskurs, keine Kritik.

Im zweiten Fall wird das Private im öffentlichen Raum ausgestellt und zugänglich gemacht. In diesem Falle bleibt das Kunstwerk immobil, wobei der Zuschauer zu zirkulieren beginnt. Das paradigmatische Beispiel bietet hier eine Ausstellung, die von einem Künstler oder von einem Kurator konzipiert ist. Eine persönliche Auswahl der Kunstwerke wie auch möglicherweise anderer, »profaner« Objekte und eine persönliche Gestaltung des Raums werden auf diese Weise dem ästhetischen Urteil des Publikums dargeboten. Eine solche Ausstellung kann sowohl in einem Museum oder einer Kunsthalle stattfinden wie auch außerhalb des Museums – in einem Büro, einer Bank, einer Wohnung oder auf einem verlassenen Gelände. Der Unterschied zwischen dem Museum und dem außermusealen Raum verschwindet somit. Wichtig ist nur, daß die Ausstellung an einem Ort stattfindet, der als eine topologische Überschneidung zwischen privatem und öffentlichem Raum definiert ist. Diese topologische Bestimmung der Ausstellung reflektiert u. a. die Veränderung der Rolle des Museums im heutigen Kunstsystem.

Früher funktionierte das Museum als öffentliches Archiv, als Ort der Geschichte. Heute wird das Museum privatisiert. Die Privatisierung bedeutet hier sicherlich nicht, daß das Museum aus staatlichem Besitz in private Hände übergeht oder von privaten Sponsoren abhängig wird oder aber zunehmend ein Schauplatz für Ausstellungen privater Sammlungen wird, obwohl dies alles ebenfalls zutrifft. Die Privatisierung des Museums bedeutet, daß die Geschichte, die durch die museale Exposition erzählt wird, keine gesellschaftlich geltende, staatlich beglaubigte und allgemein verpflichtende Geschichte mehr ist. Vielmehr wird die museale Sammlung als Rohmaterial gesehen, das ein individueller Kurator benutzt, um in der Kombination mit einem von ihm entwickelten Ausstellungsprogramm seine individuelle Haltung, seine individuelle Strategie im Umgang mit der Kunst zum Ausdruck zu bringen. Doch neben dem Kurator erhält auch der Künstler die Möglichkeit, museale Räume nach seinem persönlichen Geschmack vollständig oder partiell zu gestalten. Unter diesen Bedingungen verwandelt sich das Museum aus einem öffentlichen Archiv in ein öffentliches Gelände für die Durchführung privater künstlerischer Projekte. Als ein solches Gelände unterscheidet sich das Museum von jedem anderen derartigen Gelände nur durch seine Ausstattung – durch seine Architektur. Nicht zufällig wird in der letzten Zeit die Aufmerksamkeit von der musealen Sammlung weg hin zur musealen Architektur verlagert.

Der Verlust der normierenden, kanonisierenden und archivierenden Funktion verwandelt den musealen Raum in eine Installation. Die Installation etabliert sich in unserer Zeit als eine extrem gefräßige Kunstform, die alle anderen traditionellen Kunstformen in sich aufnimmt: gemalte Bilder, Zeichnungen, Fotos, Texte, Objekte, Readymades, Filme oder Tonbänder. Alle diese Kunstdinge werden von einem Künstler oder einem Kurator im Raum arrangiert – und zwar entsprechend einer Ordnung, die rein privat, individuell, subjektiv ist. Damit bekommt der Künstler die Chance, seine private, souveräne Selektionsstrategie öffentlich zu demonstrieren. Diese Strategie verschwindet nicht mehr in einer anonymen Statistik, sondern wird als solche explizit. Schon früher hatte der bildende Künstler mehr Möglichkeiten als viele andere Künstler, Kunstwerke subjektiv zu gestalten, weil er per definitionem Originale produziert – im Unterschied etwa zum Schriftsteller oder Filmemacher, die per definitionem frei zirkulierende Kopien produzieren. Wenn der Künstler eine frei zirkulierende Kopie als Readymade ausgewählt hat, wird diese Kopie kraft der herrschenden Konvention zum Original – wie Duchamp es seinerzeit überzeugend demonstriert hat.

Der Installation wird oft der Status eines Kunstwerks aberkannt, weil man sich fragt, was das Medium der Installation ist. Die traditionellen Kunstmedien werden nämlich alle nach spezifischen Medienträgern definiert: Leinwand, Stein oder Film. Der Medienträger der Installation ist allerdings der

Raum selbst – und das bedeutet u. a., daß die Installation keineswegs »immateriell« ist. Ganz im Gegenteil: Die Installation ist durchaus materiell, weil sie räumlich ist. Die Installation zeigt gerade die Materialität der Zivilisation, in der wir leben, denn sie *installiert* alles das, was in unserer Zivilisation sonst bloß *zirkuliert*. Die Installation demonstriert somit die zivilisatorische Hardware, die sonst hinter der Oberfläche der medialen Zirkulation unbemerkt bleibt. Und sie zeigt auch die künstlerische Souveränität am Werk – wie diese Souveränität ihre Selektionsstrategien definiert und praktiziert. Deswegen ist die Installation keine Abbildung der Verhältnisse der Dinge untereinander, wie sie etwa durch ökonomische und sonstige Ordnungen reguliert werden, sondern gerade umgekehrt bietet die Installation eine Möglichkeit, durch die explizite Einführung subjektiver Ordnungen und Relationen unter den Dingen diejenigen Ordnungen zumindest in Frage zu stellen, die in der Realität »da draußen« vermutet werden.

Bei dieser Gelegenheit muß mit einem Mißverständnis aufgeräumt werden, das in letzter Zeit immer wieder auftaucht. Man behauptet nämlich mit einer gewissen Insistenz, die Kunst sei heute am Ende – und daß man deswegen an Stelle der alten Kunstwissenschaft eine neue Bildwissenschaft betreiben soll. Diese neue Bildwissenschaft soll das Feld der Bildanalyse erweitern: Statt sich nur mit Kunstbildern zu beschäftigen, soll sie sich dem angeblich größeren, offeneren Raum aller möglichen Bilder stellen – und mutig die Grenzen des alten Kunstbegriffs überschreiten. Der Mut zur Überschreitung alter Grenzen ist sicherlich immer imponierend und zu begrüßen. In diesem Falle erweist sich die Grenzüberschreitung aber nicht als Erweiterung, sondern als Verkleinerung der einschlägigen Räume. Kunst besteht eben nicht nur aus Bildern, sondern aus allen möglichen Gegenständen, inklusive utilitären Gegenständen, Texten usw. Und es gibt keine bestimmten »Kunstbilder«, vielmehr können alle Bilder im Kunstkontext verwendet werden. Indem man aus der Kunstwissenschaft eine Bildwissenschaft macht, erweitert man also nicht sein Untersuchungsgebiet, sondern verkleinert es drastisch, denn man begrenzt sich auf das, was im traditionellen Sinne als »Bild« gelten darf. Im Gegensatz dazu gehört in den Bereich der bildenden Kunst alles das, was in einem Installationsraum präsentiert werden kann. In diesem Sinne ist ein einzelnes Bild ebenfalls eine Installation – nur eben eine Installation, die auf ein einziges Bild reduziert ist. Die Installation ist also nicht eine Alternative zum Bild, sondern gerade die Erweiterung des Bildbegriffs, die verlorengeht, wenn man diese Erweiterung ignoriert und auf den überkommenen Bildbegriff zurückgreift. Wenn man den Bildbegriff erweitern will, muß man gerade über die Installation sprechen, welche die allgemeinen Raumordnungen definiert, unter denen alle Bilder und Nicht-Bilder als räumliche Gegenstände funktionieren müssen.

Dabei entgeht die Installation den Kriterien der Kunststatistik freilich nicht – auch wenn sie diese umkehrt. Der Erfolg der jeweiligen Installation hängt nämlich entscheidend von den Besucherzahlen ab. Dadurch schreibt sich die Installation in die touristische Zirkulation ein. Die Umkehrung beschränkt sich hier auf eine Umkehrung des topologischen Verhältnisses zwischen der Zirkulation des Kunstwerks und der Zirkulation des Betrachters. Wenn bei den meisten Kunststatistiken die weltweiten Verkaufszahlen die entscheidende Rolle spielen, d. h. die Zirkulation der Kunstwerke statistisch erfaßt wird, wird im Fall der Installation wie auch im Fall etwa von Theateraufführungen oder Konzerten die Besucherzahl gemessen. Diese Umkehrung der Methoden der statistischen Erhebung, welche die Verwandlung des immobilen Betrachters in einen touristisch mobilisierten Besucher reflektiert, könnte vielleicht als Kriterium der Unterscheidung zwischen high und low verwendet werden, soweit dieses Kriterium immer noch Geltung beanspruchen kann. Diese Unterscheidung bleibt nämlich insofern relevant, als die Installation die Selektionsprozesse, welche die souveräne Subjektivität praktiziert, viel expliziter zeigt als Kunstwerke, die selbst zirkulieren – und darum generell nur statistisch erfaßt werden können.

Unsere Zeit ist also keineswegs eine Zeit der Gleichgültigkeit und der ästhetischen Relativität. Die alten Kriterien der Qualität wirken bei der Unterscheidung zwischen Erfolg und Scheitern freilich nicht mehr. Genausowenig taugen die Kriterien der Authentizität oder Historizität, um das Wichtige vom Unwichtigen zu unterscheiden. Statt dessen gilt heute das statistische Kriterium des Massenerfolgs, der übrigens in einem durchaus komplizierten Verhältnis zum sogenannten kommerziellen Erfolg steht. Der Künstler kann nämlich auch dann kommerziell erfolgreich sein, wenn er für seine Bilder in einem kleinen Kreis von Eingeweihten hohe Preise erzielt. Aber er ist in diesem Fall nicht im Sinne der Kunststatistik erfolgreich. Das statistische Kriterium des Erfolgs reflektiert zumindest zwei Grundbefindlichkeiten unserer heutigen Welt. Erstens wird heute der Gegenwart eine viel größere Bedeutung zugeschrieben als der Vergangenheit und der Zukunft. Und zweitens schätzt die heutige Welt vor allem das Kommunikative und Mediale. Den statistischen Erfolg kann nur derjenige erzielen, der die Gabe der Medialität besitzt – der als Medium kollektiver Selektionsträume auftreten kann. Diese Gabe besitzen aber nur wenige – und so wirkt das Kriterium des statistischen Erfolgs nicht weniger restriktiv als alle früheren Kriterien. Allein: Zu keiner Zeit können wir wissen, ob eine souveräne Strategie wirklich gesiegt hat oder gescheitert ist, denn wir können nicht wissen, ob das Scheitern zu ihrer Selektionsstrategie gehört oder nicht.

Installation

Die Topologie der Aura

Über Walter Benjamin zu sprechen ist verlockend und schwierig zugleich. Benjamin läßt für die Interpretationen seiner Schriften viel Freiraum. Ständig verführen seine Texte ihren Leser zu einem freien Spiel der Imagination. Dieses Spiel aber ist gefährlich, weil es oft übersehen läßt, daß das Denken Benjamins, trotz seiner frei fließenden sprachlichen Form, eine innere Strenge und Konsequenz hat. Nun möchte ich aber meine Aufgabe von Anfang an begrenzen und mich auf eine bestimmte Fragestellung konzentrieren: Wie läßt sich die Interpretation, die Benjamin von dem Verhältnis zwischen Original und Kopie gegeben hat, heute verwenden, um das Schicksal der Kopie in unserer Kultur zu beschreiben? Ich sage: Das Schicksal der Kopie – und nicht etwa das Schicksal des Originals –, weil es mir scheint, daß wir heute mehr an der Kopie als am Original interessiert sein sollten – und in der Tat interessiert sind. Wir leben nämlich inmitten einer Kultur, in der die Reproduktionsprozesse längst die Oberhand über die Produktionsprozesse gewonnen haben. Wir sind längst von allen Seiten von Kopien umgeben, unser Denken und unsere Imagination sind von der Reproduktion kultureller Klischees bestimmt – und unsere Körper werden wahrscheinlich auch bald geklont werden.

Benjamin war bekanntlich einer der ersten, der diesen sich damals erst abzeichnenden Triumph der Reproduktion über die Produktion in seinem berühmten Aufsatz »Das Kunstwerk im Zeitalter seiner technischen Reproduzierbarkeit« theoretisch reflektiert hat. Diese Schrift ist vor allem durch den Begriff der Aura berühmt geworden, den Benjamin benutzt hat, um die Unterscheidung zwischen Original und Kopie unter den Bedingungen einer perfekten technischen Reproduzierbarkeit zu beschreiben. Seitdem hat der Begriff

Aura eine große philosophische Karriere gemacht – allerdings vornehmlich als Teil der berühmten Formel »Verlust der Aura«, die das Schicksal des Originals in der Moderne charakterisiert. Diese Betonung des Verlusts der Aura ist auf der einen Seite völlig legitim – und entspricht sicherlich der Gesamtintention des Benjaminschen Textes. Auf der anderen Seite stellt diese Betonung des Verlustes der Aura das Original und sein Schicksal immer noch zu sehr ins Zentrum des theoretischen Interesses. Mir scheint aber, daß dabei die Frage zurückgedrängt wird, wie die Aura überhaupt erst entstanden ist, bevor sie verlorengehen konnte oder mußte. Ich meine damit nicht die Aura im allgemeinen Sinne, deren Begriff zunächst ein religiöser oder, sagen wir, ein theosophischer ist, sondern die Aura, wie sie in der Benjaminschen Schrift verstanden wird. Und mir scheint auch, daß eine solche Frage nicht nur nach dem Verlust, sondern auch und vor allem nach dem Ursprung der Aura die Möglichkeit eröffnet, die Prozesse in der heutigen Kunst, die ja vornehmlich mit den neuen Medien und Kopiertechniken arbeitet, besser zu verstehen – d. h. eben das Schicksal der Kopie in unserer Kultur besser zu verstehen.

Nun besteht meine These zunächst einmal in der Behauptung, daß die Aura, wie sie bei Benjamin beschrieben ist, erst dank der modernen Technik des technischen Reproduzierens entsteht, – das heißt, sie entsteht gerade in dem Moment, in dem sie verlorengeht. Und sie entsteht aus dem gleichen Grund, aus dem sie verlorengeht. Benjamin geht nämlich in seiner Schrift von der Möglichkeit einer perfekten Reproduktion aus, die keine materielle Unterscheidung zwischen Original und Kopie mehr zuläßt. An verschiedenen Stellen seines Textes besteht Benjamin immer wieder auf dieser Perfektion. Er spricht von der technischen Reproduktion als einer »höchstvollendeten Reproduktion«, die den »Bestand des Kunstwerks unangetastet läßt«. Nun ist es aber fraglich, ob die real existierende Reproduktionstechnik damals oder sogar heute in der Tat einen solchen Grad an Perfektion erreicht hat, daß kein materieller Unterschied mehr zwischen

Original und Kopie festgestellt werden kann. Für Benjamin ist aber der Idealfall einer solchen perfekten Reproduzierbarkeit, einer solchen perfekten Klonierung wichtiger als die realen technischen Möglichkeiten seiner Zeit. Denn Benjamin will sich die äußerste Möglichkeit einer absolut perfekten technischen Reproduktion vorstellen, bei der die traditionellen Künste wie Malerei oder Skulptur absolut reproduzierbar werden und damit unter den gleichen Bedingungen zu funktionieren beginnen, unter denen etwa Fotografie oder Film funktionieren – d. h. unter den Bedingungen der ursprünglichen Ununterscheidbarkeit zwischen Original und Kopie. Die Frage, die sich Benjamin dabei stellt, ist die folgende: Bedeutet die Auslöschung der materiellen Unterscheidung zwischen Original und Kopie auch die Auslöschung dieser Unterscheidung als solcher?

Diese Frage beantwortet Benjamin mit »Nein«. Das – zumindest potentielle – Verschwinden eines jeglichen materiellen Unterschieds zwischen Original und Kopie löscht eine andere, unsichtbare, aber damit nicht weniger reale Unterscheidung zwischen ihnen nicht aus: Das Original hat nämlich eine Aura, welche die Kopie nicht hat. Man hat also erst dann die Aura als Unterscheidungskriterium nötig, wenn die Reproduktionstechnik alle materiellen Unterscheidungskriterien unbrauchbar macht. Eine solche perfekte technische Reproduktion wird erst in der Moderne denkbar. Und das bedeutet, daß der Begriff der Aura – und die Aura selbst – allein der Moderne angehören. Der unsichtbare Unterschied durch die Aura – ein seelischer Unterschied, wenn man so will – wird erst dann nötig, wenn es den körperlichen, materiellen Unterschied nicht mehr gibt. Nun unterscheidet sich die Topologie der Aura, wie sie von Benjamin entworfen wurde, bekanntlich wesentlich von der üblichen Topologie der Seele: Die Aura ist das Verhältnis des Kunstwerks zu dem Ort, an dem es sich befindet – zu seinem äußeren Kontext. Nicht die Seele des Kunstwerks befindet sich in seinem Körper, sondern der Körper des Kunstwerks befindet sich in der Aura, in der Seele. Diese andere Topologie des Verhältnisses zwischen

Seele und Körper hat bekanntlich ihre Tradition in der Gnosis, in der Theosophie usw. Darauf möchte ich hier aber nicht eingehen. Wichtig ist für mich nur die Feststellung, daß Benjamin die Unterscheidung zwischen Original und Kopie allein vom Kontext ihres Erscheinens abhängig macht – und zwar mit einer Radikalität, die man in der Zeit vor dem Zweiten Weltkrieg sonst nur bei Marcel Duchamp finden kann.

Die Unterscheidung zwischen Original und Kopie ist für Benjamin ausschließlich eine topologische Unterscheidung – und als solche vom materiellen Bestand des Werks völlig unabhängig. Das Original hat einen bestimmten Ort – und durch diesen besonderen Ort ist das Original als dieser einzigartige Gegenstand in die Geschichte eingeschrieben. Die Kopie ist dagegen virtuell, ortlos, ungeschichtlich: Sie erscheint von Anfang an als potentielle Multiplizität. Die Reproduktion ist Entortung, Deterritorialisierung – sie befördert das Kunstwerk in die Netze der topologisch unbestimmten Zirkulation. Die entsprechenden Formulierungen Benjamins sind bestens bekannt: »Noch bei der höchstvollendeten Reproduktion fällt eines aus: das Hier und Jetzt des Kunstwerks – sein einmaliges Dasein an dem Orte, an dem es sich befindet.« Und weiter: »Das Hier und Jetzt des Originals macht den Begriff seiner Echtheit aus, und auf deren Grund ihrerseits liegt die Vorstellung einer Tradition, welche dieses Objekt bis auf den heutigen Tag als ein Selbes und Identisches weitergeleitet hat.«[1] Die Kopie ist also nicht deswegen unecht, weil sie sich als solche vom Original unterscheidet, sondern weil sie sich nicht verorten läßt – und deswegen auch in keine Tradition, in keine Geschichte einschreiben läßt: »Diese veränderten Umstände mögen den Bestand des Kunstwerks unangetastet lassen – sie entwerten auf alle Fälle sein Hier und Jetzt« – und damit auch seinen Status als Original.

Anhand einer Analyse des Körpers eines Kunstwerks können wir also nicht sagen, ob es sich um ein Original oder um eine Kopie handelt. Die Topologie des Kontextes – und nicht die materielle Veränderung des Werks – entscheidet über seinen Status. Deswegen ist das technische Reproduzieren als solches für Benjamin noch lange keine Absage an die Aura und kein Verlust der Aura. Zum Verlust der Aura führt erst ein neuer ästhetischer Geschmack – der Geschmack der Massen, wie Benjamin sagt, der die Kopie, die Reproduktion dem Original vorzieht. Der heutige Massenverbraucher der Kunst zieht es nämlich vor, daß die Kunst ihm nähergebracht, ihm zugestellt wird. Er will nicht in die Ferne gehen, er will sich nicht in eine andere Gegend, in einen anderen Kontext begeben, um das Original als Original zu erleben. Statt dessen will dieser Verbraucher, daß das Original zu ihm kommt – und in der Tat kommt es zu ihm, aber als Kopie. Wenn der Unterschied zwischen Original und Kopie ein topologischer ist, dann entscheidet also allein die topologisch definierte Bewegung des Betrachters über diese Unterscheidung. Wenn man sich zu einem Kunstwerk begibt, ist es ein Original. Wenn man das Kunstwerk zwingt, zu einem zu kommen – ist es eine Kopie. Deswegen hat die Unterscheidung zwischen Original und Kopie bei Benjamin eine Dimension der Gewalt. Benjamin spricht nicht bloß über den Verlust der Aura, sondern über die Zertrümmerung der Aura. Und die Gewaltsamkeit dieser Zertrümmerung der Aura ist nicht geringer, weil die Aura unsichtbar ist. Ganz im Gegenteil: Eine materielle Beschädigung des Originals ist für Benjamin viel weniger gewaltsam, weil sie sich immer noch in die Geschichte des Originals einschreibt, indem sie auf seinem Körper bestimmte Spuren hinterläßt. Die Deterritorialisierung, die Entortung des Originals durch den Vorgang des Näherbringens stellt dagegen eine unsichtbare und um so verheerendere Gewaltanwendung dar – weil sie keine materiellen Spuren hinterläßt. Der moderne Kunstbetrachter hat also eine Wahl, die er früher nicht hatte. Wenn früher der Kunstbetrachter ein Kunstwerk zu sich bestellt hat, blieb dieses ein Original – durch seinen materiellen Bestand authentifiziert. Heute ist jedes Kunstwerk – auch ein originell produziertes – seinem Wesen nach eine Kopie. Allein die räumliche Ferne, wie nah sie auch sein mag, macht aus dem Kunstwerk ein Original. Wird diese Ferne negiert, bestellt man ein Kunstwerk zu sich nach Hause – zeigt sich dieses Kunstwerk als das, was es seinem materiellen Bestand entsprechend ist, d. h. als eine Kopie.

Damit also eröffnet Benjamins Neuinterpretation der Unterscheidung zwischen Original und Kopie eine Möglichkeit, nicht nur aus einem Original eine Kopie zu machen, sondern auch aus einer Kopie ein Original. Und in der Tat: Wenn der Unterschied zwischen Original und Kopie nur ein topologischer, kontextueller Unterschied ist, dann ist nicht nur die Operation der Entortung, der Deterritorialisierung des Originals möglich, sondern auch die der Reterritorialisierung der Kopie. Benjamin selbst macht in seinem Aufsatz auf eine solche Möglichkeit aufmerksam – freilich allein im Kontext seiner Überlegungen über den möglichen geschichtlichen Ort der Multiplizität, der Masse. Die Frage, die sich Benjamin am Ende seiner Schrift stellt, kann man so formulieren: Ob und wie die Masse als solche als Original – als kollektives, multiples Original – fungieren kann. Damit das geschieht, muß die Masse offensichtlich einen bestimmten geschichtlichen Ort bekommen – und zwar durch den politischen Kampf, der der Masse eine Aura verleiht. Wenn der Faschismus nur die Kopie, das Simulakrum der Masse im Sinne ihres puren Ausgestelltseins betrachtet und ihre realen Interessen mißachtet, erweist sich der Kommunismus für Benjamin als imstande, die Masse an ihrem eigentlichen historischen Ort zu treffen.

Aber wie auch immer man diese Ortsbestimmung der Masse aus der heutigen Perspektive interpretieren mag, interessiert mich in diesem Zusammenhang momentan etwas anderes – nämlich die Möglichkeit, die sich in diesen Überlegungen ankündigt, die Multiplizität der Kopie geschichtlich zu verorten. Zumal Benjamin die Wiedergewinnung der Aura nicht nur in der gesellschaftlichen, revolutionären Praxis sucht, sondern auch über die individuelle profane Erleuchtung spricht und – an anderer Stelle – schreibt: »Der Leser, der Denkende, der Wartende, der Flaneur sind ebensowohl Typen des Erleuchteten wie der Opiumesser, der Träumer, der Berauschte.«[2] Es fällt dabei auf, daß diese Gestalten der profanen Erleuchtung gleichzeitig Figuren der Bewegung sind – was vor allem auf die Figur des Flaneurs zutrifft. Der Flaneur fordert von den Dingen nicht, daß sie zu ihm kommen, sondern er geht zu den Dingen. In diesem Sinne zertrümmert der Flaneur die Aura der Dinge nicht, sondern er beachtet sie – oder vielmehr, er läßt sie erst entstehen. Die Figur der profanen Erleuchtung ist die Umkehrung des »Verlustes der Aura«, die durch die Verortung der Kopie in einer Topologie der Ferne zustande kommt. Benjamin diskutiert dabei freilich nicht das Readymade-Verfahren von Duchamp, das heute die Kunstproduktion weitgehend dominiert, aber zu jenem Zeitpunkt noch nicht allgemein bekannt war (wenn auch der Begriff des »objet trouvé« schon damals dank Breton und seinem Roman »Nadja« Benjamin geläufig war). Trotzdem scheint es mir, daß die Figur der profanen Erleuchtung, die Benjamin beschreibt, die einzige ist, die das Readymade-Verfahren theoretisch adäquat zu reflektieren vermag.

Das Readymade-Verfahren besteht bekanntlich darin, daß bestimmte seriell und industriell produzierte Objekte inklusive Fotos, Videos oder Filme als Kunstwerke in den Kunstkontext, ins Museum gestellt werden. Diese Objekte sind ursprünglich als Kopie, als Elemente einer Multiplizität entstanden. Und so haben die meisten Theoretiker ihre Probleme mit Readymades, weil sie sich fragen, wie es möglich ist, daß die Kopien ihren Platz in den Museen finden, die doch allein für die Originale vorgesehen sind – wobei mit Originalen meistens gemalte Bilder oder Skulpturen gemeint sind. Nach wie vor gibt es unter den Theoretikern Gegner der Readymade-Kunst, die das Museum vor der Überflutung durch technisch produzierte Dinge und mediale Bilder schützen wollen. Doch es gibt auch Befürworter dieser Überflutung, die sich darüber freuen, daß der Anspruch auf Originalität und Authentizität, den die traditionelle, »museale« Kunst erhebt, dadurch unterminiert, wenn nicht sogar als falscher Anspruch entlarvt wird. Dabei bedient man sich charakteristischerweise auch oft der Benjaminschen Terminologie – und meint, daß die Verwendung der technisch produzierten und medialen Bilder im Kunstkontext den Verlust der Aura demonstriert, den die Kunst in der Moderne erleidet. Die Aura wird dabei als etwas Überlebtes und eigentlich Falsches verstanden – als leer gewordener Anspruch, der entlarvt und entmystifiziert werden soll.

Nun besagt Benjamins Theorie der Aura gerade umgekehrt, daß die Aura erst in der Moderne entsteht, nachdem alle materiellen Unterschiede zwischen Original und Kopie ihre Gültigkeit verloren haben. Die Kopie wird zum Original, wenn sie in die Ferne gerückt wird – genauso wie das Original zur Kopie wird, wenn es nähergebracht wird. Die Unterscheidung zwischen Original und Kopie ist allein eine topologische und situative – und zwar gleichermaßen in beide Richtungen. Und das bedeutet: Alle im Museum plazierten Dinge sind Originale – auch und gerade wenn sie sonst als Kopien zirkulieren. Kunstwerke im Museum sind Originale aus einem sehr einfachen topologischen Grund: Man muß ins Museum gehen, um sie zu sehen. Das Museum ist – vor allem anderen – eine sozial kodifizierte Variante des individuellen Flanierens – und damit ein Ort der Aura, der profanen Erleuchtung. Unser moderner Umgang mit der Kunst läßt sich also keineswegs auf einen »Verlust der Aura« reduzieren. Vielmehr veranstaltet die Moderne ein kompliziertes Spiel der Entortungen und (Neu-)Verortungen, der Deterritorialisierungen und Reterritorialisierungen, der Entauratisierungen und Reauratisierungen. Was die Moderne von den alten Zeiten unterscheidet, ist allein die Tatsache, daß die Originalität eines Werks in der Moderne nicht anhand der materiellen Beschaffenheit dieses Werks festgestellt wird, sondern durch seine Aura, durch seinen Kontext, durch seinen geschichtlichen Ort. Deswegen stellt die Originalität für Benjamin, wie er unterstreicht, keinen ewigen Wert dar. Die Originalität ist in der Moderne variabel geworden – aber sie ist keineswegs einfach verlorengegangen. In diesem Fall wäre der ewige Wert der Originalität bloß durch den ewigen (Un-)Wert der Nicht-Originalität ersetzt – so, wie es in manchen Kunsttheorien in der Tat passiert. Aber ewige Kopien kann es genausowenig geben wie ewige Originale. Vielmehr bekommt eine

Kopie im Museum eine Geschichte – und wird dadurch zum Original, wie wir es am Beispiel von Duchamp, Warhol und vielen anderen schon oft erleben konnten.

Aber das Museum ist sicherlich nicht der einzige Ort in unserer Kultur, an dem sich eine Kopie in ein Original verwandeln kann. Es gibt andere solche Orte – unter denen das Internet heute wahrscheinlich der wichtigste ist. Ich möchte nämlich behaupten, daß das World Wide Web nicht, wie man oft denkt, mit Kopien, sondern, wie das Museum, mit Originalen operiert – und zwar ausschließlich mit Originalen. Die Vernetzung ist auch eine Operation der profanen Erleuchtung – eine Umkehrung der Reproduktion. Wenn die Reproduktion aus Originalen Kopien macht, so macht die Vernetzung aus Kopien Originale.

Schon Benjamin spricht in seiner Schrift über die Notierungen, mit deren Hilfe das Kunstwerk in ein Ritual, in magische Praktiken einbezogen wird, die ihm seine Aura verleihen. Das zentrale Charakteristikum des Netzes besteht aber gerade darin, daß im Netz alle Zeichen, Worte und Bilder eine Adresse bekommen – d. h. verortet, territorialisiert, in eine Topologie eingeschrieben werden. In diesem Sinne macht das Netz aus jeder Datei, die vielleicht ursprünglich als multiple Kopie entstanden ist, ein Original. Das Netz vollzieht eine (Re-)Originalisierung der Kopie, indem sie ihr eine Netzadresse verleiht. Dadurch bekommt jede Datei eine Geschichte, weil sie von den materiellen Bedingungen ihres Ortes abhängig wird. Im Netz ist die Datei nämlich von der Beschaffenheit der jeweiligen Hardware, des Servers, der Software, des Browsers usw. wesentlich abhängig. Beim Wechsel dieser materiellen Bedingungen an verschiedenen Stellen können individuelle Dateien verzerrt dargestellt, anders interpretiert oder gar unlesbar gemacht werden. Sie können auch von bestimmten Computerviren befallen werden, zufällig gelöscht werden oder aber einfach altern und sterben. So bekommen Dateien im Netz ihre Geschichte, die wie jede Geschichte vor allem die eines möglichen oder reellen Verlustes ist. Und in der Tat werden solche Geschichten ständig erzählt: Wie bestimmte

Dateien nicht mehr gelesen werden konnten, wie bestimmte Websites irgendwann verschwunden sind usw. Wir erleben also im Netz eine Rückkehr des Originals und seiner Geschichte, wie sie von Benjamin beschrieben wurde. Die Einführung des Netzes kann als eine Reaktion auf die heutige ungehinderte, massenhafte Ausbreitung der Kopien interpretiert werden, die durch die Territorialisierung dieser Kopien im Netz gestoppt und sogar rückgängig gemacht wurde. Nun fragt man sich aber, welche Auswirkungen dieses neu eingeführte Verhältnis zwischen Original und Kopie auf die Bedingungen haben kann, unter denen die Netzkunst – und insgesamt die Kunst im Netz – funktioniert.

In erster Linie eröffnet die Topologie des Netzes die Möglichkeit, Orte des Künstlerischen von Orten des Nicht-Künstlerischen zu unterscheiden, d. h. solche Adressen speziell zu markieren, die Kunstadressen sind. Dabei handelt es sich nicht primär um Adressen von Menschen, die das Netz für die Zwecke der Kommunikation benutzen, sondern um die Adressen der Zeichen, Texte, Bilder, Kunstwerke selbst, d. h. um die Adressen, die aus dem Netz ein großes Archiv machen – vergleichbar mit Museen, Bibliotheken usw. Dadurch erweitern sich die Möglichkeiten des Readymade-Verfahrens ungemein. Und zwar vor allem deswegen, weil im Netz nicht nur Bilder, sondern auch Texte verortet werden können – ein Vorgang, der früher nur im engen Rahmen der Konzeptkunst stattgefunden hat. So kann auch ein Schriftsteller im Netz aufhören, bloß ein Handwerker zu sein, der seine Texte durch die altmodische, ermüdende, manuelle Arbeit des Schreibens produziert – und statt dessen zu einem Textkurator werden, der für seine künstlerischen Zwecke fertige Texte benutzt, die er ins Netz stellt. Der Buchdruck hat die Anwendung des Readymade-Verfahrens auf die Literatur unmöglich gemacht, das im Zeitalter der Manuskripte durchaus verbreitet war – man reiste damals zu unterschiedlichen Bibliotheken, um dort Kompendien zu lesen, die weitgehend aus Zitaten bestanden. Nun funktioniert eine Website in einem gewissen Sinne wie ein Manuskript, das sich an einem bestimmten Ort befindet. Eine solche Webseite – mit passenden Links versehen – bildet einen »originellen« Kontext, der es ermöglicht, Texte inklusive künstlerischer Texte jenseits des Schreibens zu produzieren. Und was hier über die Literatur gesagt wurde, gilt sicherlich auch für alle anderen Künste, bei denen die einzelnen Kunstwerke ursprünglich in Form einer Kopie in Erscheinung treten, wie Photographie oder Film. Es handelt sich hier also in erster Linie um eine Weiterentwicklung der Prozesse, die im Kunstsystem ohnehin stattfinden, so daß der Ortswechsel innerhalb einer festgelegten Topologie inzwischen zum zentralen Verfahren der Kunstproduktion geworden ist – eine Weiterentwicklung, die von der Möglichkeit begünstigt wird, große Massen von Texten und Bildern zu archivieren und zu transportieren.

Nun muß man sich an dieser Stelle sicherlich fragen, in welchem Verhältnis diese neuen Netzorte zu den traditionellen musealen Orten stehen. Auf den ersten Blick scheinen die musealen Orte für die Netzkunst überflüssig zu sein, weil sie eine im Netz immer schon stattfindende Archivierung von Bildern und Texten bloß doublieren. Trotzdem wird die Netzkunst in den Museen zunehmend präsent – und aus gutem Grund. Eine zusätzliche Verortung der Netzkunst im Museum bedeutet zugleich eine weitere – und höhere – Ebene der Reflexion über die Bedingungen der Kunst im Netz – denn unter den üblichen Bedingungen der Netzrezeption konzentriert sich die Aufmerksamkeit des Betrachters ausschließlich auf den Bildschirm. In einer musealen Installation wird dagegen die ganze Szene sichtbar und reflektierbar, in der ein Netzbild überhaupt erscheint – inklusive der Gestalt des Computers, aller möglichen Drähte und des sonstigen Zubehörs, eines gedämpften Lichts, das von verschiedenen Monitoren ausstrahlt und im Installationsraum ein quasi-barockes Licht-Schatten-Spiel inszeniert, unterschiedlicher Töne, die das Equipment produziert, und vor allem der unbeweglichen, in sich versunkenen, vor den Bildschirmen verharrenden Figuren der Netzbenutzer. Diese ganze Szene bietet immer wieder ein ästhetisch reizvolles

Bild, das in den meisten Fällen viel stärker wirkt als die Netzkunst am Bildschirm. Sicherlich ähneln in diesem Fall viele Effekte, die die Netzkunst beim Betrachter produziert, denjenigen der Videokunst, denn beide operieren mit Bildschirmen oder Projektionen. Allerdings gibt es auch grundsätzliche Unterschiede zwischen der Video- und der Netzkunst, die sich gerade im Zusammenhang einer musealen Präsentation deutlich zeigen.

Die Videokunst hat, mehr noch als die Photographie, den Künstler von der mühsamen Arbeit des Kunstschaffens – von der Arbeit am Original – weitgehend entlastet. Der Netzkünstler produziert Kunst aber wieder im Schweiße seines Angesichts. Alle Begriffe des Könnens, des Handwerks, der Beherrschung des Materials sowie der dazugehörigen technischen Produktionsmittel, die längst obsolet geworden zu sein schienen, kehren mit der Netzkunst ins Zentrum der Kunstdiskussion zurück. Die überragende Arbeits-, Zeit- und Kraftinvestition, die für die Schaffung eines »originalen« Kunstwerks benötigt wurde, stand früher in einem äußerst irritierenden Mißverhältnis zu den zeitlichen Bedingungen des Kunstkonsums – denn nachdem der Künstler an seinem Werk lange Zeit und hart arbeiten mußte, durfte der Betrachter dieses Werk mühelos und mit einem Blick konsumieren. Daher die Überlegenheit des Konsumenten, des Betrachters, des Sammlers über den Künstler-Maler als Zulieferer der Bilder, die in mühsamer, physischer Arbeit hergestellt werden mußten. Erst als Photograph oder Videokünstler stellt sich der Künstler auf die gleiche Ebene mit dem Betrachter, denn der Videokünstler produziert Bilder ebenfalls augenblicklich, durch das einfache Einschalten der Kamera. Dadurch wird der Bildproduzent dem Bildkonsumenten in der Zeitökonomie des Blicks gleichgestellt. Nun ist die Arbeit des Programmierens mindestens so kompliziert, schwierig und zeitraubend wie die Arbeit des traditionellen Künstlers – und erfordert dazu ein technisches Können, das, wie früher, erst durch langes Lernen und lange Praxis gewonnen werden kann. Der Benutzer-Betrachter des Werks bekommt also seine Überlegenheit in

Bezug auf den Künstler-Produzenten teilweise zurück, wenn auch die richtige Benutzung eines Werks der Netzkunst vom Benutzer-Betrachter ebenfalls ein bestimmtes Können und oft einen erheblichen Zeitaufwand verlangt – eine Tatsache, die sich vielleicht als das größte Hindernis für die Verbreitung der Netzkunst erweisen könnte.

Nun kann man sicherlich argumentieren, die Funktion des Netzes bestehe darin, die Informationen, die man braucht, dem Verbraucher nach Hause zu liefern – und in diesem Sinne wirkt das Netz entauratisierend, profanierend. Eine solche pragmatische Benutzung des Internets ist sicherlich möglich – und wird auch weitgehend praktiziert. Dabei sollte man aber nicht aus den Augen lassen, daß der Internet-Surfer – oder, soll man sagen, der Internet-Flaneur – die einzelnen Orte des Internets, die Websites, weniger abruft als vielmehr »besucht«. Der Internet-Benutzer ist ein Reisender im virtuellen Raum. Sein Operationsmodus ist die magische Beschwörung eines Ortes, der vor ihm mit seiner ganzen Aura erscheint. In einem seiner früheren Texte »Über die Sprache überhaupt und über die Sprache des Menschen«[3] spricht Benjamin übrigens über eine solche magische Beschwörung der Geister und der Dinge als die einzige sprachliche Operation, bei der die Medialität der Sprache, die Sprache als Medium, sich manifestieren kann.

Und gerade eine solche magische Operation der Geister- und Dinge-Beschwörung vollzieht der Benutzer im Netz am häufigsten. Jedes Element der Sprache kann dabei als magisches Zeichen, als Beschwörungsformel benutzt werden. Man gibt eine Adresse ein – ein Wort, eine Formel, ein Bild, ein Zeichen, ein Klopfen – und der Geist erscheint auf dem Bildschirm. Das ganze Netz ist für seinen Benutzer im Grunde nichts anderes als ein Fall von angewandter Magie. Worte, Bilder, Zeichen werden hier nicht mehr als bloße Beschreibungen der Dinge, d.h. der Dateien, benutzt, sondern als ihre Notierungen, ihre Adressen – um diese Dateien wie Geister zu rufen. Die Sprache wird nicht mehr bloß signifikativ verwendet, sondern, wie Benjamin es beschreibt, auch evokativ –

und zwar die ganze Sprache, denn jedes Sprachzeichen, jedes Bild und jedes Fragment eines Bildes können im Netz als magische Befehle benutzt werden. Wir können uns ganz einfache, unauffällige, banale Sätze und Bilder vorstellen, deren sämtliche Elemente zugleich eine magische Kraft besitzen, weil alle diese Elemente zugleich Adressen für irgendwelche Dateien sind.

Und es handelt sich dabei tatsächlich um Geister – und nicht bloß um Gespenster, wie sie etwa auf den Photographien oder im Film erscheinen und in letzter Zeit von Derrida als solche thematisiert wurden. Die Internet-Dateien repräsentieren nämlich – im Unterschied zu Photos oder Filmbildern – nichts außer sich selbst. Wenn sie gerufen werden, erscheinen sie als sie selbst – und nicht bloß als ihre Kopien. Da die Internet-Dateien nichts anderes als Sprachwesen sind, sind sie in der Sprache und durch die Sprache vollständig präsent. Darin unterscheiden sich Geister von Gespenstern: Die Geister verweisen nur auf sich selbst – auch wenn sie dabei den Mechanismus ihres Erscheinens hier und jetzt nicht unbedingt offenlegen. So kann man sagen, daß das Netz, indem es den Geistern, d. h. den Dateien, einen Ort zuweist und ihnen eine Adresse zuteilt, der Sprache ihre verloren geglaubte magische Medialität – und damit ihre Aura – zurückgibt.

Das moderne Spiel der Entortungen und Verortungen, der Entauratisierungen und Reauratisierungen geht also auch heute immer weiter. Und auch hier und jetzt, da wir einen weiten Weg zurückgelegt haben, um uns an einem Ort zu versammeln, dessen Aura mit dem Namen Benjamins verbunden wird, statt bloß Benjamins Texte als Kopien nach Hause zu bestellen, sind wir der gleichen Logik der Aura gefolgt, wie sie von Benjamin beschrieben worden ist.

Der Künstler als Konsument

Der Konsum ist längst zur leitenden Ideologie unserer Gesellschaft geworden. Der für den industriellen Frühkapitalismus charakteristische Glaube an die Produktion besteht nicht länger. Spätestens seit dem Untergang des Sozialismus sowjetischer Prägung ist klar geworden, daß die Gesellschaft, die sich dem Ziel einer forcierten Entwicklung der Produktivkräfte auf Kosten des persönlichen Konsums verschreibt, dadurch ihre Wirtschaft ruiniert. Der historische Kampf zwischen den Idealen der Arbeitsaskese und des Konsums wurde nicht durch moralische Überlegung, sondern durch wirtschaftliche Rationalität entschieden. Entgegen der Meinung vieler Soziologen und Wirtschaftstheoretiker hat sich die dekadente Konsumorientierung, verglichen mit der protestantischen Arbeitsethik, als wirtschaftlich effektiver erwiesen. Die Produktion geht nämlich nicht voran, wenn die Nachfrage fehlt. So gilt heute nicht die Produktion, sondern der Konsum als erste Bürgerpflicht. In Zeiten der Krise und des Krieges fordern die Politiker von heute nicht mehr, sparsam zu sein und den Gürtel enger zu schnallen, sondern umgekehrt, noch mehr zu kaufen, damit die Wirtschaft weiterlaufen kann. Dementsprechend steht der Mensch von heute unter einem gesellschaftlich auferlegten Konsumzwang, dem er kaum entgehen kann.

Alle Theorien, die das ständige Konsumieren vom individuellen Begehren ableiten, greifen also zu kurz. Der Zwang zum Shopping ist vor allem moralischer Natur. Sich der Gesellschaft gegenüber verantwortungsbewußt zu verhalten, bedeutet heute für ein Individuum, so viel wie nur möglich zu kaufen – unabhängig davon, ob es das will oder nicht. Das Individuum, das zu wenig kauft, wird von der Gesellschaft als schlechter Mensch angesehen, der sich egoistisch und menschenfeindlich ist, weil er sich um das Wohl der Wirtschaft nicht kümmert, von welcher der Wohlstand aller letztendlich abhängt. Dieser Zwang macht sich besonders an der spontanen negativen Reaktion bemerkbar, die hervorruft, wer sich heute nicht modisch kleidet oder nicht am neuesten PC arbeitet – er outet sich sofort als wirtschaftsfeindlich und somit auch als gesellschaftsfeindlich. Die Mode, die das Konsumverhalten lenkt, dient also zugleich als sichtbares Zeichen der gesellschaftlichen Konformität und der Kontrolle in bezug auf die Loyalität gegenüber der Wirtschaft. Die heute herrschende negative moralische Einschätzung der Konsumverweigerung ist übrigens nicht einmal so neu. Schon Marcel Mauss hat bemerkt, daß alle archaischen Kulturen diejenigen verachteten, die ihre Schätze horteten, statt sie in Umlauf zu bringen.[1] Und Georges Bataille hat im Rahmen seiner allgemeinen Ökonomie zu Recht festgestellt, daß die sinn- und ziellose Verschwendung für die wirtschaftliche Entwicklung unentbehrlich ist.[2]

Nun fragt man sich aber, welche Position die Kunst in dieser aktuellen Lage einnimmt, die sich durch eine gesellschaftliche Privilegierung des Konsums charakterisiert. Auf den ersten Blick gerät die Kunst dadurch in eine schwierige Lage, denn der Künstler wird zumeist als Produzent angesehen, der durch seine handwerkliche Arbeit den Kunstmarkt bedient, welcher seinerseits einen Teil des allgemeinen Warenmarkts darstellt. Aus dieser Perspektive gesehen scheint die Position des Künstlers in der Tat zumindest in zweierlei Hinsicht wenig vorteilhaft. Erstens kann der einzelne Künstler unter den Bedingungen des Massenkonsums nicht mit Mode, Werbung oder kommerziellem Design konkurrieren – seine Produktion scheint dazu verurteilt, in der visuellen Welt der heutigen Massenkultur unterzugehen. Vor allem aber scheint der Künstler durch die allgemeine Abwertung der Produktion seine traditionelle Würde als vorbildlicher, kreativer oder gar genialer Produzent zu verlieren. Lange Zeit galt die künstlerische Kreativität nämlich als Verkörperung der wahren, authentischen, genuin menschlichen Produktion, die als positives

Ideal der entfremdeten Arbeit entgegengestellt wurde, der die Mehrheit der Bevölkerung in der Moderne nachgeht. Seitdem wurde dieses Ideal nicht nur durch die Aufwertung des Konsums gesellschaftlich abgewertet, sondern auch theoretisch grundsätzlich in Frage gestellt. Der strukturalistisch-poststrukturalistische Diskurs hat bekanntlich den Tod des Autors verkündet, womit gemeint ist, daß der Künstler nicht mehr imstande ist, neue, authentische, originäre Bedeutungen und Formen in die Welt zu setzen. Jeder Künstler ist doch vor allem ein Benutzer, wenn man so will, ein Konsument des Mediums, in dem er arbeitet – und kann deswegen nichts anderes produzieren als das, was dieses Medium, sei es Sprache oder Bild, ihm zu produzieren erlaubt. Damit wurde der Künstler scheinbar endgültig seiner kulturellen Mission beraubt – und der Logik des allgemeinen gesellschaftlichen Konsums unterworfen.

Eine solche – übrigens ziemlich weitverbreitete – Einschätzung übersieht aber die Tatsache, daß die gesellschaftliche Rolle des Künstlers in den letzten Jahrzehnten einen tiefgreifenden Wandel durchgemacht hat. Vom vorbildlichen Produzenten ist der Künstler nämlich zu einem vorbildlichen Konsumenten geworden. Vor allem im Rahmen der heute dominierenden Installationskunst wie auch im Bereich der Neuen Medien operiert der Künstler gleichermaßen mit selbstproduzierten wie auch mit fremdproduzierten Objekten. Der Akt der Kunstproduktion ist selbst zu einem Akt des Shoppings geworden. Der Künstler entnimmt der Massenkultur, in der er lebt, Bilder und Objekte und verwendet sie für die Erschaffung eigener Räume – so wie es jeder Konsument auch tut. Nur tut es der Künstler in einem Ausstellungsraum – und somit auf eine ostentative und vorbildliche Weise. Schon seit Duchamp und spätestens seit der Pop Art versteht sich der Künstler nicht länger als Produzent, sondern vielmehr als ein exklusiver Konsument anonym produzierter und in unserer Kultur immer schon zirkulierender Dinge. Kein Künstler will heute den Anspruch erheben, am Ursprung seines Werks zu stehen oder Bedeutungen und Formen originär zu produzieren. Die Kunst steht heute nicht mehr am Ursprung des Kunstwerks, sondern an dessen Ende. Die Signatur eines Künstlers bedeutet nicht mehr, daß der Künstler einen bestimmten Gegenstand produziert hat, sondern daß er oder sie diesen Gegenstand verwendet hat – und zwar auf eine besonders interessante Art und Weise. Der Künstler demonstriert damit, wenn er erfolgreich ist, allerdings die Fähigkeit, den Anspruch auf Autorschaft zurückzuerobern, indem er oder sie die serielle, anonyme, unpersönliche Bild- und Dingproduktion so gebraucht, daß dieser Gebrauch von der Gesellschaft als ein auktorialer anerkannt wird. Nicht zufällig will der Künstler von heute nicht mehr kreativ sein, sondern kritisch. Die kritische Einstellung ist aber nicht für den Produzenten, sondern allein für den Konsumenten charakteristisch. Der Produzent kritisiert nicht – vielmehr bietet er seine Produktion dem kritischen Urteil des Konsumenten dar, der das Privileg genießt, das vorhandene Angebot kritisch zu prüfen und zu beurteilen. Allein die Tatsache, daß die avancierte heutige Kunst nicht kreativ, sondern kritisch sein will, zeigt somit deutlich genug den inzwischen vollzogenen Rollenwechsel des Künstlers vom Produzenten zum Konsumenten.

Dabei ist es besonders interessant und für die ideologischen Mechanismen der modernen Gesellschaft ausgesprochen charakteristisch, daß die theoretische Kritik am Begriff der Kreativität zunächst einem völlig anderen politischen Entwurf folgte als demjenigen, aus dem Künstler einen Konsumenten zu machen. Die Kritik an der Auratisierung der Kunstproduktion hatte nämlich zunächst einmal das Ziel, den Künstler zu entthronen und ihn den anderen modernen Produzenten gleichzustellen. Die berühmte Forderung der historischen Avantgarde an die Kunst, ihre technischen Verfahren offenzulegen und den Geniebegriff aufzugeben, versuchte eine Gleichstellung zwischen dem Künstler und dem industriellen Arbeiter zu erreichen. Im zwanzigsten Jahrhundert wurde die Kunstproduktion durch die Avantgarde (von Malewitsch und Mondrian über Albers und LeWitt bis Buren, um nur die Maler zu erwähnen) dermaßen formalisiert, technisiert und entpersönlicht, daß alle Spuren der körperlichen Präsenz des Künstlers im Kunstwerk tendenziell getilgt wurden. Das Werk begann mehr und mehr dem industriell angefertigten Produkt zu ähneln. Parallel dazu wurden die Readymade-Technik sowie unterschiedliche Varianten der Medienkunst entwickelt, die die Spuren der körperlichen Präsenz des Künstlers in seinem Werk fast vollständig ausradiert haben.

Nun hat aber die Reinigung der Kunst von jedem Verweis auf eine bei seiner Herstellung physisch geleistete Arbeit den Künstler im Endeffekt keineswegs dem industriellen Arbeiter gleichgestellt. Ganz im Gegenteil hat sich der Künstler dadurch von jeder Art der Produktion radikal entfernt und statt dessen vielmehr in die Nähe der Verwaltung, der Planung, der Führung – und schließlich in die Nähe des Konsums gestellt. Der Blick des Künstlers wurde »entkörpert« – er wurde zu einem konsumierenden Blick, der nicht »arbeitet«, sondern nur kritisiert, beurteilt, entscheidet, auswählt und kombiniert. Und deswegen kann dieser Blick auch immer wieder »verkörpert« werden: sooft jemand Lust hat, die Verfahren, die der Künstler offengelegt hat, d. h. die Entscheidungen, die er durch seinen Blick getroffen hat, nachzuvollziehen. Diese Verwandlung zeigt sich besonders deutlich durch die veränderte Stellung des Künstlers in der Zeitökonomie des Blicks. Die überragende Arbeits-, Zeit- und Kraftinvestition, die für die Schaffung eines traditionellen Kunstwerks benötigt wurde, stand nämlich in einem äußerst irritierenden Mißverhältnis zu den Bedingungen des Kunstkonsums, denn nachdem der Künstler lange Zeit an seinem Werk hart arbeiten mußte, durfte der Betrachter dieses Werk mühelos und mit einem Blick konsumieren. Daher die traditionelle Überlegenheit des Konsumenten, des Betrachters, und des Sammlers über den Künstler-Maler als Zulieferer von Bildern, die er in mühsamer, physischer Arbeit herstellen mußte. Als Photograph, als Videokünstler oder als Readymade-Sammler stellt sich der heutige Künstler allerdings mit dem

Kunstsammler auf die gleiche Ebene des Zeit- und Kraftaufwands.

Dementsprechend funktionieren auch die Museen und sonstigen Kunstsammlungen heute nicht als Orte, an denen die Unwiederholbarkeit des Geschichtlichen – die Arbeitsleistung der Vergangenheit – repräsentiert wird, sondern als Archive, in denen unterschiedliche Strategien des Blicks archiviert werden, die jederzeit aus diesen Archiven herausgeholt und neu eingesetzt werden können. Eine große Installation von der Art, wie sie heute von Künstlern entworfen wird, kann man kaum im traditionellen Sinne konsumieren – wie man früher Malerei oder Skulptur kaufen und nach Hause bringen konnte. Installationen, in denen Neue Medien verwendet werden, können sogar oft nicht einmal gedanklich konsumiert werden, denn das Videomaterial ist einfach zu umfangreich, als daß es in der Zeit, die ein üblicher Ausstellungsbesuch dauert, in seinem vollen Umfang durchgesehen werden könnte. Damit zeigt sich eben, daß es sich von Anfang an um einen Akt des Konsums – und nicht der Produktion handelt. Der Besucher wird zur Kunst zwar vorgelassen – aber er ist nicht ihr eigentlicher Konsument. Vielmehr nimmt er sich eine bestimmte Art von Konsum, die der Künstler in seiner Ausstellung demonstriert, zum Vorbild, wie man sich früher die aristokratische Lebensweise zum Vorbild genommen hat. Der heutige Kunstkonsument konsumiert nicht mehr die Arbeit des Künstlers. Vielmehr investiert er seine eigene Arbeit, um wie ein Künstler zu konsumieren.

Dabei handelt es sich nicht nur um eine individuelle Übernahme einzelner Dinge aus dem Repertoire der heutigen Massenkultur im Sinne der inzwischen breit etablierten Readymade-Praxis. Zunehmend übernimmt der Künstler nicht nur Gegenstände der Außenwelt, sondern auch unterschiedliche soziale Rollen. Der Künstler ist schon oft als Prediger, Prophet, Lehrer, Revolutionär, Verführer, Dekorateur oder Unterhalter aufgetreten. Inzwischen tritt er oder sie auch als sozialer und institutioneller Kritiker, als Ethnologe, Soziologe, Kurator, Kunstkritiker oder auch als Terrorist auf. Je weiter die

Entwicklung der Kunst fortschreitet, desto mehr Rollen übernimmt der Künstler, wobei diese Übernahme zunehmend explizit gemacht wird. Die Künstler bereiten den Ausstellungsbesuchern Essen zu, verpassen ihnen neue Frisuren, waschen ihnen die Füße oder verkaufen ihnen kleine Souvenirs. Die Übernahme nicht-künstlerischer Rollen durch Künstler findet aber auch außerhalb der dafür speziell vorgesehenen künstlerischen Räume statt – es werden Exkursionen, Lesungen und politische Veranstaltungen organisiert, es wird in die Stadtplanung eingegriffen und in das Alltagsleben interveniert. Diese Übernahme fremder gesellschaftlicher Rollen durch einzelne Künstler bedeutet eigentlich einen »Konsum« dieser Rollen. Die Arbeit selbst wird hier zum Konsumartikel – und vor allem eben als entfremdete, reproduktive Arbeit.

Die hier beschriebene Positionierung der Kunst ist übrigens gar nicht so neu: Die Kunstwerke aus alten, vormodernen Zeiten, die wir in unseren Museen gesammelt und ausgestellt sehen, sind dort ebenfalls nicht deshalb aufgehoben, weil sie der Kreativität berühmter Produzenten entstammen – denn die Künstler galten in diesen alten Zeiten nur als Handwerker und Diener und blieben meistens unbekannt – sondern weil diese Kunstwerke früher von der Aristokratie in ihren Palästen oder bei sakralen Zeremonien gebraucht worden waren. Es war also nicht die Abstammung im Sinne einer Vaterschaft seitens des Produzenten, sondern ein bestimmter – aristokratischer oder sakraler – Gebrauch, der diese Dinge ursprünglich geadelt und zu Kunstwerken gemacht hat. Historisch ist ein solcher aristokratischer Gebrauch der Dinge für die ganze Kultur – und für die gesamte Ökonomie – immer von zentraler Bedeutung gewesen, denn jede Ökonomie gelangt letztendlich in eine Sackgasse, wenn sie sich ausschließlich an den profanen Bedürfnissen der Menschen orientiert. Die sogenannten »natürlichen« menschlichen Bedürfnisse sind nämlich äußerst begrenzt – und sehr leicht zu befriedigen. Eine entwickelte Ökonomie kann sich nur dann weiter steigern, wenn sie die natürlichen Bedürfnisse des

Menschen übersteigt, wenn der Konsument seine natürlichen Bedürfnisse konsequent durch künstliche, frei erfundene Wünsche ersetzt – wenn er beginnt, nach dem Unnötigen, Überflüssigen, Luxuriösen zu streben.

Früher war es die gesellschaftliche Funktion der Aristokratie gewesen, einen innovativen und zugleich vorbildlichen Konsum zu betreiben und ständig neue, künstliche, exquisite Bedürfnisse zu erfinden, an denen sich die Produktion orientieren konnte. Der traditionelle Künstler-Handwerker hat diese aristokratischen, künstlichen Wünsche durch seine Produktion lediglich befriedigt. Und in diesem Sinne war seine Leistung sekundär, obwohl er dabei als Produzent seiner Werke fungierte. Das Bürgertum hat kurz nach der Abschaffung der traditionellen gesellschaftlichen Stellung der Aristokratie durch die Französische Revolution begriffen, daß die Erweiterung der Ökonomie auf die Massen und auf ihre natürlichen Bedürfnisse, die Jean-Jacques Rousseau seinerzeit gepredigt hat, für die Entwicklung der modernen Ökonomie nicht ausreicht. Die Nachahmung der Lebensweise der untergegangenen Aristokratie begann unmittelbar nach der Französischen Revolution, wobei die Künstler hier von Anfang an eindeutig eine Vorreiterrolle spielten. Schon die Dichter und Künstler der Romantik entwickelten einen Kult der Verschwendung, des Luxus, des feinen, exklusiven Lebens, des ungewöhnlichen Geschmacks. Darauf folgten unterschiedliche Varianten des Dandytums und der Dekadenz, die alle das Ziel verfolgten, immer neue Formen von unnatürlichem, »krankem«, frei erfundenem Lifestyle zu entwickeln. Der Künstler wurde zum Sonderbeauftragten der modernen Ökonomie für die Erfindung und Entwicklung neuer Konsumwünsche, zu denen übrigens auch der Wunsch nach Einfachheit, Schlichtheit und Askese gehört.

Indem der Künstler auf diese Weise die Position des reinen Betrachters, des vorbildlichen Konsumenten einnimmt, kompensiert er das tiefste Trauma der Moderne, nämlich den Verlust der Aristokratie. Man besucht heute eine große Ausstellung oder eine Installation, wie man früher einen aristokratischen Palast besucht hat – was, wie gesagt, heute auch technisch möglich geworden ist. Als Flaneur mit souveränem Blick ist der Künstler von heute jener unendliche Konsument, dessen innovatives, »unnatürliches«, rein künstliches Konsumverhalten das Telos jeder gut funktionierenden Wirtschaft darstellt. Die Kunst wird damit zum offenen Horizont, zur letzten »frontier«, zur Avantgarde der modernen Wirtschaft. Die heutige Kunst zeigt, daß man alles zum Objekt des Begehrens machen kann, wenn der Künstler das Begehren neu definiert und ihm eine neue Richtung gibt. Schon Carl Schmitt hat in seiner Schrift »Der Begriff des Politischen« (1932) in Bezug auf die Frühromantik bemerkt: »Der Weg vom Metaphysischen und Moralischen zum Ökonomischen geht über das Ästhetische, und der Weg über den noch so sublimen ästhetischen Konsum und Genuß ist der sicherste und bequemste Weg zur Ökonomisierung des geistigen Lebens.«[3] In der Moderne funktioniert die künstlerische Avantgarde als ökonomische Avantgarde oder, wenn man will, als Ersatz-Aristokratie einer auf der Grundlage der Ökonomie organisierten Gesellschaft – als eine »künstliche« Aristokratie, deren gesellschaftliche Funktion darin besteht, die Grenzen des Begehrenswerten immer weiter zu verschieben.

Nun kann man aber behaupten – und man behauptet es in der Tat sehr oft –, daß die Kunst keine führende, innovative Rolle im Konsum spielen kann, weil die Innovation in der Kunst selbst vom Markt diktiert wird. Diese Gleichsetzung der Innovation in der Kunst mit dem Wechsel der Mode, der die kommerzielle Massenkultur regiert, ist aber genauso verbreitet wie fragwürdig. Es gibt nämlich einen wichtigen Unterschied zwischen Kunst und kommerzieller Massenkultur: Die Kunst verfügt über ein Archiv – die Massenkultur aber nicht. Dieser Unterschied zwischen Kunst und Massenkultur wird sofort deutlich, wenn man sich die Frage stellt, auf welche Weise in beiden Bereichen eine Zeitdiagnostik praktiziert werden kann, die es erlaubt, das Neue vom Alten zu unterscheiden. Und in der Tat: Damit eine solche Unterscheidung überhaupt vollzogen werden kann, braucht man doch ein historisches Archiv, mittels dessen unterschiedliche Zeitperioden inklusive der eigenen Gegenwart miteinander verglichen werden können. Erst wenn ein solcher Vergleich gezogen wird, kann auch das spezifisch Neue der Gegenwart vom Alten unterschieden werden. Und da der einzelne offensichtlich zu einem solchen allgemeinen Zeitenüberblick nicht fähig ist, sind wir auf die Archive unserer Kultur angewiesen, um eine solche Zeitdiagnostik zu praktizieren. Wenn man sich dabei dem Bereich Kunst zuwendet, dann muß man feststellen, daß es das Archiv der valorisierten künstlerischen Tradition ist – wie es durch die musealen Sammlungen, die kunsthistorischen Bücher und die künstlerische Unterrichtspraxis repräsentiert wird –, das eine solche Diagnostik nicht nur möglich macht, sondern auch erfordert.

Künstlerisch obsolet ist für uns also nicht nur, was der Vergangenheit angehört. Vielmehr präsentiert sich uns diejenige Kunst als obsolet, die zwar heute gemacht wird, aber so aussieht wie die Kunst, die wir aus unseren Kunstarchiven schon kennen. Und als neu präsentiert sich uns diejenige Kunst, die der Kunst nicht ähnelt, die wir in unseren Archiven aufbewahren. Im Grunde ist es gerade das Kunstarchiv, das uns antreibt, immer etwas Neues zu tun, statt das Vergangene zu wiederholen, denn eine solche Wiederholung erscheint angesichts der dauerhaften Präsenz des Kunstarchivs als eine überflüssige Nachahmung des schon Vorhandenen. Wenn es dieses Archiv nicht gäbe und die alte Kunst, statt aufbewahrt zu werden, regelmäßig vernichtet würde, gäbe es übrigens auch keinen Grund, etwas Neues zu produzieren. Man könnte dann ohne weiteres ständig die gleiche Kunst produzieren – da sie mit der alten Kunst nicht verglichen werden könnte, würde sie als neu erscheinen. Mehr noch, man könnte in diesem Fall gar keinen Vergleich zwischen alt und neu anstellen und deswegen auch keine entsprechende Unterscheidung treffen.

Gerade auf diese Weise funktionieren aber die heutige Mode, die Werbung und das kommerzielle Design. Da das alte Angebot aus den Boutiquen und Supermärkten regelmäßig entfernt wird, haben diese Branchen ein kurzes Gedächtnis. Die Einführung des Neuen funktioniert bei ihnen deswegen, wenn überhaupt, vor allem als Revival, wobei man auch nicht auf Anhieb sagen kann, inwieweit ein solches Revival dem historischen Vorbild entspricht. Um das tun zu können, muß man ein spezielles Archiv der Mode schaffen, das für einen normalen Kunden aber weitgehend irrelevant wäre. Der Markt diktiert also keine Innovation, wie oft angenommen wird. Vielmehr agiert der Markt in einer Zone der Ununterscheidbarkeit zwischen neu und alt. Der Massenverbraucher konsumiert das, was ihm gefällt – ein klares Kriterium der Unterscheidung zwischen alt und neu hat er dabei nicht zur Verfügung.

Die konsequente Form des Konsums ist doch die allgemeine Vernichtung, der definitive Verbrauch aller Dinge – der Tod ist ein idealer Konsument, weil er alles konsumiert. Allein für den Tod gilt nämlich in der Tat: »anything goes«. Jeder Konsument, wenn er sich auf diesem Feld bewegt, wird somit letztendlich dem Tod ähnlich – oder er wird selbst vom Tod konsumiert. Nun beginnt die Geschichte der Kunst bekanntlich als Archivierung des Todes – durch die Errichtung von Grabstätten, Pyramiden und Museen. Die Kunst konsumiert den Tod – sie konsumiert den Konsum – und archiviert diesen Konsum zugleich. Die heutige Kunst funktioniert nicht viel anders. Es ist doch höchst charakteristisch, daß die Kunst, wenn sie sich dem Thema des Massenkonsums widmet, gerade alles das zu sammeln und zu archivieren beginnt, was als erstes durch den Konsum vernichtet und verworfen wird und in den Müll gelangt. Auch Andy Warhol interessierte sich vor allem für Verpackungen, Dosen und Poster – alles, was beim Einkauf als erstes entfernt und weggeworfen wird. Die weiteren Beispiele sind zu zahlreich, um im einzelnen zitiert zu werden. Man weiß ja ohnehin, daß unsere Museen der Gegenwartskunst vollgestellt sind mit Müll – mit Essensresten, Zigarettenkippen und zerbrochenem Glas. Aber gerade indem die Kunst den Konsum konsumiert und Szenen des Konsums archiviert, gelingt es ihr, der einfachen Unterwerfung unter den ständigen Wechsel der Moden zu entgehen, der den Massenkonsum regiert – und zugleich neue, kritische Varianten des Konsums zu entwerfen. Der Künstler von heute erweist sich also nicht nur als ein einfacher Konsument, sondern als ein Konsument des Konsums – und somit auch als Autor neuer Arten kritischen Konsumverhaltens.

Medienkunst im Museum

1. Je mehr die neue Medienkunst, also die Kunst, die mit bewegten Bildern operiert, Eingang in die Museen findet, desto mehr verbreitet sich das Gefühl, daß die Institution Museum dadurch in eine Krise gerät. Einige bejahen diese Entwicklung und hoffen, daß sich das Museum infolge dieser Krise mehr nach außen öffnet, für ein größeres Publikum attraktiv und zugänglich wird, seinen veralteten und unglaubwürdig gewordenen elitären Anspruch aufgibt. Andere befürchten dagegen, das Museum verliere seine Autonomie, werde an die großen Mediennetze angeschlossen und verwandle sich in eine Art Disneyland für gehobene Unterhaltung. Ob dabei Hoffnung oder Angst verspürt wird, meistens geht man davon aus, daß das Museum der Überflutung durch die Medien nicht standhalten kann und sich deswegen früher oder später auflösen muß. Auf der anderen Seite kann man die beschleunigte Musealisierung der bewegten Bilder zugleich – und mit größerem Recht – als Erfolg des traditionellen, museal dominierten Kunstsystems bewerten, das dem Kinoverleih und dem Fernsehen eine effektive Konkurrenz bieten konnte. Dabei stellt sich allerdings die Frage, ob mit dieser Verlagerung der bewegten Bilder ins Museum eine neue ästhetische Dimension im Umgang mit diesen Bildern erschlossen und ein ästhetischer Mehrwert produziert werden konnte. Dieser Frage soll im weiteren nachgegangen werden.

Wenn wir heute von der Medienkunst im Kunstsystem sprechen, dann sprechen wir sicherlich vor allem von künstlerischen Video- oder Kinoinstallationen, in denen bewegte Bilder anders präsentiert, kontextualisiert und bewertet werden als im kommerziellen Kinosystem oder im Fernsehen. Und in der Tat: Wenn bewegte Bilder im musealen Kontext plaziert werden, wird ihre Wahrnehmung wesentlich von den Erwartungen bestimmt, die wir im allgemeinen mit einem Museumsbesuch verbinden – d.h. von den Erwartungen, die aus der langen Vorgeschichte unserer Kontemplation der unbewegten Bilder stammen, seien es Gemälde, Photographien, Skulpturen oder Readymade-Objekte. Dabei handelt es sich vor allem um Erwartungen, die sich auf die Zeit einer solchen Kontemplation beziehen.

2. Im traditionellen Museum hat der Betrachter – zumindest im Idealfall – die vollständige Kontrolle über die Zeit der Kontemplation: Er kann zu jeder Zeit die Kontemplation eines Bildes abbrechen, um später zu diesem Bild zurückzukommen und die Betrachtung an dem Punkt wiederaufzunehmen, an dem sie zuvor unterbrochen wurde. Das unbewegte Bild bleibt durch die Zeit der Abwesenheit des Betrachters sich selbst identisch und entzieht sich deswegen der wiederholten Betrachtung nicht. Man kann sogar behaupten, daß die Herstellung dieser kontinuierlichen Selbstidentität der ausgestellten Bilder die eigentliche Aufgabe des musealen Systems als solchem darstellt. Die ganze Anstrengung der Aufbewahrung, Sicherung und Restaurierung der im Museum zu »konservierenden« Bilder dient der Aufrechterhaltung ihrer Identität – d.h. der Unveränderbarkeit ihrer Form, die der rückkehrenden Aufmerksamkeit des Museumsbesuchers tendenziell unbegrenzt zur Verfügung stehen soll. Man kann sicherlich behaupten, daß eine solche durch die museale Konservierung hergestellte Identität eine Illusion ist – aber eben auf diese Illusion kommt es an, da sie die Erwartungen des Museumsbesuchers bestimmt.

In diesem Sinne gilt auch, daß allein diese künstliche, aufbewahrende, konservierende Herstellung der Identität, verstanden als Unveränderbarkeit, Unbeweglichkeit des Bildes in der Zeit, im allgemeinen das ausmacht, was wir in unserer Kultur als »hohe Kunst« bezeichnen. Im üblichen, »normalen« Leben wird uns die Zeit der Kontemplation eindeutig vom Leben selbst diktiert. Wir verfügen in bezug auf die Lebensbilder über keine Autonomie, keine Verwaltungsmacht:

Wir können nämlich nur das – und dies nur so lange – sehen, was uns – und wie lange es uns – vom Leben gezeigt wird. Im Leben sind wir immer nur zufällige Zeugen bestimmter Ereignisse und bestimmter Bilder, deren Ablauf in der Zeit wir nicht kontrollieren können. Deswegen beginnt jede Kunst mit dem Wunsch, einen Augenblick festzuhalten, ihn lange Zeit – tendenziell ewig lang – verweilen zu lassen. Erst dann bekommt der Betrachter die unendliche Zeitreserve, die er braucht, um Zeit und Rhythmus seiner Betrachtung völlig autonom zu bestimmen. Das Museum – und generell ein Ausstellungsraum, in dem unbewegte Bilder ausgestellt werden – bezieht seine eigentliche Berechtigung also in erster Linie daraus, daß dort die Autonomie des Betrachters – verstanden als seine Fähigkeit, die Zeit seiner Aufmerksamkeit zu verwalten – durch das System der musealen Aufbewahrung und Präsentation garantiert wird.

Mit dem Einzug der bewegten Bilder ins Museum ändert sich die Lage aber drastisch, da diese beginnen, dem Betrachter die Zeit ihrer Betrachtung zu diktieren – und ihn seiner gewohnten Autonomie berauben. Plötzlich findet sich der Museumsbesucher in einer Lage wieder, die wie das außermuseale Leben aussieht, d.h. wie ein Ort, von dem bekannt ist, daß man an ihm alles Wichtige verpaßt: Im sogenannten Leben hat man nämlich immer das Gefühl, zur falschen Zeit am falschen Ort zu sein. Wenn wir während eines Museumsbesuchs die Kontemplation einer Video- oder Kinoarbeit abbrechen, um später zu ihr zurückzukehren, überkommt uns unausweichlich das Gefühl, etwas Entscheidendes versäumt zu haben und nicht mehr zu wissen, was in dieser Installation eigentlich vor sich geht. Ein solches Gefühl stellt sich im Kinosaal übrigens nicht ein, denn der Kinobesucher ist üblicherweise seiner Freiheit, seiner Autonomie vollständig beraubt – er muß sich von Anfang an damit abfinden, eine gewisse Zeit unbeweglich im Dunklen zu verbringen. Im Kino wird die Bewegtheit der Bilder durch die Unbewegtheit des Betrachters kompensiert.

Wir verfügen also in unserer Kultur über zwei unterschiedliche Modelle, die es uns erlauben, Kontrolle über die Zeit zu erlangen: die Immobilisierung des Bildes im Museum und die Immobilisierung des Zuschauers im Kinosaal. Beide Modelle versagen allerdings, wenn die bewegten Bilder in den musealen Raum versetzt werden. Die Bilder laufen in diesem Falle weiter – aber die Zuschauer beginnen ebenfalls zu laufen. Im Ausstellungsraum bleibt man nicht lange Zeit sitzen oder stehen, sondern macht immer wieder Runden durch den ganzen Raum, bleibt für eine Weile vor einem Bild stehen, nähert sich ihm oder entfernt sich von ihm, betrachtet es aus unterschiedlichen Perspektiven usw. Diese Bewegung des Betrachters im Ausstellungsraum kann nicht willkürlich gestoppt werden, weil sie für das Funktionieren der Wahrnehmung im Kunstsystem konstitutiv ist. Darüber hinaus wäre ein Versuch, den Ausstellungsbesucher zu zwingen, alle ausgestellten Video- und Kinoarbeiten vollständig von Anfang bis Ende zu sehen, von vornherein zum Scheitern verurteilt. Die Zeit eines durchschnittlichen Museumsbesuchs reicht dafür einfach nicht aus. Eine Video- oder Kinoinstallation im Museum hebt also das Bewegungsverbot, das die Betrachtung dieser Bilder im Kinosystem bestimmt, radikal auf – Bilder und Zuschauer erhalten die Erlaubnis, sich gleichzeitig zu bewegen.

Offensichtlich entsteht dadurch eine Lage, in der die kontradiktorischen Erwartungen eines Kinobesuchs und eines Museumsbesuchs in einen deutlichen Konflikt geraten – und den Besucher der Installation in den Zustand des Zweifels und der Ratlosigkeit versetzen. Grundsätzlich weiß der Installationsbesucher nämlich nicht mehr, was er eigentlich tun soll: Soll er stehen bleiben und die Bilder wie in einem Kinosaal vor seinen Augen ablaufen lassen, oder soll er sich wie in einem Museum weiterbewegen – im Vertrauen darauf, daß die bewegten Bilder mit der Zeit doch nicht so anders werden, wie es zu befürchten ist? Beide Lösungen sind offensichtlich unbefriedigend – eigentlich sind sie gar keine richtigen Lösungen. Allerdings ist man sehr schnell gezwungen anzuerkennen, daß es in dieser neuen Lage überhaupt keine adäquaten und zufriedenstellenden Lösungen geben kann. Jede einzelne Entscheidung, stehenzubleiben oder weiterzugehen, bleibt ein fauler Kompromiß – und muß später immer wieder revidiert werden.

Gerade diese grundsätzliche Unsicherheit, die entsteht, wenn sich Bilderbewegung und Betrachterbewegung gleichzeitig vollziehen, schafft den ästhetischen Mehrwert bei der Verlegung der bewegten Bilder ins Museum, von dem eingangs die Rede war. Im Falle der Medieninstallation entsteht zwischen Betrachter und Künstler ein Kampf um die Kontrolle über die Zeit der Kontemplation. Die Zeit der realen Kontemplation muß immer erneut ausgehandelt werden, wobei es niemals zu einer vollständigen Übersichtlichkeit der Bilder kommen kann. Der ästhetische Wert der Medieninstallation im Museum besteht also vor allem darin, die Unübersichtlichkeit, die Ungewißheit, die fehlende Kontrolle des Betrachters über die Zeit der eigenen Aufmerksamkeit in musealen Räumen explizit zu thematisieren, in denen bis dahin die Illusion der vollständigen Übersichtlichkeit herrschte. Wohlgemerkt handelt es sich dabei nicht um die berühmt-berüchtigte »Unausschöpflichkeit des Sinns« eines Kunstwerks, d. h. um das »geistige« Unvermögen des Betrachters, die Bedeutung eines Kunstwerks vollständig zu ergründen – sondern um ein rein physisches, zeitbedingtes Unvermögen, die materielle Form des Kunstwerks überhaupt zu überblicken, noch vor jeder möglichen Interpretation. Dieses Unvermögen wird zusätzlich durch die erhöhte Geschwindigkeit verschärft, mit der die bewegten Bilder heutzutage produziert werden können.[1]

Die überragende Arbeits-, Zeit- und Kraftinvestition, die für die Schaffung eines traditionellen Kunstwerks benötigt wurde, stand nämlich früher in einem für den Betrachter äußerst günstigen Verhältnis zur Dauer des Kunstkonsums. Nachdem der Künstler an seinem Werk lange Zeit und hart arbeiten mußte, konnte der Betrachter dieses Werk mühelos und mit einem Blick konsumieren. Daher die traditionelle Überlegenheit des Konsumenten, des Betrachters, des Sammlers über den Künstler-Maler als Zulieferer der Bilder, die in mühsamer, physischer Arbeit hergestellt werden mußten. Erst dank der Photographie und dem Readymade-Verfahren steht der Künstler mit dem Betrachter auf einer gemeinsamen Ebene in der Zeitökonomie, denn der Künstler bekommt dadurch die Möglichkeit, Bilder ebenfalls augenblicklich zu produzieren. Nun kann aber die Kamera, die die bewegten Bilder produziert, diese Bilder auch automatisch aufnehmen, ohne daß der Künstler überhaupt Zeit investieren muß. Dadurch erhält der Künstler einen deutlichen Überschuß an Zeit: Der Zuschauer muß jetzt mehr Zeit für die Betrachtung der Bilder verwenden, als der Künstler für ihre Herstellung gebraucht hat. Und noch einmal: Es handelt sich dabei nicht um eine gewollt verlängerte Zeit der Kontemplation, die der Betrachter eventuell braucht, um das Bild zu »verstehen«, denn über eine solche Zeit der bewußten Kontemplation verfügt der Betrachter frei und autonom. Vielmehr handelt es sich um eine Zeit, die der Betrachter braucht, um eine Video- oder Kinoarbeit überhaupt in ihrem vollen Umfang sehen zu können – und die die Dauer des üblichen Museumsbesuchs durchaus übersteigen kann. Auf verschiedenen Ebenen der Zeitökonomie zwingen also die Medieninstallationen den Betrachter, Entscheidungen in Bezug auf sein Kontemplationsverhalten zu treffen, die ihn zugleich – zumindest tendenziell – zu keiner abschließenden Betrachtung führen können.

Aber nicht nur der Betrachter der Medieninstallation wird vom Konflikt zwischen Erwartungen des Museumsbesuchs und des Kinobesuchs in eine schwierige Lage versetzt. Auch – und sogar vor allem – ist dieser Konflikt für den Künstler schon bei der Gestaltung der Medieninstallation von entscheidender Bedeutung. Die Videokunst der letzten Jahrzehnte hat auf unterschiedliche Weise versucht, diesen Konflikt zu lösen. Eine weitverbreitete Strategie bestand und besteht nach wie vor darin, die einzelnen Video- und Kinosequenzen möglichst kurz zu gestalten und/oder die Aufmerksamkeit des Betrachters durch starke optische Reize sofort zu fesseln, damit die Zeit, die der Betrachter vor einer solchen Video- oder

Kinosequenz verbringt, die Zeit nicht wesentlich übersteigt, die man erwartungsgemäß vor einem, sagen wir, »guten« Bild im Museum zu verbringen bereit wäre. Damit paßt sich die Medienkunst offensichtlich erfolgreich an die Bedingungen der musealen Präsentation an. Wenn auch gegen diese Strategie nichts einzuwenden ist, bleibt dabei doch die Chance ungenutzt, die Ungewißheit, die die Verlegung der bewegten Bilder ins Museum erzeugt, offensiv und explizit zu thematisieren. Viel besser wird eine solche Thematisierung durch Medienarbeiten geleistet, die, wenn man so sagen darf, explizit langweilige bewegte Bilder präsentieren – d. h. Videos oder Filme, bei denen sich ein bestimmtes Bild nur sehr langsam – wenn überhaupt – verändert und die sich in diesem Sinne der traditionellen musealen Präsentation des einzelnen, unbewegten Bildes nähern.

Als frühes Beispiel für einen solchen Film kann man »Empire State Building« von Andy Warhol nennen. Wir haben es hier mit einem stabilen Bild zu tun, das sich stundenlang kaum verändert – wobei ein Ausstellungsbesucher, der diesen Film als Teil einer Kinoinstallation wahrnehmen würde, im Unterschied zum Kinobesucher nicht wissen könnte, ob das Bild während der ganzen Zeit der Vorführung tatsächlich stabil geblieben ist. Denn der Ausstellungsbesucher darf sich und soll sich sogar, wie gesagt, im Ausstellungsraum frei bewegen, den Raum verlassen, in ihn zurückkehren usw. So wird der Ausstellungsbesucher – im Unterschied zum Kinobesucher – am Ende von Warhols Film nicht sagen können, ob es sich dabei um ein bewegtes oder um ein unbewegtes Bild handelte. Gerade durch diese Ungewißheit wird aber das Verhältnis zwischen bewegten und unbewegten Bildern im Ausstellungsraum explizit thematisiert.

Man kann auch einige spätere Beispiele eines solchen Umgangs mit dem Filmbild nennen, auf die ich an dieser Stelle nicht detailliert eingehen kann.[2] Auf jeden Fall läßt sich aber sagen, daß ein relativ stabiles Filmbild, das im Kontext einer Medieninstallation fungiert, den Konflikt zwischen den Erwartungen eines Museumsbesuchers und denjenigen eines

Kinobesuchers am konsequentesten manifestiert. Ein solches stabiles Filmbild erinnert nämlich an das »normale« traditionelle Bild der Malerei oder Photographie, das an der Wand der Museumsausstellung hängt. In diesem Sinne entspricht ein solches stabiles Filmbild den typischen Erwartungen, die man mit dem Museumsbesuch verbindet: Es gibt in diesem Falle keine spannende Story, keine heftige Aktion und keine rasche Bewegung, die man als Betrachter kontinuierlich verfolgen soll. Zugleich macht das stabile, quasi-unbewegte Filmbild, gerade indem es sich am meisten dem traditionellen Bild nähert, seine eigene temporale Instabilität unmittelbar spürbar: Man wartet bei der Projektion eines solchen Bildes unwillkürlich darauf, daß die Projektion irgendwann endet, unterbrochen wird oder daß dieses Bild von einem anderen Bild abgelöst wird. Die Zeit wird hier nicht als Zeit der Bewegung im Filmbild erlebt, sondern als ungewisse, problematische Dauer des Filmbildes als solchem.[3] So demonstrieren die Projektionen der medialen quasi-unbewegten Bilder im traditionellen Ausstellungsraum den prekären, ungewissen, illusionären Charakter jeder Bildidentität – inklusive der Identität der traditionellen unbewegten Bilder, die einen »harten«, »soliden« Träger haben. Diese Instabilität wird dabei zusätzlich durch die veränderten Lichtbedingungen thematisiert, die die Medienbilder mit sich in den musealen Raum bringen.

3. Traditionell kommt das museale Licht von außerhalb der Kunstwerke – und macht dadurch die Kontemplation dieser Kunstwerke erst möglich. Im Museum herrscht in der Regel ein perfekter Tag, auch wenn es sich um einen künstlichen Tag handelt. Die Medienkunst – in Form von Video- oder Kinoinstallationen – hat dagegen die große Nacht und die Dämmerung ins Museum gebracht. Die gleichmäßige, kundenfreundliche Beleuchtung des modernen Museums ist dadurch erloschen. Das Licht dient in der musealen Medieninstallation nämlich nicht mehr dazu, optimale Bedingungen für den Betrachter der Bilder zu schaffen, d. h. einen Raum

zu bieten, in dem sich der Betrachter frei und sicher bewegen könnte und imstande wäre, die beste Betrachterposition für sich zu wählen. Das Museum als Museum der Medienkunst ist nicht mehr der Ort der absoluten Sichtbarkeit. In diesem Museum wird die Unsichtbarkeit, die Dunkelheit, die Unsicherheit des nächtlichen Raums mit ausgestellt – und durch die Verteilung der lichten und der dunklen Stellen wird dem Betrachter eine bestimmte Betrachterposition suggeriert. So wie Heidegger es in seiner Kunstphilosophie beschreibt, geht der Betrachter innerhalb einer Medieninstallation dorthin, wo es eine Lichtung gibt.

Und vor allem beleuchtet das museale Licht die Kunstwerke nicht mehr von außen. Statt dessen sind es jetzt die Bilder selbst – als Video-, Fernseh-, Kinobilder –, die das Licht ausstrahlen. Man fragt sich also: Gehört dieses Licht zum Kunstwerk oder nicht? Ist es ein Teil der Arbeit oder nicht? Früher war das museale Licht eindeutig das symbolische Eigentum des Betrachters: In diesem Licht hat er das Werk gesehen. Jetzt wird das Licht zum Teil des Werks – und wird somit vom Künstler kontrolliert und gestaltet. Der Blick des Betrachters wird dieser Lichtgestaltung unterworfen. Dabei handelt es sich um eine wesentliche Verschiebung der Macht über die Lichtbedingungen der Bildbetrachtung und somit um eine Verschiebung der Sichtbarkeit, um eine neue Kontrolle über den Blick des Betrachters, die noch viel zu wenig reflektiert wird. In einer Medieninstallation wird dem Betrachter also nicht nur die Kontrolle über die Zeit seiner Kontemplation entzogen, sondern auch die Kontrolle über das Licht, in dem sich diese Kontemplation vollzieht. Und so wird die Instabilität des Bildes selbst vom Betrachter um so intensiver erlebt.

Das elektrische Licht, in dem sich die Medienbilder zeigen, und das sie zugleich verströmen, ist ein potentiell unendliches Licht, das den Raum des Museums übersteigt, weil die Quelle dieses Lichts weit außerhalb dieses engen Raumes liegt. Das ist sicherlich auch bei der üblichen elektrischen Beleuchtung im Museum der Fall, allerdings wird das elektrische Licht, das sozusagen hinter dem Rücken des Betrachters seine unmittelbare Quelle hat, von diesem üblicherweise auch nicht reflektiert. Im Falle der Medieninstallation manifestiert sich dagegen durch das Licht des Bildes die ganze Kraft der modernen technischen Zivilisation, die dem Betrachter eines medialen Kunstwerks entgegenstrahlt. Zugleich aber wird dadurch die Zerbrechlichkeit dieser Zivilisation unmittelbar erlebbar – als unabweisbare Angst, daß dieses Licht im nächsten Augenblick ausgeht und es dunkel wird. Die Kontemplation der Medienkunst ist vor allem eine Kontemplation des elektrischen Lichts – so wie man früher versucht hat, die Sonne und die Sterne zu betrachten. Oder vielmehr, wie man versucht hat, das dritte, göttliche Licht wahrzunehmen, um in diesem göttlichen Licht das wahre Bild sehen zu können. Es scheint, als ob sich die Prophezeiungen aus der berühmten Mysterienoper »Sieg über die Sonne« (1913, von Chlebnikow, Krutschonych, Malewitsch und Matjuschin) erfüllt haben: Die Sonne ist erloschen, und das göttliche Licht ist zum künstlichen, elektrischen Licht geworden, das in den symbolischen Besitz des heutigen Kunstsystems übergegangen ist.

4. Die Veränderung, die sich in unserer Wahrnehmung der bewegten Bilder vollzieht, reduziert sich allerdings nicht bloß darauf, daß wir beginnen, Filme und Videos ästhetisch besonders reizvoll zu finden, die wir unter den traditionellen Bedingungen des Kino- oder Fernsehkonsums als uninteressant, langweilig erleben würden – Videos und Filme, die sich zu sehr dem unbewegten Bild nähern, zu kurz oder zu lang sind usw. Ich möchte nämlich behaupten, daß durch die künstlerische Neuverwendung der bewegten Medienbilder im musealen Raum das Filmbild als solches aus einer gewissen Zone der Sprachlosigkeit befreit und einem medientheoretischen Diskurs zugänglich gemacht werden konnte. Und in der Tat: In bezug auf den Film herrschte bis vor kurzem eine gewisse Sprachlosigkeit, ein gewisses Schweigen. Sicherlich werden Filmkritik und Filmtheorie seit vielen Jahrzehnten er-

folgreich praktiziert. Es gibt eine umfangreiche Literatur über den Film, in der man viel Interessantes und auch Treffendes findet. Aber wenn man diese Literatur genauer liest, hat man den Eindruck, daß dort verwendete analytische und rhetorische Mittel allesamt aus der Literaturtheorie oder aus der Kunsttheorie stammen. Oder vielleicht – wenn auch in einem viel geringeren Maße – aus der Musiktheorie. So hat man meistens nicht das Gefühl, mit einer Sprache konfrontiert zu werden, die aus der spezifischen Erfahrung des Films geboren wäre, die »über den Film« spräche – und nicht ursprünglich über etwas anderes. Eine solche Sprache ist sicherlich imstande, bestimmte Einzelaspekte des Films zu beschreiben, doch der Film als solcher bleibt dabei in einer Zone der Sprachlosigkeit. Warum aber diese Sprachlosigkeit, warum dieses diskursive Versagen?

Die Antwort auf diese Frage ergibt sich, wie mir scheint, aus einer Analyse der Bedingungen, unter denen der Film in der Regel betrachtet wird, also der Bedingungen des üblichen Kinobesuchs. Beim Kinobesuch wird der Betrachter in eine Situation der absoluten Ohnmacht, der Paralyse, der Immobilität versetzt. Und das bedeutet auch: in eine Situation der Ohnmacht bezüglich der Sprache, der diskursiven Praxis. Die Bewegung der Sprache, der Logik und der Rhetorik ist ja auch eine quasi-körperliche Bewegung – eine spezifische Variante der Bewegung als solcher. Nicht zufällig haben sich die griechische Sophistik wie auch die griechische Philosophie im Spazierengehen entwickelt, in der freien Bewegung des Gesprächs, in der Fähigkeit, sich vom Gegenstand abzuwenden, sich von ihm zu distanzieren, um sich diesem Gegenstand später aus einer neuen Perspektive zu nähern. Alle diese typischen räumlichen Beschreibungen der Denkbewegungen und Sprachbewegungen sind keineswegs bloße Metaphern. Die Möglichkeit, sich im Raum körperlich frei zu bewegen, ist eine unerläßliche Bedingung für die Entstehung und die weitere Entwicklung des Denkens, das sich versprachlichen läßt.

Bei der üblichen Filmvorführung ist es aber, wie gesagt, das

Filmbild, das sich bewegt, sich zeitlich entfaltet, wobei der Betrachter passiv bleibt. Dadurch ersetzt die Bewegung des Filmbildes beim Betrachter die Bewegung des Denkens und der Sprache. Der Betrachter wird nicht nur physisch, sondern auch geistig immobilisiert – er wird, wie man so sagt, innerlich vom Film »gefesselt«. Oder, wie Deleuze sagt, der Betrachter verwandelt sich in einen geistigen Automaten.[4] Am meisten erinnert der Kinobesuch in dieser Hinsicht an die archaischen, asketischen Praktiken der reinen Kontemplation. Von den Visionen, die dem immobilisierten Asketen erscheinen, bleiben vielleicht einzelne Bilder in seinem Gedächtnis hängen, die später als Ikonen kanonisiert werden. Oder einzelne Worte, die später als Gebete fungieren. Das Ganze aber bleibt, wie man so sagt, unaussprechlich. Der heutige Kinobesucher ist der Asket des zwanzigsten Jahrhunderts, der für seine Visionen mit Sprachlosigkeit bezahlt. In einem gewissen Sinne können wir nämlich niemals über den Film als solchen sprechen, denn in der Zeit der Filmvorführung müssen wir schweigen. Statt dessen sprechen wir über unsere Erinnerungen an den Film – nachträglich, d. h. etwa so, wie man während einer psychoanalytischen Sitzung einen Traum nacherzählt und interpretiert. Nicht zufällig war und bleibt die Psychoanalyse im Kontext der Filmwissenschaft so einflußreich. Dabei wird die Psychoanalyse des Films nicht ohne einen gewissen Anflug von Verachtung der passiven Zuschauermasse gegenüber praktiziert.[5] Der Film ist doch paradoxerweise gerade in der Zeit entstanden und hat sich entwickelt, in der das Aktive, Pragmatische, Kreative und Praxisorientierte seine größten ideologischen Triumphe feiern durfte: Im Kontext des modernen Theoretisierens – von Marx und Nietzsche bis heute – gibt man der Praxis eindeutig den Vorzug vor der reinen Kontemplation. Die Wahrheit des Lebens sucht man nicht mehr in der philosophischen Betrachtung, sondern in der Lebensdynamik, in der politischen Praxis, im Körper, im sexuellen Begehren, im Sport, im Kampf (der Nationen, der Klassen, der Rassen oder auch der Geschlechter) – aber auf jeden Fall in der materiellen, körperlichen Realität und nicht in der passiven Betrachtung einer ideellen, quasi-spirituellen Geisterwelt. Der traditionelle Kinofilm verkörpert in der Moderne dementsprechend eine passive, überholte, kontemplative Einstellung, die zwar in früheren Zeiten als höchste Lebensform galt, inzwischen aber im öffentlichen Bewußtsein zu einem passiven Vegetieren im Reich der Illusionen verkommen ist.

Eine jede uns bekannte vormoderne Kultur verfügte über einen kontemplativen Stand, d.h. über eine relativ kleine Schicht von Menschen, die sich ausschließlich mit der Kontemplation beschäftigt haben: Schamanen, Mönche, religiöse Propheten oder Philosophen. Und diese Menschenschicht war dabei eindeutig gesellschaftlich privilegiert. Traditionell stand die »vita contemplativa« in der öffentlichen Meinung höher als die »vita activa«. Erst in der Neuzeit wurden alle alten Privilegien des kontemplativen Standes drastisch abgebaut. Der moderne Mensch darf, wenn er nach gesellschaftlicher Anerkennung strebt, nicht mehr kontemplativ sein, sondern er muß kreativ werden, d.h. mehr und besser arbeiten als alle anderen. Oder auch karitativ – die Kirche hat sich ja praktisch aus einer kontemplativen in eine karitative Institution verwandelt. Die reine Kontemplation wurde in der Neuzeit – und vor allem in diesem Jahrhundert – auf allen Ebenen radikal abgewertet.

Diese Abwertung der reinen Kontemplation war, wie ich meine, eine der entscheidenden Voraussetzungen für die Entstehung des Kinos, wie wir es heute kennen – denn technische Erfindungen und Entwicklungen sind in solchen Fällen gesellschaftlich und kulturell wenig relevant. Relevant ist allein, was die Kultur aus einer bestimmten technischen Entwicklung machen kann – und tatsächlich macht. Das Kino kann man nämlich als eine grandiose Parodie auf die abgewertete »vita contemplativa« betrachten. Durch das Kino wurde die kontemplative Einstellung, wurde das transzendentale Subjekt der klassischen abendländischen Philosophie neu definiert und gerettet – aber gerettet als abgewertetes, unterprivilegiertes Massenphänomen, als billige Unterhaltung für die niederen gesellschaftlichen Klassen, die durch ihre Stellung in der Gesellschaft zur Passivität verurteilt sind. Das Kinosystem manifestiert die »vita contemplativa« so, wie sie nur aus der Perspektive ihres radikalsten Kritikers – sagen wir, eines konsequenten Nietzscheaners – gesehen werden kann. Das Kinosystem evoziert nämlich unter Verwendung aller uns gut bekannten technischen Mittel den Zustand der kontemplativen Ekstase, die die Seele vom Körper trennt, um ihrem Blick den Zugang zur reinen Geisterwelt zu gewähren. Ein solcher ekstatischer Zustand hat sich früher erst als Folge jahrzehntelanger Askese und speziellen geistigen und körperlichen Trainings eingestellt. Heutzutage ist aber jeder imstande, für wenig Geld ein Ticket zu erstehen, das ihm erlaubt, für eine bestimmte Zeit zum kartesianischen transzendentalen Subjekt zu werden oder sogar zum Hegelschen Absoluten Geist, vor dessen Augen sich die ganze Kulturgeschichte der Menschheit endlos abspielt.

Sicherlich bekommt man im Kino keine göttlichen Visionen zu sehen – vielmehr sieht man dort allen möglichen Trash, den wir ja alle so gut genug kennen, daß es überflüssig wäre, ihn genauer zu beschreiben. Die Kinogeister sind kleine, eher lächerliche Geister – die durch ihre Gestalt fortwährend die Lächerlichkeit der Kontemplation als solcher suggerieren. Und geschichtliche Ereignisse werden im Film in einer Ausfertigung dargeboten, die Hegel wahrscheinlich kaum gefallen hätte. Wir haben es hier, wie gesagt, mit einer Parodie auf die kontemplative Einstellung zu tun: Es wird etwas zur Kontemplation angeboten, was einer Kontemplation der traditionellen Auffassung nach nicht würdig ist: Kleinkriminelle, Polizisten, die sie verfolgen, langweilige Liebesgeschichen, einfältiger Humor usw.

Vor allem aber bestätigen die Bedingungen der Kontemplation, wie sie im Kinosaal zu finden sind, sofort die schlimmsten Befürchtungen eines jeden echten Nietzscheaners. Man sitzt in einem unbequemen Sessel, der dem ganzen Körper weh tut – und zwar völlig untätig, immobilisiert, eingeengt, in einer extrem stickigen Atmosphäre, die Köpfe der anderen im Blickfeld, die einem die Sicht auf die Leinwand verstellen, mit Nachbarn, die die ganze Zeit essen oder trinken, einander etwas zuflüstern oder zur Toilette gehen müssen oder von der Toilette zurückkommen – und einem auf diese Weise jeglichen wahren Kontakt mit der Geisterwelt ständig verderben. Und wenn die Vorführung zu Ende ist, wird man in der Regel durch den Ausgang auf eine dunkle, schmutzige, übelriechende Sackgasse hinausgeworfen – man landet praktisch auf dem Müllhaufen: Der immobilisierte Körper des Kinobesuchers wird entsorgt. Der Kinozauber ist also von Anfang an in einen extrem ernüchternden realen Kontext gestellt, der einen echten Glauben an diesen Zauber eigentlich nicht zuläßt: Die Kontemplation wird unmittelbar als Illusion erkennbar. Die Erzeugung der Illusion und der Akt der Kontemplation werden von Anfang an relativiert – die Mechanismen ihrer Produktion offengelegt. Am Anfang und am Ende des Films sieht man immerhin die leere Leinwand. Das Kino ist die Kontemplation unter den Bedingungen ihrer gesellschaftlichen Verachtung – ein Ersatz für die alte, wahre und ehrwürdige Kontemplation, der seinen Ersatzcharakter offenlegt.

Dadurch unterscheidet sich das Kino aber radikal von den modernen hohen Künsten, die einen aktiven Umgang mit sich selbst voraussetzen – und diesen Umgang auch ständig explizit beschwören. Mit einem Buch kann der Leser aktiv umgehen: Er bestimmt den Ort der Lektüre, den Rhythmus der Lektüre usw. Das Buch ist ein Gegenstand, mit dem man einen anderen schlagen, den man auch zerreißen kann. Genauso frei ist der Betrachter in bezug auf das klassische malerische Bild: Er kann sich im Ausstellungsraum frei bewegen, wobei das Bild passiv an der Wand hängenbleibt. Im Theater oder während der Musikvorführung bleibt der Betrachter meistens passiv, aber die Künstler befinden sich im gleichen Raum wie das Publikum. Das gibt dem Publikum zumindest die virtuelle Möglichkeit, das Spektakel zu sprengen, z. B. die Künstler mit Tomaten und Apfelsinen zu bewerfen oder sie durch Buhrufe von der Szene zu vertreiben. Solche Szenen des Aufruhrs, der ein Spektakel sprengt, werden übrigens oft im Kino gezeigt – hier sei beispielsweise an die Filme mit Buster Keaton, den Marx Brothers sowie an die vielen Mickey-Mouse-Filme erinnert. In dieser Hinsicht ist auch die berühmte Szene aus einem der Batman-Filme charakteristisch, in der Pinguin – der Gegenspieler Batmans – die Bilder eines Kunstmuseums übermalt und zerstört. Gerade bei solchen Filmsequenzen feiert das Kino seine wahren Triumphe – und demonstriert seine Überlegenheit gegenüber anderen Medien. Denn der Kinobesucher ist nicht nur situations- und konventionsbedingt, sondern ontologisch ohnmächtig in bezug auf das Filmgeschehen. Er kann die Filmvorführung vielleicht unterbrechen, aber er kann in das Filmgeschehen nicht intervenieren, den Film als solchen nicht sprengen. Der Film ist nämlich kein endlicher Gegenstand im realen Raum. Wenn der Kinobesucher gegen den Film kämpft – dann kämpft er gegen Geister: Und Geister sind unverwundbar.

Sicherlich entkrampft sich die Situation weitgehend, wenn der Film nicht in einem Kinosaal, sondern im Fernsehen läuft, so daß der Betrachter die Freiheit gewinnt, sich in seinem Wohnzimmer nach Belieben zu bewegen. Allerdings ist diese Situation des Fernsehens zu privat und vor allem zu alltäglich, um einen öffentlichen analytischen Diskurs in Gang zu bringen. Dagegen schafft eine museale Videoinstallation den idealen Raum für einen analytischen, sprachlichen Umgang mit dem Video- und Filmbild. So ist es kein Zufall, daß der heutige Mediendiskurs sich parallel zur Medienkunst und insbesondere zur Video- und Kinoinstallation entwickelte. Die Videoinstallation säkularisiert die Bedingungen der Filmvorführung: Der Betrachter erhält die Möglichkeit, sich im Raum, in dem ein Film läuft, frei zu bewegen, aus diesem Raum jederzeit hinauszugehen, in den Raum zurückzukommen – und vor allem die ganze technische Apparatur in den Blick zu bekommen, die normalerweise vor ihm verborgen bleibt. Zugleich reißt die Videoinstallation das Videobild aus der Fernseh-Alltäglichkeit heraus und verleiht ihm musealen Reiz. Indem der Medienkünstler das Filmmaterial zerstückelt und dekontextualisiert, um es später neu zu kontextualisieren, indem er den Film über viele unterschiedliche Monitore verteilt, einzelne Fragmente ständig wiederholen läßt, die Filmbilder zu bestimmten Gegenständen im realen Raum in Beziehung setzt, nimmt er das Pathos des Außerweltlichen vom Film weg – und gibt dem Betrachter die Möglichkeit, den Film auf eine andere, analytischere und vielfältigere Weise zu konsumieren.

Dieser freie und zugleich analytische Umgang mit dem Kino- und Videobild, den Medienkunst, wenn sie gut ist, vorbildlich vorführt, bringt den Betrachter dazu, die auswählenden, analytischen Strategien des jeweiligen Künstlers zu übernehmen und selbst zu einem aktiven Medienkonsumenten zu werden. Und um richtig verstanden zu werden: Im Idealfall übernimmt der Betrachter nicht so sehr die Ergebnisse dieser künstlerischen Strategien als vielmehr die Strategien selbst. Wenn der Betrachter diese oder vergleichbare Strategien später bei seinem eigenen Medienkonsum anwendet, kann er unter Umständen zu völlig anderen Ergebnissen kommen, als der Künstler selbst es in seiner Installation getan hat. Das ändert aber nichts am vorbildlichen Charakter des künstlerischen Medienkonsums, den die gute Medienkunst anstrebt und praktiziert. An entsprechenden Beispielen lernt der Betrachter nämlich, daß alle Parameter des Medienkonsums variabel sind – und beginnt, auf seine eigene Weise die Medienbilder zu dekontextualisieren, zu rekontextualisieren, zu fragmentieren, neu zusammenzusetzen, zu verschieben, zeitlich anders zu plazieren usw. Dabei kann er durchaus Künstler zum Vorbild nehmen wie Nam June Paik, Marcel Broodthaers, Bruce Nauman oder Peter Fischli und David Weiss.

Das Museum von heute hat sich also – als Museum der Medienkunst – in einen Ort verwandelt, an dem eine permanente Auseinandersetzung zwischen dem Blick des Betrachters und dem Blick des Künstlers stattfindet. Dadurch unterscheidet sich der Raum der musealen Medieninstallation erstens vom traditionellen musealen Raum, in dem der Blick des Betrachters unangefochten herrscht, und zweitens von der üblichen Situation des Medienkonsums, bei der – zumindest tendenziell – der Blick des Künstlers herrscht, der die Aufmerksamkeit des Betrachters auf das Medienbild fesselt. So kann man abschließend sagen: Je mehr eine individuelle museale Medieninstallation diesen Kampf zweier Blicke thematisiert und reflektiert, desto gelungener ist sie – desto mehr entspricht sie der Beschaffenheit des Ortes, an dem sie sich zeigt.

Ikonoklasmus als Verfahren: Ikonoklastische Strategien im Film

Der Film stand niemals im Kontext des Sakralen. Von Anfang an bewegte sich der Film in den Niederungen des Profanen, Kommerziellen – im Kontext der billigen Massenunterhaltung. Auch einige Versuche, den Film zu sakralisieren, wie sie von den totalitären Regimen des zwanzigsten Jahrhunderts unternommen wurden, haben nicht richtig funktioniert – es blieb bei einer zeitweiligen Verwendung des Films für jeweilige Propagandazwecke. Die Gründe dafür sind nicht unbedingt in der medialen Beschaffenheit des Films zu suchen. Der Film kam einfach zu spät – die Kultur hatte zur Zeit der Entstehung des Films ihr Sakralisierungspotential verloren. Da der Film also ursprünglich säkular ist, scheint es auf den ersten Blick unangebracht, über Ikonoklasmus im Kontext des Films sprechen zu wollen. Der Film scheint höchstens imstande zu sein, die historischen Szenen des Ikonoklasmus zu inszenieren und zu illustrieren – aber er scheint niemals selbst ikonoklastisch sein zu können.

Nun läßt sich aber zugleich behaupten, daß der Film als Medium während seiner ganzen Geschichte einen mehr oder weniger offenen Kampf gegen andere Medien wie etwa Malerei, Skulptur, Architektur oder Theater und Oper geführt hat, die sakrale Ursprünge aufweisen können und deswegen in der heutigen Kultur immer noch als hohe, aristokratische Künste gelten. Dabei wurde die Zerstörung dieser aristokratischen Kulturgüter immer wieder durch den Film inszeniert und gefeiert. Der filmische Ikonoklasmus agiert also nicht im Kontext eines religiösen oder ideologischen, sondern eines medialen Kampfes. Er ist nicht gegen eigene sakrale Ursprünge, sondern gegen andere Medien gerichtet. Zugleich hat der Film während der langen Geschichte dieses medialen Kampfes das Recht erworben, als Ikone der säkularisierten Moderne zu dienen. Und dies führt wiederum dazu, daß der Film selbst zunehmend einem ikonoklastischen Gestus unterzogen wird, indem er in die traditionellen Kunsträume versetzt und das filmische Bild zugleich mittels neuer technischer Mittel wie etwa Video, Computer oder DVD in seiner Bewegung gestoppt und seziert wird.

1. Der ikonoklastische Gestus hat geschichtlich nie als Ausdruck einer konsequent atheistischen oder skeptischen Haltung funktioniert. Eine solche Haltung findet ihre Entsprechung vielmehr in einem toleranten Desinteresse an religiösen Verirrungen jeglicher Art und in einer wohlwollenden Musealisierung der historischen Zeugnisse dieser Verirrungen – keineswegs aber in einer Zerstörung dieser Zeugnisse. Die Zerstörung alter Idole findet nur im Namen anderer, neuer Götter statt. Der Ikonoklasmus will nämlich beweisen, daß die alten Götter machtlos geworden sind, und daß sie deswegen ihre irdischen Tempel und Darstellungen nicht mehr verteidigen können. Der Ikonoklast nimmt also den Machtanspruch der Götter ernst, indem er durch seine zerstörerischen Aktionen die Macht der alten Götter widerlegt und die Macht seiner eigenen Götter behauptet. So wurden, um nur einige wenige Beispiele zu nennen, die Tempel der heidnischen Religionen im Namen des Christentums zerstört. Die katholischen Kirchen wurden verwüstet im Namen einer anderen, protestantischen Interpretation des Christentums. Später wurden alle möglichen christlichen Kirchen im Namen der Religion der Vernunft beschädigt – einer Vernunft, die man als noch mächtiger ansah als die Macht des alten biblischen Gottes. Die Macht der Vernunft, die durch ein bestimmtes humanistisch geprägtes Menschenbild manifestiert wird, wurde später ihrerseits ikonoklastisch bekämpft im Namen der staatlichen Optimierung der Produktionskräfte, der Allmacht der Technik und der totalen Mobilmachung – zumindest in Zentral- und Osteuropa. Und noch vor kurzem wurden die Idole des Realsozialismus wiederum feierlich zerstört und abgetragen – und zwar im Namen der noch mächtigeren Reli-

gion des grenzenlosen Konsums. Denn irgendwann hat man eingesehen, daß die Entwicklung der Technologie letztendlich vom Konsum abhängig ist – entsprechend der alten Maxime, daß das Angebot erst von der Nachfrage erzeugt wird. Und so bleiben die Warenmarken (»commodity brands«) vorläufig unsere letzten Hausgötter, wobei inzwischen die anschwellende ikonoklastische Wut sich auch gegen sie erhebt.

Der Ikonoklasmus funktioniert also als Mechanismus der historischen Innovation – nämlich als Mechanismus der Umwertung der Werte, der ständig alte Werte zerstört und neue Werte einführt. Und so scheint der ikonoklastische Gestus immer in die gleiche historische Richtung zu zeigen – zumindest wenn die Geschichte in der Tradition Nietzsches als Geschichte der Machtsteigerung verstanden wird. In dieser Perspektive zeigt sich der Ikonoklasmus als ein Werk progressiver, historisch aufsteigender Bewegungen, die alles Überlebte, Machtlose und innerlich Leere wegräumen und somit dem Zukünftigen den Weg bereiten. Das ist der Grund, warum die Kritik am Ikonoklasmus traditionell einen reaktionären Beigeschmack hatte. Und es ist auch der Grund, warum sie heute diesen Beigeschmack nicht mehr hat. Da unsere Gesellschaft die Innovation, die Kreativität und den Fortschritt idolisiert, wirkt die Kritik des Ikonoklasmus zunehmend sympathisch, weil man inzwischen gelernt hat, die Kosten des Fortschritts kritisch einzuschätzen.

Eine solche enge Verbindung des Ikonoklasmus mit dem historischen Fortschritt ist aber nicht logisch notwendig. Der Ikonoklasmus ist nämlich nicht nur gegen das Alte, sondern auch gegen das Neue gerichtet: Die Anhänger der neuen Götter waren doch im anfänglichen Stadium ihrer Mission immer Verfolgungen und der Zerstörung ihrer Symbole ausgesetzt, wie etwa die ersten Christen, Revolutionäre, Marxisten oder auch Hippies – Märtyrer des Konsums und der Mode. Im Grunde handelt es sich bei diesen Verfolgungen ebenfalls um einen Gestus, der beweisen soll, das die neuen Götter nicht mächtig genug sind – auf jeden Fall nicht mächtiger als die alten Götter. Und sehr oft hat sich dieser Gestus auch als effektiv erwiesen: Die neuen religiösen Bewegungen wurden unterdrückt und die Macht der alten Götter wieder behauptet. Darin kann man freilich, wenn man will, in Hegelscher Manier die List der Vernunft am Werk sehen, im Sinne eines reaktionären Dienstes am Fortschritt. Doch charakteristischerweise tendiert man dazu, diesen Gestus der Unterdrückung und Zerstörung des Neuen nicht als einen ikonoklastischen zu bezeichnen: Man spricht vielmehr vom Martyrium des Neuen. Und die Ikonographie der neuen Religionen besteht ja meistens aus den Bildern ihres früheren Martyriums wie auch der Überwindung dieses Martyriums. In diesem Sinne kann man sagen, daß die Ikonographie einer jeden Religion einen potentiell gegen sie gerichteten ikonoklastischen Gestus immer schon vorwegnimmt. Der Unterschied zwischen dieser Vorwegnahme und der aktuellen Zerstörung besteht allein darin, daß im ersten Fall das Überleben – und im letzten Fall der Untergang angestrebt und gefeiert werden. Es geht hier also um eine Unterscheidung zwischen den Positionen der Sieger und der Besiegten, wobei es dem Betrachter freisteht, sich für die eine oder andere Position zu entscheiden – je nach seinem eigenen Geschichtsbild.

Darüber hinaus besteht die Geschichte weniger aus Innovationen als vielmehr aus Revivals, wobei sich die meisten Innovationen als Revivals präsentieren und die meisten Revivals als Innovationen. So verliert man bei näherem Hinsehen allmählich den Mut zu entscheiden, welche Kraft im Endeffekt geschichtlich gesiegt hat, um dadurch den Ikonoklasmus vom Martyrium zu unterscheiden. Dieser Endeffekt stellt sich nämlich nicht ein – die Geschichte präsentiert sich als eine Serie aus Umwertungen der Werte, deren allgemeine Richtung nicht zu erkennen ist. Und vor allem wissen wir eigentlich nicht, ob eine Niederlage eine Minderung und ein Sieg eine Steigerung der Macht bedeuten. Die Niederlage und das Martyrium enthalten nämlich ein Versprechen in sich, das ein Sieg nicht enthält. Der Sieg führt zu einer »Vereinnahmung« durch das Bestehende, wobei die Niederlage möglicherweise zu einem endgültigen Sieg führt, der alles Bestehende umwerten wird. Zumindest seit dem Tod Christi versagt der ikonoklastische Gestus im Grunde, weil er sich unmittelbar als der höchste Sieg seines vermeintlichen Opfers präsentiert. Im Licht der christlichen Tradition verwandelt sich nämlich das Bild der Zerstörung, das der ikonoklastische Gestus hinterläßt, quasi automatisch in ein Bild des Triumphs des Zerstörten – und zwar lange bevor die spätere Auferstehung bzw. die historische Aufwertung »real« stattfinden. Unsere ikonographische Imagination, vom Christentum lange Zeit trainiert, braucht nicht zu warten, um in einer Niederlage den Sieg zu erkennen: Die Niederlage ist hier von Anfang an ein Sieg.

Wie dieser Mechanismus in der nachchristlichen Moderne funktioniert, kann am Beispiel der historischen Avantgarde deutlich genug gezeigt werden. Man kann sagen, daß die Avantgarde nichts anderes als ein Martyrium des Bildes inszeniert, welches das christliche Bild des Martyriums ersetzt. Die Avantgarde unterzieht nämlich den Körper des traditionellen Bildes allen möglichen Torturen, die durchaus an die Torturen erinnern, denen die Körper der Heiligen auf den Bildern des christlichen Mittelalters unterworfen wurden. Das Bild wird dabei – symbolisch oder real – zersägt, zerschnitten, fragmentiert, durchbohrt, durchstochen, in den Schmutz gezogen und zugleich der Lächerlichkeit preisgegeben. Nicht zufällig benutzt die historische Avantgarde auch in ihren Manifesten ständig das Vokabular des Ikonoklasmus: Man spricht über die Sprengung der Traditionen, den Bruch mit den Konventionen, die Zerstörung der alten Kunst, die Vernichtung der alten Werte. Dabei handelt es sich sicherlich nicht um eine sadistische Lust an der grausamen Behandlung unschuldiger Bildkörper. Und es wird auch nicht intendiert, daß nach allen diesen Sprengungen und Zerstörungen neue Bilder entstehen oder neue Werte eingeführt werden sollen. Ganz im Gegenteil: Als die neuen Ikonen der neuen Werte dienen die Bilder der Sprengung und der Vernichtung selbst. Der ikonoklastische Gestus wird hier als ein künstlerisches Verfahren eingesetzt, das weniger zur Vernichtung der alten Ikonen als vielmehr zur Produktion neuer Bilder – wenn man so will, neuer Ikonen – eingesetzt wird.

Diese Möglichkeit, den Ikonoklasmus als künstlerisches Verfahren strategisch einzusetzen, ergibt sich jedoch ihrerseits dadurch, daß die künstlerische Avantgarde ihre Aufmerksamkeit von der Botschaft weg hin zum Medium verlagert. Die Zerstörung der alten Bilder, die eine bestimmte Botschaft verkörperten, soll nicht mehr dazu führen, neue Bilder herzustellen, die eine neue Botschaft verkörpern sollen, sondern vielmehr dazu, das hinter jeder »geistigen« Botschaft verborgene materielle Medium hervortreten zu lassen. Der Stoff, aus dem die Kunst gemacht ist, wird nämlich erst dann sichtbar, wenn das Bild nicht mehr als Manifestation einer bestimmten »bewußten« künstlerischen Botschaft dient. Man kann also sagen, daß in der Kunstpraxis der Avantgarde der ikonoklastische Gestus ebenfalls dazu dienen soll, das Alte und Machtlose abzuschaffen und das Mächtige in sein Recht zu setzen. Allerdings handelt es sich dabei um keine neue religiöse oder ideologische Botschaft mehr, sondern um die Mächtigkeit des Mediums selbst. Nicht zufällig spricht Malewitsch vom »Suprematismus der Malerei«, den er mit seiner Kunst erreichen will – und meint damit die Malerei als reine, materielle Form, die dem Geist überlegen ist. Man kann sagen, daß die künstlerische Avantgarde damit den Sieg der machtvollen, weil materiellen künstlerischen Medien über das machtlose Null-Medium Geist gefeiert hat, dem diese Medien allzulange unterworfen waren. So werden die Verfahren der Zerstörung der alten Ikonen mit den Verfahren der Erzeugung neuer Ikonen – diesmal der Ikonen des Materialismus – identisch. Das Bild wird dadurch zum Ort der Epiphanie der Materie und ist nicht länger der Ort der Epiphanie des Geistes.

2. Dieser Übergang vom Geistigen zum Materiellen blieb aber innerhalb der traditionellen Künste wie etwa Malerei oder Skulptur vom größeren Publikum letztendlich unverstanden – beide Medien wurden nicht als machtvoll genug

empfunden. Die Wende kam mit dem Film. Schon Walter Benjamin hat in diesem Zusammenhang bemerkt, daß die Verfahren des Fragmentierens und Collagierens – also das gesamte Martyrium des Bildes – vom gleichen Publikum mühelos akzeptiert werden, wenn sie im Film vorkommen, das diese Verfahren im Kontext der traditionellen Künste mit Empörung ablehnt. Benjamin erklärt dieses Phänomen damit, daß der Film als neues Medium kulturell unbelastet ist: Der Wechsel der Medien funktioniert somit als Rechtfertigung für die Einführung der neuen künstlerischen Verfahren.

Dem läßt sich hinzufügen: Der Film scheint machtvoller als die alten Medien zu sein. Der Grund hierfür besteht nicht nur in seiner Reproduzierbarkeit und dem System seiner massenhaften, kommerziellen Verbreitung. Der Film scheint dem Geist insofern ebenbürtig zu sein, als er sich selbst in der Zeit bewegt. Der Film funktioniert somit analog zum Funktionieren des Bewußtseins – und erweist sich als imstande, die Bewegung des Bewußtseins zu ersetzen. Wie Gilles Deleuze zurecht bemerkt, verwandelt der Film seinen Zuschauer in einen geistigen Automaten: Der Film läuft im Kopf des Zuschauers anstelle von dessen eigenem Bewußtseinsstrom ab. Somit erweist sich die Grundbeschaffenheit des Films jedoch als zutiefst ambivalent. Auf der einen Seite feiert der Film die Bewegung – und demonstriert dadurch seine Überlegenheit anderen Medien gegenüber. Auf der anderen Seite aber versetzt er den Zuschauer in den Zustand einer beispiellosen körperlichen und geistigen Immobilität. Diese Ambivalenz diktiert viele filmische Strategien inklusive der ikonoklastischen Strategien.

Der Film manifestiert in der Tat oft und gerne seine Überlegenheit als Medium der Bewegung anderen Medien gegenüber, deren höchste Leistungen in Form immobiler kultureller Schätze und Monumente erhalten werden, indem er die Zerstörung dieser Monumente inszeniert und feiert. Dadurch demonstriert der Film gleichzeitig aber auch den typisch modernen Glauben an die Überlegenheit der »vita activa« gegenüber der »vita contemplativa«. Jede Art Ikonophilie gründet doch letztendlich in einer grundsätzlich kontemplativen Einstellung, in der Bereitschaft, bestimmte als sakral angesehene Objekte ausschließlich als Objekte einer verehrenden Betrachtung zu behandeln, sie gründet in dem Tabu, das diese Objekte vor Berührung, vor einem Eindringen in ihr Inneres und allgemein vor ihrer Profanierung durch Einbeziehung in die Lebenspraxis schützt. Für den Film gibt es aber nichts Heiliges, was vor dessen Einbeziehung in die allgemeine Bewegung geschützt werden könnte oder sollte. Alles, was im Film gezeigt wird, wird in Bewegung versetzt und dadurch profaniert. In dieser Hinsicht offenbart der Film seine Komplizenschaft mit den Philosophien der Praxis, des Lebensdrangs, des »élan vital« und des Begehrens, die in der Nachfolge von Marx und Nietzsche die Imagination der europäischen Menschheit am Ende des neunzehnten und zu Beginn des zwanzigsten Jahrhunderts beherrschten, d. h. in der Epoche, in der das Medium Film entstanden ist. Die passive kontemplative Einstellung, die allein die Gedanken, aber nicht die Realität verändern kann, wurde in dieser Zeit durch die Verehrung der machtvollen Bewegung der materiellen Kräfte ersetzt. Der Film spielt in dieser Verehrung eine zentrale Rolle. Von Anfang an feiert der Film alles, was sich schnell bewegt: Zug, Auto, Flugzeug. Und auch alles, was unter die Oberfläche dringt: Degen, Geschoß, Kugel.

Und ebenfalls seit seinen frühesten Anfängen veranstaltet der Film in der Form der Slapstick-Komödie wahre Orgien der Zerstörung all dessen, was sich nicht bewegt, sondern steht oder hängt, inklusive der traditionell verehrten Kulturgüter, aber auch von Veranstaltungen wie Theater oder Oper, die den Geist der alten Kultur verkörpern. Diese filmischen Szenen der Zerstörung, Beschädigung und Vernichtung, die das allgemeine Gelächter des Publikums provozieren sollen, erinnern an die Bachtinsche Theorie des Karnevals, welche die grausame, zerstörerische Seite des Karnevals sowohl unterstreicht wie auch bejaht. Nicht zufällig hat der frühe Film von allen früheren Künsten nur für den Zirkus und den Karneval eine deutliche Vorliebe gezeigt. Der Karneval wird von

Bachtin als ein ikonoklastisches Fest beschrieben, das aber deswegen nicht ernsthaft, pathetisch oder revolutionär, sondern fröhlich wirkt, weil es zu keiner Ablösung der profanierten Ikonen der alten Ordnung durch die neuen Ikonen der neuen Ordnung führt, sondern uns vielmehr einlädt, den Untergang des Bestehenden zu genießen. Bachtin schreibt zugleich über die allgemeine Karnevalisierung der europäischen Kultur in der Moderne, die den Niedergang der »realen«, sozialen Praxis des Karnevals kompensiert. Seine Beispiele entnimmt Bachtin vor allem der Literatur, doch seine Beschreibungen der karnevalisierten Kunst treffen in einer ausgezeichneten Weise auf die Verfahren zu, mittels derer einige der berühmtesten Bilder der Filmgeschichte produziert wurden.

Dabei macht die Bachtinsche Theorie des Karnevals aber auch deutlich, wie sehr dieser filmische ikonoklastische Karnevalismus in sich widersprüchlich ist. Der historische Karneval ist partizipatorisch. Es handelt sich um einen fröhlichen Ikonoklasmus, an dem das ganze versammelte Volk teilnimmt. Wenn aber der Ikonoklasmus als Kunstverfahren strategisch eingesetzt wird, bleibt das Volk draußen – und wird zum Publikum. Und in der Tat: Wenn der Film als solcher die Bewegung feiert, produziert er zugleich, verglichen mit den traditionellen Künsten, eine erhöhte Immobilität beim Zuschauer. Während man beim Lesen mit dem Buch relativ frei umgehen kann und sich im Ausstellungsraum frei bewegt, wird man im Kinosaal in Dunkelheit versetzt und an seinen Sessel gefesselt. Die Situation des Kinobesuchers sieht also aus wie eine grandiose Parodie auf die vom Film selbst abgewertete »vita contemplativa«. Das Kinosystem manifestiert nämlich die »vita contemplativa«, wie sie aus der Perspektive ihres radikalsten Kritikers – sagen wir eines konsequenten Nietzscheaners – erscheinen muß, d. h. als Folge einer Schwächung des Lebens, einer fehlenden Eigeninitiative, als kompensatorischer Trost, als Zeichen der Unzulänglichkeit im richtigen Leben. Hier setzt die Kritik am Film an, die einen neuen ikonoklastischen Gestus vorbereitet – nämlich einen ikonoklastischen Gestus, der gegen den Film selbst gerichtet ist. Zunächst einmal führt diese Kritik an der Passivität des Zuschauers zu Versuchen, die Zuschauermasse durch den Film zu aktivieren, politisch zu mobilisieren, in Bewegung zu bringen. So hat beispielsweise Sergej Eisenstein auf eine vorbildliche Weise versucht, durch die Kombination von ästhetischem Schock und politischer Propaganda den Zuschauer aufzuwecken, ihn seiner passiven, kontemplativen Einstellung zu entreißen.

Mit der Zeit mußte man aber einsehen, daß es die vom Film produzierte Illusion der Bewegung selbst ist, die den Zuschauer in die Passivität treibt. Nirgendwo besser kommt diese Einsicht zur Sprache als in Guy Debords Buch »Die Gesellschaft des Spektakels«, dessen Themen und rhetorische Figuren überall in der heutigen Kritik der Massenkultur präsent sind. Debord beschreibt nämlich – nicht ohne Grund – die gesamte heutige Gesellschaft, die durch die elektronischen Medien bestimmt wird, als ein einziges Kinoerlebnis. Die ganze Welt ist für Debord zu einem Kinosaal geworden, in dem die Menschen voneinander und vom realen Leben absolut isoliert und dadurch zur absoluten Passivität verurteilt sind. Dagegen helfen, wie Debord besonders eindringlich in seinem letzten Film »In girim imus nocte et consumimur igni« (1978) vorführt, keine erhöhte Geschwindigkeit, keine intensivierte Bewegung, kein Aufwallen der Emotionen, kein ästhetischer Schock und auch keine politische Propaganda mehr. Vielmehr muß die Illusion der Bewegung, die der Film produziert, abgeschafft werden – erst dann bekommt der Zuschauer die Chance, sich wieder selbst zu bewegen. Die filmische Bewegung wird jetzt im Namen der realen gesellschaftlichen Bewegung gestoppt und zum Stillstand gebracht.

So beginnt eine ikonoklastische Bewegung gegen den Film – und somit ein Martyrium des Films selbst. Dieser ikonoklastische Protest gegen die Filmbilder hat den gleichen Ursprung wie andere ikonoklastische Bewegungen – eine Revolte gegen die passive, kontemplative Einstellung im Namen von Bewegung und Aktivität. Doch im Fall des Films führt dieser Protest zu einem Ergebnis, das auf den ersten

Blick paradox zu sein scheint. Da die Filmbilder eigentlich Bewegungsbilder sind, führt die ikonoklastische Geste gegen den Film nämlich zu seiner Erstarrung, zu einer Unterbrechung seiner Eigendynamik. Als Werkzeuge des Martyriums des Films dienen dabei die neuen technischen Mittel: Videos, Computer, DVD usw. Alle diese neuen technischen Mittel erlauben es, die Eigenbewegung des Films an jeder beliebigen Stelle zu unterbrechen und zu verdeutlichen, daß die filmische Bewegung keine reale, materielle, sondern eine illusionäre Bewegung ist, die genausogut digital simuliert werden kann. Diese beiden ikonoklastischen Gesten – sowohl die filmische Zerstörung der bestehenden religiösen und kulturellen Ikonen wie auch die Entlarvung der filmischen Bewegung selbst als Illusion – werden durch ausgewählte Beispiele verdeutlicht, die selbstverständlich keineswegs alle Aspekte dieser ikonoklastischen Praktiken illustrieren können, aber trotzdem einen Einblick in ihre Logik gewähren sollen.

3.1. Der kurze Film »Artist« (1999) von Tracy Moffatt zitiert unterschiedliche mehr oder weniger bekannte Spielfilme, in denen die Geschichte eines Künstlers erzählt wird. Am Anfang jeder dieser Geschichten steht immer die Hoffnung, ein Meisterwerk zu schaffen, darauf folgt die stolze Präsentation des geschaffenen Kunstwerks – und die Geschichte endet jeweils mit der Zerstörung dieses Werks durch die Hand des enttäuschten und verzweifelten Künstlers. Am Ende ihrer Filmcollage inszeniert Tracy Moffatt – unter Anwendung des entsprechenden Filmfootage – eine wahre Orgie der Kunstzerstörung. Bilder und Skulpturen unterschiedlichster Stile werden zerschnitten, verbrannt, durchbrochen und gesprengt. Damit gibt diese Filmcollage sehr genau die Art und Weise der Behandlung der traditionellen Künste im Film wieder. Allerdings darf hier nicht unerwähnt bleiben, daß die Künstlerin das Medium Film selbst einer Dekonstruktion unterzieht. Einzelne Spielfilme werden fragmentiert, ihre eigene Bewegung unterbrochen, ihr Sujet unkenntlich gemacht – und die Fragmente dieser einzelnen, in ihrer eigenen Stilistik sehr heterogenen Filme zu einem neuen, monströsen Filmkörper zusammenmontiert. Dabei ist die daraus resultierende Filmcollage offensichtlich nicht für den Kinosaal, sondern für die Vorführung in traditionellen Kunsträumen wie Galerien, Museen oder Kunsthallen bestimmt. Der Film von Tracy Moffatt reflektiert also nicht nur die Mißhandlung der Kunst im Film, sondern übt auch gleichzeitig auf subtile Weise Rache dafür.

3.2. In der speziell für die Ausstellung »Iconoclash« produzierten Videocollage »Iconoclastic Delights«[1] zitiere ich Filmbilder, die den ikonoklastischen Gestus feiern und zugleich als Ikonen der Filmgeschichte gelten dürfen.

Das Bild des zerschnittenen Auges aus »Un chien andalou« (1929) von Luis Buñuel zählt zu den berühmtesten Filmikonen dieser Art. Hier wird nicht bloß die Zerstörung einer bestimmten Ikone, sondern die Abschaffung der kontemplativen Einstellung als solcher angekündigt. Der kontemplative, theoretische Blick, der die Welt als Ganzes betrachten will und damit sich selbst als ein rein geistiger, entkörperter reflektiert, wird auf seine materiellen, physiologischen Bedingungen zurückverwiesen. Das Sehen selbst wird dadurch zur materiellen und, wenn so man will, blinden Aktivität, wie es etwa später von Merleau-Ponty beschrieben wurde – als Abtasten der Welt mit dem Auge. Man kann hier von einem meta-ikonoklastischen Gestus sprechen – einem Gestus, der die sehende Verehrung aus einer religiösen oder ästhetischen Distanz heraus grundsätzlich unmöglich macht. Das Auge wird als materiell gezeigt – und damit als antastbar und sogar zerstörbar. Dieses Bewegungsbild, das die Abschaffung der Kontemplation durch die physische, materielle Gewalt demonstriert, wirkt somit als eine Epiphanie der reinen Materialität der Welt.

Diese blinde, rein materielle, zerstörerische Kraft wird – wenn auch auf eine etwas naivere Weise – in der Figur Samsons aus dem Film »Samson und Dalila« (1949) von Cecil DeMille verkörpert. In der zentralen Szene des Films zerstört

Samson einen heidnischen Tempel samt der dort aufgestellten Idole – und bringt damit symbolisch die ganze alte Ordnung zum Einsturz. Doch Samson wird hier nicht als Träger einer neuen Religion oder gar der Aufklärung, sondern als ein blinder Titan gezeigt – als ein Mensch, der genauso blind zerstört wie etwa ein Erdbeben. Genauso erdbebenartig agiert auch die revolutionäre, ikonoklastische Menschenmenge in den Filmen von Sergej Eisenstein. Diese Masse manifestiert auf der Ebene der sozialen und politischen Aktion die blinden, materiellen Kräfte, welche die bewußt erlebbare menschliche Geschichte insgeheim regieren – so wie diese Kräfte in der marxistischen Geschichtsphilosophie beschrieben werden. Die Menschenmassen zerstören in ihrer historischen Bewegung nämlich die Monumente, mittels derer der einzelne – der Zar – verewigt werden sollte. Zu der allgemeinen Begeisterung für dieses anonyme zerstörerische Werk, welche die materielle »Gemachtheit« der Kultur offenbart, kommt bei Eisenstein allerdings noch eine sadistisch-voyeuristische Lust an der Betrachtung der Grausamkeit dazu, die er in seinen Memoiren freimütig eingesteht.

Diese erotisch-sadistische Komponente des Ikonoklasmus ist noch deutlicher zu spüren in der berühmten Szene der Verbrennung der »falschen Maria« aus »Metropolis« (1927) von Fritz Lang. Die blinde Wut der Massen entlädt sich hier aber nicht revolutionär, sondern konterrevolutionär: Eine revolutionäre Agitatorin wird wie eine Hexe verbrannt, wobei ihre Gestalt deutlich an die symbolischen weiblichen Gestalten erinnert, die zumindest seit der Epoche der Französischen Revolution die Ideale der Freiheit, der Republik und der Revolution verkörpern. Diese schöne und begeisternde weibliche Gestalt, die die Massen »hinanzieht«, entpuppt sich allerdings im Verlauf der Verbrennung als Maschinenmensch, d. h. als die »falsche Maria«. Das weibliche Idol der Revolution wird dadurch dekonstruiert und als eine mechanische, unmenschliche Konstruktion entlarvt. Gleichzeitig wirkt die ganze Szene aber ziemlich grausam – vor allem am Anfang, als noch nicht klar ist, daß es sich um eine Maschine handelt, die keinen Schmerz empfinden kann, und nicht um ein lebendiges menschliches Wesen. Der Untergang dieses Idols der Revolution bereitet übrigens die Ankunft der wahren Maria vor, die den sozialen Frieden durch die Versöhnung zwischen Vater und Sohn sowie zwischen den Ober- und den Unterschichten wiederherstellt. Hier dient der Ikonoklasmus also nicht der neuen Religion der sozialen Revolution, sondern der Restauration der alten christlichen Werte. Doch die filmischen Mittel, mit denen Lang die ikonoklastische Masse inszeniert, sind denjenigen von Eisenstein nicht unähnlich: In beiden Fällen agiert diese Masse als eine elementare materielle Kraft.

Von diesen älteren Filmen führt ein direkter Weg zu zahlreichen neueren Filmen, in denen die Erde selbst, die gegenwärtig als Ikone der neuesten Religion der Globalisierung fungiert, durch Kräfte zerstört wird, die aus dem All kommen. In »Armaggeddon« (1998, Regie: Michael Bay) handelt es sich um rein materielle, kosmische Kräfte, die nach Naturgesetzen handeln, und für die die Erde mitsamt der von ihr getragenen Zivilisation keine Bedeutung hat. Die Zerstörung zivilisatorischer Ikonen wie etwa Paris zeigt also vor allem die materielle Vergänglichkeit aller menschlichen Zivilisation und ihrer Ikonographien. Auf noch radikalere Weise agieren jedoch die Aliens in »Independence Day« (1996, Regie: Roland Emmerich), die zwar einerseits intelligent und zivilisiert sind, andererseits aber nach einem Gesetz der inneren Notwendigkeit handeln, das von ihnen die Vernichtung des Andersartigen verlangt. In den Schlüsselszenen des Films, in denen die Zerstörung von New York geschildert wird, kann der Zuschauer mühelos eine indirekte Polemik gegen die berühmten Szenen der Ankunft der Aliens aus Steven Spielbergs Film »Begegnungen der dritten Art« erkennen. Während für Spielberg die hohe Intelligenz der Aliens automatisch ihre Friedfertigkeit impliziert, kombinieren die Aliens aus »Independence Day« eine höhere Intelligenz mit einem unbedingten Willen zum absoluten Bösen: Der Andere zeigt sich hier nicht als Partner, sondern als tödliche Bedrohung.

Noch offensichtlicher und konsequenter wird diese Umkehrung in den Filmen von Tim Burton durchgeführt. In »Mars attacks!« (1996) beginnt der Obermarsianer sein Zerstörungswerk mit einem ausgesprochen ikonoklastischen Gestus: Er erschießt nämlich die Friedenstaube, die die leichtgläubigen und humanistisch indoktrinierten Erdbewohner zu seiner Begrüßung freilassen. Hier kündigt der ikonoklastische Gestus der Menschheit nicht den Anfang der Aufklärung, sondern den Anfang der physischen Vernichtung an. Und dies gilt nicht nur für die Gewalt gegen Tauben, sondern auch für die Gewalt gegen Bilder. Der negative Held von Burtons »Batman« (1989), Joker, wird als avantgardistischer, ikonoklastischer Künstler vorgestellt: Er zerstört die klassischen Bilder in einem Museum, indem er sie mit einer Art abstrakt-expressionistischer Malerei übermalt. Die ganze Szene der Übermalung ist dabei als ein fröhlicher Musikvideoclip gedreht. Die Szene des künstlerischen Ikonoklasmus wird hier also durchaus im Bachtinschen Sinne als eine karnevalistische dargestellt. Der Karnevalismus unterstreicht und radikalisiert jedoch nur die Bösartigkeit des ikonoklastischen Gestus, statt ihn durch eine Einschreibung in die karnevalistische Tradition zu kulturalisieren und zu neutralisieren.

Die Szenen des Ikonoklasmus werden also in den neueren Filmen keineswegs gefeiert. Der heutige Film ist nicht revolutionär, wenn er auch immer noch von der Tradition des revolutionären Ikonoklasmus zehrt. Nach wie vor thematisiert der Film nämlich die Unmöglichkeit des Friedens, der Stabilität, der Ruhe in einer Welt der Bewegung und der Gewalt – und damit auch das Fehlen der materiellen Bedingungen für eine gesicherte kontemplative, ikonophile Einstellung. Nach wie vor wird alles Bestehende zum Einsturz gebracht und das Vertrauen der traditionellen Künste in die Wirkung ihrer unbeweglichen Bilder ironisiert: Auch das Symbol der Friedenstaube entstammt doch dem entsprechenden berühmten Bild von Picasso. Doch der Ikonoklasmus wird dabei nicht mehr als Ausdruck der Hoffnung verstanden, die Menschheit von der Macht der alten Idole zu befreien. Da die gegenwärtig herrschende humanistische Ikonographie den Menschen selbst in den Mittelpunkt stellt, wird der ikonoklastische Gestus notwendigerweise als Ausdruck des Unmenschlichen, des radikal Bösen verstanden – als Werk von bösartigen Aliens, von Vampiren, von verrückt gewordenen menschenähnlichen Maschinen. Eine Umkehr im Verhältnis zum Ikonoklasmus wird aber nicht allein durch die aktuelle ideologische Wende diktiert, sondern auch durch die immanente Entwicklung des Mediums Film. Der ikonoklastische Gestus selbst wird nämlich zunehmend dem Bereich der Unterhaltung zugeschlagen. Katastrophen-, Alien-, Weltuntergangs- und Vampirfilme werden vor allem als Kassenschlager wahrgenommen – gerade weil sie die filmische Illusion der Bewegung am radikalsten feiern. Daraus ergibt sich eine innere, immanente Filmkritik innerhalb des kommerziellen Films selbst, welche die filmische Bewegung zum Stillstand bringen will.

Als Ausdruck und vorläufiger Höhepunkt dieser immanenten Kritik kann vor allem der Film »Matrix« (1999, Regie: Andy und Larry Wachovski) gesehen werden, der zwar in rasantem Tempo und mit vielen Szenen schneller Bewegung gedreht ist, aber zugleich das Ende jeder Bewegung, inklusive der filmischen Bewegung, inszeniert. Am Ende des Films erwirbt der Held, Neo, nämlich die Fähigkeit, die gesamte sichtbare Realität als einen digitalisierten Film wahrzunehmen: Er sieht den Code durch die visuelle Oberfläche der Welt hindurch – und zwar einen sich unaufhörlich bewegenden Code, der sich wie Regen von oben nach unten ergießt. Die filmische Bewegung wird hiermit dekonstruiert, entlarvt – indem gezeigt wird, daß es sich dabei weder um eine lebendige Bewegung noch um eine Bewegung der Materie noch um eine Bewegung des Geistes, sondern um die tote Bewegung eines digitalen Codes handelt. Wir haben es hier – verglichen mit den früheren, revolutionären Filmen der zwanziger und dreißiger Jahre – mit einem anderen Verdacht und dementsprechend auch mit einem anders gerichteten ikonoklastischen Gestus zu tun. Neo, der als ein neobuddhistischer, neognostischer Held auftritt, um gegen die bösen Schöpfer, gegen die

»malin génies«, die diese Welt regieren, zu kämpfen, rebelliert nicht mehr gegen den Geist im Namen der Materialität der Welt, sondern gegen die Illusion der materiellen Welt im Namen der Simulationskritik. Am Ende des Films wird Neo mit den Worten begrüßt: »He is the one.« Und Neo beweist diese seine Berufung zum neuen, gnostischen Christus gerade dadurch, daß er die Bewegung des Weltfilms stoppt, so daß auch die Kugeln, die ihn treffen sollen, in der Luft stehenbleiben.

Hier geht Hollywood offensichtlich dazu über, die seit jeher verbreitete Kritik an der Kinoindustrie zum eigenen Thema zu machen – und zugleich zu radikalisieren. Diese Kritik hat bekanntlich moniert, daß die Kinoindustrie eine verführerische Illusion für uns erzeugt, eine schön aussehende Weltinszenierung, die die Aufgabe hat, die häßliche Realität zu kaschieren, zu verbergen, zu verleugnen. Nun behauptet »Matrix« eigentlich nichts anderes. Allerdings wird dabei nicht so sehr der kinematographisch erzeugte »schöne Schein«, sondern vielmehr die ganze alltägliche, »reale« Welt ihrerseits als eine einzige Inszenierung vorgeführt. Diese sogenannte Realität wird in Filmen wie »Truman Show« oder, noch konsequenter, in »Matrix« als eine immer schon laufende »Reality Show« präsentiert, die in einem hinter der Oberfläche der Welt verborgenen jenseitigen Studio mit quasi-kinematographischen Mitteln produziert worden ist. Der Held solcher Filme ist ein Aufklärer, ein Medienkritiker und zugleich ein Privatdetektiv, der nicht bloß die Kultur, in der er lebt, sondern seine ganze alltägliche Welt als eine künstlich erzeugte Illusion entlarven will.

Freilich bleibt auch der Film »Matrix« trotz seines metaphysischen Anspruchs letztendlich im Kontext der Massenunterhaltung. Das Christliche führt aus diesem Kontext jedenfalls nicht hinaus. Diese Einsicht wird auf eine ironische und überzeugende Weise in Monty Pythons »Life of Brian« (1979) illustriert: Nicht nur wird das Leben Christi in diesem Film persifliert und profaniert, sondern auch der Tod Christi am Kreuz wird in der karnevalisierten Form eines Musikvideoclips dargestellt. Es handelt sich hier um einen eleganten ikonoklastischen Gestus, der nicht nur das Martyrium Christi in den Kontext der Unterhaltung stellt, sondern auch selbst höchst unterhaltsam ist. Eine ernsthaftere Art des gegen den Film gerichteten Ikonoklasmus wird aber in unserer Zeit vielmehr dadurch praktiziert, daß der Film in den Kontext der ernsthaften, hohen Kunst versetzt wird – gerade in den Kontext also, den der frühere, revolutionäre Film einer fröhlichen, karnevalistischen Zerstörung freigeben wollte.

4. Wenn bewegte Kino- und Videobilder im Ausstellungs- oder Museumsraum präsentiert werden, wird ihre Wahrnehmung wesentlich von den Erwartungen bestimmt, die wir im allgemeinen mit einem Museumsbesuch verbinden – d. h. von den Erwartungen, die aus der langen Vorgeschichte unserer Kontemplation der unbewegten Bilder stammen, seien dies Gemälde, Photographien, Skulpturen oder Readymade-Objekte. Im traditionellen Museum hat der Betrachter – zumindest im Idealfall – die vollständige Kontrolle über die Zeit der Kontemplation: Er kann zu jeder Zeit die Kontemplation eines Bildes abbrechen, um später zu diesem Bild zurückzukommen und die Betrachtung an dem Punkt wiederaufzunehmen, an dem sie zuvor unterbrochen wurde. Das unbewegte Bild bleibt in der Zeit der Abwesenheit des Betrachters sich selbst identisch und entzieht sich deswegen einer wiederholten Betrachtung nicht.

Wir verfügen in unserer Kultur grundsätzlich über zwei unterschiedliche Modelle, die uns erlauben, bei der Bildbetrachtung Kontrolle über die Zeit zu erlangen: Die Immobilisierung des Bildes im Museum und die Immobilisierung des Zuschauers im Kinosaal. Beide Modelle versagen allerdings, wenn die bewegten Bilder in den musealen Raum versetzt werden. Die Bilder laufen in diesem Falle weiter – doch die Zuschauer beginnen ebenfalls zu laufen. Die Videokunst der letzten Jahrzehnte hat auf unterschiedliche Weise versucht, den Konflikt zwischen diesen zwei Arten der Bewegung zu lösen. Eine weitverbreitete Strategie bestand und besteht nach wie vor darin, die einzelnen Video- und Kinosequenzen möglichst kurz zu gestalten, damit die Zeit, die der Betrachter vor einer solchen Video- oder Kinosequenz verbringt, die Zeit nicht wesentlich übersteigt, die man erwartungsgemäß vor einem, sagen wir, »guten« Bild im Museum zu verbringen bereit wäre. Wenn auch gegen diese Strategie nichts einzuwenden ist, so bleibt dabei doch die Chance ungenutzt, die Ungewißheit, die die Verlegung der bewegten Bilder ins Museum erzeugt, explizit zu thematisieren. Viel trefflicher wird eine solche Thematisierung durch Filme geleistet, bei denen sich ein bestimmtes Bild nur sehr langsam – wenn überhaupt – verändert, und die sich in diesem Sinne der traditionellen musealen Präsentation des einzelnen, unbewegten Bildes nähern.

Als frühes Beispiel für einen solchen »unbewegten« Film, der durchaus ikonoklastisch wirkt, weil er das filmische Bild zum Stillstand bringt, kann man »Empire State Building« (1964) von Andy Warhol nennen – nicht zufällig hat sein Autor hauptsächlich im Kunstkontext agiert. Wir haben es hier mit einem stabilen Bild zu tun, das sich stundenlang kaum verändert – wobei im Unterschied zum Kinobesucher ein Ausstellungsbesucher, der diesen Film als Teil einer Kinoinstallation wahrnehmen würde, sich nicht langweilen müßte. Denn der Ausstellungsbesucher darf sich und soll sich sogar, wie gesagt, im Ausstellungsraum frei bewegen, den Raum verlassen, in ihn zurückkehren usw. So wird der Ausstellungsbesucher – im Unterschied zum Kinobesucher – am Ende von Warhols Film aber auch nicht sagen können, ob es sich dabei um ein bewegtes oder um ein unbewegtes Bild handelte, weil er immer mit der Möglichkeit rechnen muß, daß er bestimmte Ereignisse im Film verpaßt hat. Gerade durch diese Ungewißheit wird aber das Verhältnis zwischen bewegten und unbewegten Bildern im Ausstellungsraum explizit thematisiert. Die Zeit wird hier nicht als Zeit der Bewegung im Filmbild erlebt, sondern als ungewisse, problematische Dauer des Filmbilds als solchem. So demonstrieren die Projektionen der quasiunbewegten Filmbilder im traditionellen Ausstellungsraum den prekären, ungewissen, illusionären Charakter jeder Bildidentität – inklusive der Identität der traditionellen unbewegten Bilder, die einen »harten«, »soliden« Träger haben. Das bezieht sich auch auf den berühmten Film »Blue« (1993) von Derek Jarman sowie auf den »Feature Film« (1999) von Douglas Gordon, der von Anfang an als Filminstallation konzipiert wurde. In dieser Installation wird der Film »Vertigo« von Hitchcock in seiner ganzen Länge durch einen Film ersetzt, in dem nur die Musik von »Vertigo« erklingt – und während der Zeit, in der die Musik erklingt, werden auch die Bilder des Dirigenten gezeigt, der diese Musik dirigiert. Ansonsten bleibt die Leinwand schwarz: Die Bewegung der Musik ersetzt hier die Bewegung des Filmbilds. So wirkt diese Musik als eine Art Code, dessen Bewegung der Film folgt, wenn er auch auf seiner Oberfläche die Illusion einer realen Weltbewegung erzeugt. Der ikonoklastische Gestus durchläuft hier den vollen Kreis: Wenn am Anfang der Filmgeschichte die stille Betrachtung vom Film attackiert wird, kehrt die Stille am Ende in den Film zurück – aber als blinde Betrachtung des schwarzen Nichts. Wenn man sich tastend im schwarzen Raum der Installation bewegt, um sich in ihm besser zurechtzufinden, kann man nicht umhin, sich an das Bild des zerschnittenen Auges aus dem Film Buñuels zu erinnern – an einen Gestus, der die Welt in Dunkelheit zu versetzen verspricht.

Einführung in die Heterochronie

In der Bregenzer Installation von Douglas Gordon wird der Besucher zu einem zeitweiligen Zeugen von Zeitvorgängen, deren Dauer die Zeit seines Besuchs, aber tendenziell auch die Zeit seines Lebens auf eine offensichtliche Weise übersteigt.[1] Die Druckmaschine arbeitet unablässig und produziert in immer gleichem Rhythmus eine Druckseite nach der anderen. Diese Druckmaschine hat mit ihrer Arbeit lange, bevor der Besucher den Raum betreten hat, begonnen – und arbeitet nach seinem Verlassen des Raums weiter. Man kann sich auch gut vorstellen, daß die Druckmaschine immer weiter Seiten drucken wird – wenn nicht im Raum dieser Installation, dann eben anderswo. Der Besucher kann ein paar Seiten lesen, die gerade gedruckt worden sind – andere Seiten, die viel früher gedruckt wurden, stapeln sich und sind daher dem Blick des Besuchers unzugänglich. Und weil das, was früher gedruckt wurde und noch weiter gedruckt wird, dem Besucher verborgen bleibt, tappt er im dunkeln: Er ist mit dem Fortschreiten eines Texts konfrontiert, dessen Anfang und dessen Ende ihm unbekannt bleiben müssen.

In einem anderen Raum vernimmt man eine monotone Stimme, die eine Geschichte erzählt. Der Besucher ist hier ebenfalls bloß beim Vorlesen eines zufälligen Fragments der Geschichte zugegen – Anfang und Ende der Geschichte kann er im Installationsraum nur dann erfahren, wenn er viele Stunden dort verbringt, was man im Normalfall doch nicht tut. Im Grunde kann der Besucher nicht einmal wirklich wissen, ob die Geschichte, die im einen Raum erzählt wird, die gleiche ist, deren Textvariante im anderen Raum gedruckt wird. Dabei ist die monoton erklingende Stimme in bezug auf die Anwesenheit oder Abwesenheit des Besuchers genauso gleichgültig wie die unablässig arbeitende Druckmaschine. Schließlich wird der Besucher im dritten Raum der Installation mit einem Film konfrontiert, der zeigt, wie zwei Figuren, die identisch zu sein scheinen, es aber vielleicht doch nicht sind, ständig in verschiedenen Positionen zueinander auftauchen – aber immer in der gleichen Distanz voneinander entfernt bleiben. Dabei bleiben sie von diesem Tanz, den die Kamera inszeniert, äußerlich unberührt – ihr Gesichtsausdruck und ihre Pose bleiben neutral, nichtssagend. Das Ereignis bleibt aus. Es gibt keine nachvollziehbare dramatische Entwicklung. So wird der Besucher auch hier mit einem Vorgang konfrontiert, der keinen Anfang und kein Ende hat – und ewig dauern kann.

Das unablässige, monotone Fortschreiten des Druckvorgangs, des Vorlesens und der Kamerabewegung exemplifizieren das unablässige Fortschreiten der Zeit – einer mathematischen, mechanischen, maschinellen, sich ständig fortbewegenden Zeit. Diese reine mathematische Zeit ist unserer Lebenszeit in der Tat radikal heterogen: Sie ist gleichgültig gegenüber unserem Kommen und Gehen, unserem In-die-Welt-Kommen und unserem Vergehen. Was auch immer mit uns passiert, ob wir anwesend oder abwesend sind – die mathematische Zeit bleibt davon unberührt und schreitet im gleichen Tempo voran. Nun kann man behaupten, daß die Hauptbeschäftigung der Kunst und der Philosophie während ihrer ganzen Geschichte darin bestand, diese radikale Heterogenität zwischen mathematischer Zeit und Lebenszeit zu überwinden – und beide Zeiten zu synchronisieren. Man hat dafür das Modell der zyklischen Zeit erfunden, die wie die Zeit des menschlichen Lebens ständig neu anfängt und endet, oder das Modell einer messianischen Zeit, die einen Anfang in einer Verheißung und ein Ende in der Erfüllung dieser Verheißung haben soll. Das Fortschreiten der Zeit wurde als zivilisatorischer Fortschritt gefeiert und als Verfall der Kultur beklagt. Man wollte dieses Fortschreiten im Bild einfrieren lassen oder in der Ekstase transzendieren. Doch alle diese Bemühungen haben wenig gebracht, denn sie sind ihrerseits Etappen in der fortschreitenden Zeit geblieben – gedruckte oder vorgelesene Texte. Die Heterochronie bleibt die Grundbedingung unseres Lebens. Dabei ist sie das Undenkbare, Unvorstellbare schlechthin, weil die mathematische Zeit jede Vorstellung überdauert, sich jeder Vorstellung entzieht – und einfach weiter gleichgültig fortschreitet.

So sieht man in dieser unendlich fortschreitenden mathematischen Zeit das schlechthin Böse. Hegel nennt sie die Zeit der schlechten Unendlichkeit, Heidegger beschimpft sie als »uneigentliche« Zeit. In dieser Zeit vergeht nämlich alles, während sie selbst nicht vergeht – und das bedeutet eben, daß diese Zeit böse ist. Darum ist auch der Film als solcher böse, weil er eine Inkarnation der gleichgültig fortschreitenden Zeit ist. Im Kino, unter den Bedingungen des kommerziellen Kinosystems, wird der Film gezähmt, weil sein Ablauf in der Zeit begrenzt wird. Trotzdem ist nicht zu übersehen, daß der Film erstens im Dunkeln gezeigt wird und zweitens die stärksten Bilder der Filmgeschichte Bilder der Zerstörung sind.

Nicht zufällig hat der Film die große Nacht und die Dämmerung in die musealen Ausstellungsräume gebracht, wo früher eine gute, weil betrachterfreundliche Beleuchtung herrschte. Das Licht dient in der musealen Medieninstallation nämlich nicht mehr dazu, optimale Bedingungen für den Betrachter der Bilder zu schaffen, d. h. einen Raum zu beleuchten, in dem sich der Betrachter frei und sicher bewegen kann und imstande ist, die beste Betrachterposition für sich zu wählen. Jetzt werden im Museum die Unsichtbarkeit, die Dunkelheit, die Unsicherheit des nächtlichen Raums mit ausgestellt – und durch die Verteilung der lichten und der dunklen Stellen wird dem Betrachter eine bestimmte Betrachterposition suggeriert, wenn nicht diktiert. Das museale Licht beleuchtet die Kunstwerke nicht mehr von außen. Statt dessen sind es jetzt die Bilder selbst – als Video-, Fernseh- und Kinobilder –, die das Licht ausstrahlen. Früher war das museale Licht eindeutig das symbolische Eigentum des Betrachters: In diesem Licht hat er das Werk gesehen. Jetzt wird das Licht zum Teil des Werks – und der Blick des Betrachters wird dieser luziferischen, dämonischen Lichtgestaltung unterworfen. Dabei handelt es sich um eine wesentliche Verschiebung der Macht über die Lichtbedingungen der Bildbetrachtung und somit um eine Verschiebung der Sichtbarkeit, um eine neue Kontrolle über den Blick des Betrachters, die noch viel zu wenig reflektiert wird.

Noch deutlicher aber zeigt sich die dämonische Heterochronie des Films im Sieg der Bewegung über das Bestehende, den der Film unablässig inszeniert und feiert.

Man kann allerdings sagen, daß bei der üblichen Filmvorführung die Illusion der Bewegung im Film die reale Bewegung des Films selbst kaschiert, verbirgt – so wie auch die Illusion, die etwa ein gemaltes Bild erzeugt, dessen eigene Beschaffenheit verbirgt. Die Filminstallation eröffnet dagegen die Möglichkeit, die mechanische, technische Seite der filmischen Bewegung zu offenbaren und zu analysieren, wie die frühere Avantgarde des zwanzigsten Jahrhunderts die technische Beschaffenheit der Malerei offengelegt hat. Diese Möglichkeit entsteht dadurch, daß in der Filminstallation die Heterochronie des Films thematisiert werden kann, die unter den üblichen Bedingungen der Filmvorführung durch die konventionelle Synchronisierung der Lebenszeit des Betrachters mit der Filmzeit verborgen bleibt. Diese Möglichkeit wird in der Installation von Gordon in einer vorbildlichen Weise aufgegriffen und radikal benutzt.

Dabei geschieht dies nicht nur auf der Ebene der künstlerischen Form, sondern auch auf der inhaltlichen Ebene. Die Installation verweist nämlich auf den Roman von James Hogg »Die privaten Memoiren und Bekenntnisse eines gerechtfertigten Sünders«, in dem die Geschichte eines gläubigen jungen Menschen namens Robert Wringhim erzählt wird, der blind an die kalvinistische Prädestinationslehre glaubt, die behauptet, der von Gott ursprünglich auserwählte Mensch könne diesen göttlichen Beschluß durch keine seiner Taten ändern.[2] Und umgekehrt: Wer nicht auserwählt ist, kann durch keine seiner Taten den Status des Auserwählten erreichen. Nun ist es ja offensichtlich, daß in dieser Lehre vor allem die Heterochronie der göttlichen Zeit radikal gedacht wird. Die

Zeit Gottes wird hier nämlich gedacht als eine mit der Lebenszeit des Menschen radikal inkommensurable. Man kann diese beiden Zeiten durch keine menschliche Tat synchronisieren – weder positiv noch negativ. Sie sind durch eine unüberbrückbare Kluft voneinander getrennt, die ein dialektisches Verhältnis zwischen ihnen unmöglich macht. Gott tritt hier also als Romanschriftsteller oder vielmehr als Filmemacher auf – und der Mensch als Filmheld, der nicht wissen kann, welche Rolle er im Film letztendlich spielen soll. Dieses Wissen besitzt nur Gott, der das Szenario für den Film geschrieben hat, aber dieses Szenario kann der Held nicht lesen, weil er im Film gefangen bleibt, dessen Anfang und Ende er nicht kennt.

Nun erscheint es auf den ersten Blick, als ob James Hogg den Glauben seines jungen Helden an die Prädestinationslehre und an seine eigene Auserwähltheit einer vernichtenden Kritik unterziehen würde. Die Heterochronie der Prädestination erweist sich im Roman nämlich als teuflisch. Da der Held nicht an die Möglichkeit glaubt, die göttlichen Beschlüsse durch seine eigene Vernunft zu prüfen, gerät er unter die Macht des Teufels und begeht die furchtbarsten Verbrechen im blinden Glauben, daß diese Verbrechen ihm von Gott auferlegt sind und seine Auserwähltheit nicht in Frage stellen können: Wie groß eine Sünde auch sein mag, sie ist durch Gott gerechtfertigt, wenn derjenige, der diese Sünde begeht, von Gott als Gerechter auserwählt wurde. So kann man den Roman als ein wütendes Pamphlet gegen die Prädestinationslehre lesen, die zur völligen Immoralität und letztendlich zum Verbrechen führen soll. Allerdings erweist sich beim näheren Hinsehen, daß der junge Held in seinem Glauben an die eigene Auserwähltheit doch Recht hatte, denn als man ein Jahrhundert später seine Leiche ausgräbt, stellt man fest, daß diese Leiche alle diese Jahre lang der Verwesung entkommen ist – was bekanntlich allein das Privileg der Heiligen ist. Allerdings zerfällt diese Leiche sofort, nachdem sie ihre Funktion erfüllt hat – dem lesenden Publikum das Buch der Bekenntnisse zu übergeben, das der Held verfaßt und in dem er seine spirituellen Erfahrungen beschrieben hat. Die Heterochronie der Seele wird hier durch die Heterochronie des Textes ersetzt. Der Ort der Auserwähltheit ist jetzt nicht das Jenseits, sondern das Museum, die Bibliothek, die Filmothek. Dort werden diejenigen Leichenteile aufbewahrt und vor der Verwesung geschützt, die den größten Sünder zu rechtfertigen vermögen – Bücher, Bilder, Filme. Das Böse ist also nicht das, was nur Böses tut. Das Böse ist auch nicht das, was durch eine dialektische Umkehrung Böses will, aber Gutes tut. Vielmehr ist das Böse das, was vor der Heterochronie der fortschreitenden Zeit genauso kapitulieren muß wie auch das Gute. Denn was auch immer die Menschen tun, die Zeit geht weiter – und es wird weiter gedruckt, gefilmt und erzählt.

Es erstaunt deshalb nicht, daß diese heterochronen Vorgänge im Museum thematisiert werden, das, wie Michel Foucault zu Recht gesagt hat, ein heterotopischer Raum ist. Das Museum ist heterotopisch, weil es die Dinge aus ihrem angestammten Lebenszusammenhang herausnimmt. Aber das Museum ist auch heterochronisch, weil es diesen Dingen eine Dauer verleiht, über die sie im Leben selbst nicht verfügen: Das Museum läßt Dinge immer weiter jenseits der Verwesung dauern – wie im Grab des jungen Wringhim. Durch diese Territorialisierung bekommen auch das Buch oder der Film einen festen Platz. Die Heterochronie des Romans oder des Films wird nämlich durch die Tatsache kaschiert, daß sie immer als Kopien in einer unbestimmten Auflage zirkulieren – und sich deswegen mehr als Dinge in der Welt denn als Zeitvorgänge zeigen. Ihre Zeitdimension entfaltet sich erst, wenn der einzelne beginnt, sie zu lesen oder zu sehen – doch dann scheint es, als ob diese Zeitdimension nicht heterochron, sondern von der Aufmerksamkeit des Lesers oder des Betrachters abhängig sei. Nun zeigt sich diese Heterochronie aber besonders deutlich dann, wenn Text und Film im Museum territorialisiert, also installiert werden.

Die Installation von Gordon zeigt diese Heterochronie, diese Inkommensurabilität der mathematischen Zeit mit der Lebenszeit vor allem dadurch, daß in ihr die maschinelle Seite der Kultur- und Kunstproduktion selbst thematisiert wird – die reine Prozession der Momente des Schreibens, des Drukkens, des Aussprechens, des Wechselns der Posen. Was auch immer wir sagen oder schreiben, reiht sich unweigerlich ein in die immer fortschreitende Progression der schlechten Unendlichkeit. Aber wir können uns trotzdem ab und zu auserwählt fühlen, wenn wir die Mittel finden, mit dieser uns heterogenen, schlechten, bösen Unendlichkeit einen zeitweiligen Kontakt aufzunehmen – um unser Leben mit ihr für eine kurze Zeit zu synchronisieren.

Die Dauer der Bilder

Zu verschiedenen Zeiten hat sich die Kunst mit verschiedenen Medienphänomenen auseinandergesetzt. Früher waren es Mythen und Religionen, deren Funktion vor allem darin bestand, die gesellschaftliche Kommunikation zu gewährleisten. Später waren es Natur, moderne Stadt und neue Verkehrsmittel, wie etwa Auto, Zug oder Flugzeug. In den späten fünfziger und sechziger Jahren hat man Werbung und kommerzielle Photographie als neues Thema für die Kunst entdeckt. Seit einiger Zeit interessiert sich die Kunst zunehmend für das Kino, für den Film. Nun kann man sich sicherlich fragen, was diese Neukontextualisierung des Films in traditionellen Kunsträumen eigentlich bezwecken soll. Der Film ist ohnehin gesellschaftlich durchaus erfolgreich – es handelt sich um eine anerkannte künstlerische Form, die ihre eigenen Gesetze, Verfahren und Traditionen hat. Man kann in diesem Fall, so scheint es, kaum von einem Medium sprechen, das eine zusätzliche Aufwertung durch die traditionellen Künste erfordert. Zugleich bleibt die mediale Beschaffenheit des Films aber in vielerlei Hinsicht verborgen, solange er ausschließlich innerhalb des üblichen Kinosystems fungiert.

Der Film lebt nämlich von der Illusion der Bewegung, die durch eine rasche Abfolge unbewegter Bilder erzeugt wird. Es handelt sich hier um die filmische Illusion par excellence, in der alle anderen Kinoillusionen ihren Ursprung haben. Die filmische Produktion der Bewegung durch das Unbewegte erinnert an die Produktion der dreidimensionalen Illusion durch das zweidimensionale malerische Bild. Diese Illusion wurde bekanntlich durch die klassische Avantgarde im Bild selbst thematisiert und analysiert. Nun wird man aber mit großen Schwierigkeiten konfrontiert bei dem Versuch, die Illusion der Bewegung im Film selbst zu thematisieren.

Ob nämlich die Bewegung im Film sich beschleunigt oder verlangsamt – sie bleibt eine Bewegung innerhalb der filmischen Illusion, wenn es sich dabei nicht explizit um die Abfolge der einzelnen unbewegten Bilder handelt, die den Effekt der Bewegung innerhalb des Films erst produziert. Eine Analyse der Abfolge einzelner Bilder, die der Bewegung im Film vorausgeht, erfordert aber notwendigerweise eine gewisse Verschiebung in der Technik und im Rhythmus der filmischen Projektion.

In den Diaprojektionen von Beat Streuli wird eben diese Verschiebung auf eine beispielhafte Weise vollzogen, die es ermöglicht, das Medium Film zu analysieren.[1] Die Größe der Projektionen und die langsame Abfolge der Bilder suggeriert die vertraute filmische Illusion. Zugleich wird diese Illusion aber dadurch in Frage gestellt, daß die Bewegung diskontinuierlich bleibt, wobei die Abfolge der einzelnen unbewegten Bilder sich explizit vollzieht und durch ein lautes Geräusch beim Wechsel der Dias zusätzlich unterstrichen wird. Der Film zeigt hier seine Künstlichkeit, seine technische Gemachtheit, ohne allerdings seinen Charme zu verlieren. Die Straße, der Strand und schöne junge Körper, die auf den Dias zu sehen sind, verführen zu einer langen und wohltuenden Beobachtung. Dabei stört der Rhythmus der Projektion die Aufmerksamkeit nicht. Das Interesse des Betrachters läßt während der ganzen Vorführung nicht nach. Die filmische Illusion ist zerstört, die Produktion der Bewegung ist freigelegt – aber die Faszination des Kinobilds überlebt mühelos die Erschütterung seiner medialen Grundlagen. Diese Überlebensfähigkeit des Kinobildes beeindruckt vor allem deswegen, weil der Zerfall der filmischen Illusion alle anderen mit ihr verbundenen Illusionen gleichsam untergräbt.

So haben die Projektionen von Streuli keine kontinuierliche Story, deren Schilderung eine gewisse – und genau fixierte – Zeitlänge erfordern würde. Die Dauer der Projektionen scheint unbestimmt zu sein – es kann immer so weitergehen, das Ende ist nicht abzusehen, jede Unterbrechung kann nur willkürlich, unmotiviert eintreten. Auf jeden Fall wird die

Dauer der Betrachtung nicht mehr eindeutig vom Ablauf der Filmstory diktiert. Vielmehr fühlt sich der Betrachter berechtigt, zu jedem Augenblick die Betrachtung zu beenden – um sie dann vielleicht später wiederaufzunehmen. Die gleiche unbestimmte Dauer haben übrigens auch die Videoarbeiten von Streuli, die Menschengruppen auf der Straße in ständig wechselnden Konstellationen zeigen. Die Menschenmenge verändert sich – und bleibt sich zugleich identisch. Man kann sie für eine Weile verlassen, um sie später so wiederzufinden, wie sie immer war: Auch wenn sie jetzt aus anderen Menschen besteht, sieht sie nicht wesentlich anders aus. Es passiert nichts, was das Leben, das Streuli zeigt, in der Zeit grundsätzlich verändern kann. Wenn der Betrachter beim Betrachten dieser Welt eine Pause einlegt, sieht die Welt danach nicht anders aus. Und die Möglichkeit, eine Pause einzulegen, ist für das Verhalten eines Betrachters im Kunstraum entscheidend.

Das Unbehagen am Film, das trotz aller äußeren Erfolge der Kinoindustrie in unserer Kultur unterschwellig spürbar bleibt, entsteht offensichtlich infolge der Bedingungen, unter denen der Film in der Regel betrachtet wird, d. h. der Bedingungen eines normalen Kinobesuchs. Beim Kinobesuch wird der Betrachter nämlich in die Situation der absoluten Ohnmacht, der Paralyse, der körperlichen Immobilität versetzt. Bei der üblichen Filmvorführung ist es allein das Kinobild, das sich bewegt, sich zeitlich entfaltet, wobei der Betrachter passiv bleibt. Die Bewegung des Kinobildes ersetzt beim Betrachter die Bewegung des Denkens und der Sprache. Der Betrachter wird nicht nur physisch, sondern auch geistig immobilisiert – er wird, wie man so sagt, innerlich vom Film »gefesselt« und verwandelt sich dadurch in einen geistigen Automaten, in dessen Kopf ein ihm von außen vorgegebenes Programm abläuft. Der typische Mainstream-Film erzählt eine Story, die einen Anfang und ein Ende hat und deren Ablauf eine bestimmte Zeit in Anspruch nimmt. Während dieser Zeit wird der Kinobesucher aus seinem üblichen Lebensmilieu herausgerissen, der Verlauf seines Lebens wird unterbrochen, er verliert die Kontrolle über seine Aufmerksamkeit und seine Bewegungsfreiheit.

Dadurch unterscheidet sich das Kino radikal von den traditionellen, sogenannten hohen Künsten. Der Leser kann mit dem Buch aktiv umgehen: Er bestimmt den Ort und den Rhythmus der Lektüre. Genauso frei ist der Betrachter in bezug auf das klassische malerische Bild. Der Betrachter kann sich im Ausstellungsraum frei bewegen, das Bild aus unterschiedlichen Perspektiven betrachten, sich ihm annähern, von ihm wegsehen – das Bild verändert sich nicht dabei, sondern bleibt passiv und selbst-identisch an der Wand hängen. Auch wenn wir wissen, daß alle Bilder sterblich, endlich sind, wird ihnen von unserer Kultur eine unbestimmte – eigentlich ewige – Dauer zugedacht. Da es dem Ausstellungsbesucher nicht wegläuft, bekommt der Betrachter in bezug auf das traditionelle Bild eine Bewegungs- und Aufmerksamkeitsfreiheit. Im Kino ist die Zeit der Aufmerksamkeit dagegen, wie gesagt, an ein bestimmtes und endliches Narrativ gebunden. Nun sind die Projektionen und Videoarbeiten von Streuli in erster Linie deswegen interessant, weil sie diese zwei widersprüchlichen Erwartungen an die Zeit der Bilder in einen neuen Ausgleich bringen. Die Bilder wechseln sich ab, sie bleiben nicht stehen – und trotzdem hat man das Gefühl, immer mit dem gleichen Bild konfrontiert zu werden, immer zur Ausgangsposition zurückzukehren. Zwar kann sich in jedem Augenblick der Dia- oder Videovorführung etwas Neues, radikal Anderes, völlig Unerwartetes ereignen, das die Gegenwart von der Vergangenheit eindeutig trennen würde. Aber es passiert de facto nichts dergleichen. Alles bleibt beim alten. Nicht nur die filmische Story, sondern die Geschichte als solche scheint endgültig annulliert zu sein.

Auf diese Weise wird die Dauer der Bilder aber explizit thematisiert. Die Stabilität des traditionellen Bildes kann nicht mehr automatisch vorausgesetzt werden: Durch die quasi-filmische Art der Vorführung, die zum Warten auf ein Ereignis provoziert, wird diese Stabilität ständig in Frage gestellt. Da aber das Warten auf das Ereignis immer enttäuscht bleibt, etabliert sich die Stabilität des Bildes wieder – so daß diese Stabilität selbst dadurch zum Ereignis wird. Zugleich findet der neue Ausgleich zwischen der Macht des Künstlers und der Macht des Betrachters statt. Der Künstler behält etwas von der Macht des Filmemachers über die Imagination und die Aufmerksamkeit des Betrachters: Wir warten auf das Unerwartete, auch wenn wir an seine Ankunft nicht mehr glauben. Aber auf der anderen Seite bekommt der Betrachter einen Teil seiner Macht zurück, die er über ein unbewegtes Bild immer schon hatte. Der Betrachter kann sich nämlich von dem Bild abwenden, eine Runde durch das Museum oder die Ausstellungshalle drehen, vielleicht auch eine Tasse Kaffee trinken – wenn er zurückkommt, ist die Straße sich im wesentlichen gleichgeblieben.

Die ständige Rückkehr der Dias in den Projektionen von Streuli oder die ständige Rückkehr der Menschenmenge in seinen Videos sind sicherlich nicht bloß formale Verfahren, die einen neuen Ausgleich zwischen dem Filmbild und dem traditionellen, unbewegten Bild gewährleisten. Vielmehr erinnern die Arbeiten von Streuli an den nietzscheanischen Mythos einer radikal atheistischen Welt, die von der ewigen Wiederkehr des Gleichen beherrscht wird. Eine solche Welt braucht keine ewigen Bilder mehr, die etwa das Wesen der Schönheit für alle Zeiten sichtbar und verpflichtend machen würden. Wenn die Welt nur eine Welt des Scheins ist, dann ist sie zugleich eine sich ständig reproduzierende, wiederholende Welt. Die Welt, die kein Wesen hat, kann sich auch nicht wesentlich ändern. Die Suche nach der Immortalität, die jede Kunst innerlich antreibt, führt nicht mehr zum Versuch, das Einzigartige zu verewigen. Der Künstler kämpft nicht gegen den Fluß der Zeit, um einen Augenblick verweilen zu lassen, denn er ist davon überzeugt, daß der nächste Augenblick nicht wesentlich anders aussehen wird als derjenige, der gerade vergangen ist. Die Zeit erweist sich nicht mehr als Feind, sondern als Freund. Man schwimmt ruhig mit im Fluß der Zeit, weil man nichts anderes zu sehen erwartet als das, was man schon gesehen hat. Die Geschichte wird durch Technisierung, Globalisierung und Normierung aufgehoben – und durch die ewige Wiederkehr des Gleichen ersetzt, die alle möglichen individuellen Abweichungen auf eine angenehme Weise miteinschließt.

Die Monotonie des modernen, globalisierten Alltags wird zum Versprechen einer neuen Immortalität. Die Standardisierung des Menschen macht ihn ersetzbar, austauschbar – und damit unsterblich. Diese Sicht auf den Menschen erinnert an Ernst Jünger und an seine Analysen des neuen, technisierten Menschen der Moderne, wie sie beispielsweise in seinem Buch »Der Arbeiter« zu finden sind. Dieser neue Mensch hat nach Jünger nur standardisierte Gefühle und Erlebnisse – er hat keine Individualität, die von der Zeit bedroht werden könnte, und hat schon deswegen eine unbestimmte Existenzdauer, weil er immer, wie etwa ein Auto, gegen ein anderes Exemplar des gleichen Typs ausgetauscht werden kann. Andy Warhol hat bekanntlich »Coca-Cola« dafür gepriesen, daß es in allen Flaschen und überall auf der Welt gleich schmeckt. Die jungen, schönen Mädchen, die Streuli immer wieder liebevoll zeigt, vermitteln den gleichen angenehmen Eindruck der unbegrenzten Austauschbarkeit. Wie Streuli selbst in seinen Interviews immer wieder sagt, zieht er es vor, ganz junge, noch nicht vom individuellen Schicksal gezeichnete Gesichter und Körper zu fotografieren. Diese jungen Menschen, die auch die heutige Modephotographie gerne zeigt, haben etwas rein Potentielles und damit unbestimmt Identisches an sich – wie noch ungeöffnete Coca-Cola-Flaschen. Gerade die Eintönigkeit und Gleichförmigkeit des modernen städtischen Lebens, die von so vielen in der Moderne bitter beklagt wurden, werden hier als einzige Chance gesehen, einen Überblick über die Beschaffenheit der Welt zu gewinnen. In Streulis Diaprojektion »Bindi Beach« kommen die Ozeanwellen eine nach der anderen, so wie sich auch die jungen Körper der Badenden im Bild ständig ablösen. Und auf die gleiche Weise lösen sich die Autos in der parallel laufenden Projektion »Parramatta Road« ab. Die ewige Wiederkehr des Gleichen dekonstruiert hier die berühmte Opposition zwischen dem Identischen und dem Anderen: Es handelt sich jeweils um etwas anderes, aber dieses Andere gleicht dem, was immer schon da war.

Streuli beschwört in seiner Kunst eine neue, erlöste Menschheit, die die Immortalität durch Wiederholung entdeckt hat. Wann auch immer der einzelne in diese Welt kommt – oder aus ihr austritt –, er hat in ihr nichts verpaßt. Die Körper der jungen Mädchen bieten dem Auge des Betrachters das immergleiche Schauspiel. Es ist diese subtile Analogie zwischen dem Aufenthalt des Betrachters im Projektionsraum, in dem die ewige Wiederkehr des Gleichen inszeniert wird, und dem Aufenthalt eines jeden einzelnen Menschen im »richtigen Leben«, die die besondere Faszination der Arbeiten von Streuli ausmacht. Hier wird die innere Einheit zwischen Leben und Kunst erneut suggeriert, die bekanntlich die älteste aller Utopien darstellt.

Fragen ohne Antwort

Die Fragen, die Fischli und Weiss in ihrer Diaprojektion »Fragen Projektionen«[1] auf die Wände projizieren, stellt sich in der Tat jeder ab und zu – oder sogar immer wieder. Dabei sind es Fragen besonderer Art. Es sind keine Wissensfragen, und sie entstehen nicht aus einem Mangel an bestimmter Information heraus. Dementsprechend kann es keine Methode geben, eine klare Antwort auf diese Fragen zu finden. Die Beschaffung einer zusätzlichen Information oder eine bessere Einsicht können hier nicht helfen. Hier handelt es sich nämlich um Fragen, die unbeantwortet bleiben müssen, obwohl – oder gerade weil – sie nicht besonders kompliziert sind. Diese Fragen lassen sich nicht beantworten, weil sie, obwohl sie auf den ersten Blick durchaus simpel und alltäglich klingen, eine unheimliche Eigenschaft haben, sogleich das Ganze der Welt, des Lebens oder des Schicksals anzusprechen. Dabei handelt es sich nicht allein – und nicht einmal in erster Linie – um Fragen vom Typ »Ist das Leben ein seltsames Höhlensystem?« »Gibt es zuviel des Guten?« oder »Driftet alles auseinander?« Vielmehr sind es ganz alltäglich anmutende Fragen, wie etwa »Wie wirke ich?« »Soll ich untertauchen?« oder »Bin ich ein Sonderling?«, die einen Überblick über das Ganze erfordern, weil sie danach fragen, wie man selbst von außen betrachtet aussieht. Und Fragen wie »Was denkt mein Hund?«, »Wo ist mein Bett?« oder »Spürt sie es?« sind im Grunde von der gleichen Natur. In allen diesen Fragen geht es darum, wie man von außen betrachtet aussieht, welches Bild man dem fremden Blick bietet, welchen Platz man im Ganzen der Welt einnimmt. Solche Fragen stellen sich seit langem alle, deren Beruf es erfordert, sich dem fremden Blick auszusetzen – Künstler, Schauspieler, Schriftsteller. Doch inzwischen sind es buchstäblich alle, die sich diese Fragen stellen, denn wir leben heute alle im Zeitalter des Selbstdesigns und der Selbstdarstellung wie auch der strategischen Selbstverbergung.

Die unheimliche Eigenart unserer Zeit besteht allerdings darin, daß dieses Fragen nach dem Blick des Anderen und nach meiner eigenen Fähigkeit, diesen Blick des Anderen nachzuvollziehen – wenn es auch so weitverbreitet und dringend geworden ist wie nie zuvor – von der herrschenden aufgeklärten Vernunft doch als vergeblich diagnostiziert wird. Nachdem Gott für tot erklärt wurde, gibt es nämlich keine Möglichkeit für den einzelnen mehr, die vakante Position eines göttlichen Weltbeobachters anzunehmen und sowohl auf die Welt im ganzen wie auch auf den eigenen Platz in diesem Ganzen zu blicken. Fragen nach dem Ganzen der Welt werden gewöhnlich als metaphysische bezeichnet. Und es ist bekannt, daß der gesamte philosophische Diskurs der Moderne vehement gegen das metaphysische Fragen gerichtet ist. Zumindest seit Kant verbietet die moderne Philosophie explizit, die Fragen zu stellen, die sich nicht beantworten lassen. Und wo das direkte Verbot nicht hilft, wendet man therapeutische Methoden an, um den Menschen davon abzubringen, metaphysische Fragen zu stellen. So diagnostizierte Wittgenstein bekanntlich die Fähigkeit der Sprache, Fragen formulieren zu lassen, die sich nicht beantworten lassen, als deren Krankheit. Seine eigene Rolle sah Wittgenstein dementsprechend im Kurieren dieser Krankheit – im ständigen Abbringen der Fragenden von dem Wunsch, solche krankhaften, pervertierten und unnatürlichen Fragen zu stellen. Der Mensch soll statt dessen im Kreis seines gesunden Alltags bleiben – in seiner angestammten Lebensform, in seinem vertrauten Sprachspiel, in dem angeblich zu jeder Frage eine passende Antwort existiert.

All die Fragen, die Fischli und Weiss stellen, fallen somit unter die Zensur der modernen, aufgeklärten Vernunft. Alle ihre Fragen werden von dieser Vernunft als kranke Fragen angesehen, die nicht nur keine Antwort bekommen können, sondern auch keine Antwort verdienen – und deswegen gar nicht gestellt werden dürfen. Trotzdem klingen diese Fragen durchaus alltäglich, vertraut, fast selbstverständlich – und unvermeidlich. Man kann tausendmal philosophisch oder polizeilich verbieten, solche Fragen zu stellen – sie tauchen trotzdem immer wieder auf. Und vor allem zeigen diese Fragen, wie schwer es ist, die Grenze zu definieren, die in unserem alltäglichen Sprachgebrauch zwischen zwei Arten von Fragen unterscheidet – zwischen den wissenschaftlichen, rationalen, sinnvollen Fragen, die eine Antwort zulassen, und den metaphysischen, unsinnigen, vergeblichen Fragen, die unbeantwortet bleiben müssen. In den alltäglichsten Situationen fragen wir uns nämlich: »Wie sehe ich aus?«, »Was für ein Mensch bin ich eigentlich?« – und vollziehen damit unbemerkt den Sprung ins Unsinnige, Metaphysische, Irrationale, Verbotene. Auch wenn ich etwa frage, warum das Wetter immer so schlecht ist oder warum das, was ich sage, von den anderen niemals verstanden wird, beschwöre ich die Beschaffenheit der Welt in ihrem Ganzen. Die wissenschaftlich-rationale Dressur, obwohl sie schon ein paar Jahrhunderte lang andauert, gelingt also letztendlich nicht. Trotz aller Verbote und Therapien ist der Mensch nicht davon abzubringen, Fragen zu stellen, auf die es keine Antwort gibt. Nun möchte man an dieser Stelle aber wiederum fragen: Warum eigentlich?

Die Antwort kann nur sein: Der Mensch braucht solche Fragen, auf die es keine Antwort gibt. Der Vorgang des Fragens versetzt den Menschen nämlich in einen psychologischen Zustand, der seinen eigenen Reiz und seine eigene Gemütlichkeit hat. Deswegen wollen wir nicht, daß dieser Zustand durch eine Antwort beendet wird. Vielmehr wirkt jede definitive Antwort auf den Fragenden höchst unangenehm, denn sie nimmt ihm die unendliche, träumerische Perspektive eines immer weiter führenden Fragens – einer Perspektive, die der Fragende zweifellos genießt. Die Fragen ohne Antworten sind unendliche Fragen – sie lassen sich immer weiter stellen, kommentieren, diskutieren, umformulieren und modifizieren. Deswegen sind sie eine Quelle des Genusses, den man sich auch dann nicht versagen will, wenn die Philosophie von

Kant bis Wittgenstein einem versichert, daß dieser Genuß krankhaft ist. Das ist der Genuß, den der Besucher erfährt, wenn er sich in die Installation von Fischli und Weiss begibt, weil er weiß, daß der träumerische Zustand des sich immer weiter fortsetzenden Fragens, mit dem er konfrontiert ist, niemals durch die grobe, frustrierende Intervention einer Antwort zerstört wird. Statt dessen geht hier eine Frage in eine andere Frage langsam über – und bleibt eigentlich immer die gleiche Frage. Dieser ständige Übergang von einer Frage zur anderen, der alle Differenzen zwischen diesen Fragen relativiert, ohne sie auf eine einzige, wesentliche, zentrale Frage zu reduzieren, erinnert den Besucher an frühere Installationen von Fischli und Weiss. Die alltäglich-metaphysischen Fragen funktionieren hier genauso wie die Blumen, die Schweizer Landschaften oder die endlosen Reihen von touristischen Bildern aus früheren Arbeiten der Künstler. In allen diesen Arbeiten schwebt das einzelne Bild zwischen alltäglicher Banalität und spektakulärer Schönheit, so wie hier die Fragen zwischen dem Alltäglichen und dem Metaphysischen schweben. Und man bekommt dabei das gleiche Gefühl, das einen überkommt, wenn man die menschliche Masse beobachtet: Die Menschen scheinen alle gleich und zugleich alle unterschiedlich zu sein. Vor allem die ständige Unterwanderung der Differenz zwischen Differenz und Identität verleiht den Installationen von Fischli und Weiss ihren einmaligen Reiz. Sie inszenieren einen proteischen Fluß, eine Bewegung der ständigen Metamorphose, ohne die individuellen, identifizierbaren Formen im Spiel der Differenzen völlig aufzulösen. Und sie suggerieren eine innere Einheit aller Formen, ohne eine einheitliche Form, die allen anderen Formen zugrunde liegen würde, offenbaren zu wollen. Vielmehr laden die Arbeiten von Fischli und Weiss den Betrachter ein, sich auf die melancholische Betrachtung des ständigen und potentiell unendlichen Übergangs von einer Form zur anderen, der zu keinem Abschluß kommt, einzulassen.

Die Kunst von heute scheint die Unendlichkeit neu entdeckt zu haben. Es handelt sich dabei allerdings keineswegs um die Wiederauflage der romantischen Ästhetik des Erhabenen – um die Vision einer Unendlichkeit, die im starken Kontrast zur menschlichen Endlichkeit steht, die über den Menschen plötzlich wie ein Sturm hereinbricht oder sich ihm wie die Schweizer Berge in den Weg stellt. Eine solche gewaltsame, heterogene, unmenschliche Unendlichkeit ist die Sache von Fischli und Weiss nicht. Vielmehr thematisieren sie die Unendlichkeit, die Hegel seinerzeit als schlechte Unendlichkeit bezeichnet und in seinen Schriften dementsprechend schlecht behandelt hat. Es handelt sich um die Unendlichkeit einer ständigen Fortsetzung des Immergleichen in kleinen Variationen, um ein Weitermachen wie bisher, um eine Weiterschreibung, Weiterverfilmung der Welt. Diese Unendlichkeit ist unromantisch – sie ist vielmehr bürokratisch. Es handelt sich um die Unendlichkeit eines Projekts des Immer-Weiter-Lebens, das niemals vollendet, sondern nur verlassen werden kann. So wird aus dem Kunstwerk heutzutage ein Kunstprojekt. Ein Kunstprojekt setzt zwar jeweils die Formulierung eines bestimmten Ziels voraus sowie einer Strategie, die auf das Erreichen dieses Ziels hin ausgerichtet ist. Dieses Ziel wird aber meistens so formuliert, daß uns die Kriterien fehlen, die es uns erlauben würden festzustellen, ob dieses Ziel erreicht wurde oder nicht. Das Kunstprojekt wird also genausowenig von seiner Realisierung unterbrochen, wie das metaphysische Fragen von der Beantwortung unterbrochen wird. Die Unabschließbarkeit eines Kunstprojekts ist die Voraussetzung seiner ständigen Weiterführung. Diese Unabschließbarkeit ist somit kein Defizit, sondern die eigentliche Voraussetzung eines Kunstprojekts. Die Aufmerksamkeit wird dadurch von der Produktion eines Werks, inklusive des Kunstwerks, auf das Leben im Kunstprojekt verlagert – das Leben, das primär kein Produktionsprozeß ist, das nicht auf die Herstellung eines Produkts ausgerichtet, nicht »ergebnisorientiert« ist. Die Kunst wird hier nicht mehr als Produktion von Kunstwerken verstanden, sondern als Dokumentation des Lebens im Projekt – unabhängig davon, zu welchem Ergebnis dieses Leben geführt hat oder führen soll. Dadurch verändert sich freilich auch die Art und Weise, wie die Kunst heute definiert wird. Die Kunst manifestiert sich nicht mehr als ein anderes, neues Objekt der Betrachtung, das der Künstler produziert hat, sondern als eine andere, heterogene Zeit des Kunstprojekts, die als solche dokumentiert wird.

Nun besteht das Projekt von Fischli und Weiss offensichtlich nicht in der Herstellung eines Ereignisses in der Welt, sondern in der Beobachtung und Dokumentation des Laufs der Dinge als solchem – der ständigen Metamorphosen aller Formen, des ständigen Übergangs einer Frage in die andere. Um eine solche Beobachtung durchzuführen, müßte man allerdings eine Position erlangen, die, wie gesagt, einer göttlichen Position gleichkommt und somit nach herrschender Auffassung unerreichbar bleiben muß. Diese moderne Einsicht hat viele entmutigt, nach einer solchen Position überhaupt zu suchen, weil diese Suche unendlich zu sein scheint. Man kann sich aber des Eindrucks nicht erwehren, daß Fischli und Weiss gerade durch diese Einsicht nicht entmutigt, sondern vielmehr ermutigt werden. Sie versetzen sich nämlich in die Parallelzeit eines Projekts, das darin besteht, die Mannigfaltigkeit der Welt und ihre Metamorphosen zu beobachten – und lassen sich dabei von keiner Sprachpolizei die Fragen verbieten, welche die herrschende Auffassung als sinnlos erachtet. Und in der Tat: Man braucht die Position eines metaphysischen Beobachters eigentlich nicht effektiv, d.h. nachweislich, zu besetzen – es genügt, ein entsprechendes Projekt vorzulegen und zu dokumentieren, um die nötige Distanz zwischen sich selbst und dem Lauf der Dinge herzustellen.

Die daraus entstehenden Kunstprojekte benötigen allerdings einen anderen Umgang seitens des Betrachters als denjenigen mit traditionellen Kunstwerken. Denn ein solches Kunstprojekt läßt sich nicht als ein geschlossenes Kunstwerk präsentieren, das eine bestimmte vollendete Form hat und mit einem Blick erfaßt werden kann. Vom Betrachter wird hier gefordert, seine eigene Zeit zu verlassen und sich in die heterogene Zeit eines Projekts des metaphysischen Fragens zu versetzen – um irgendwann diese Parallelzeit wieder zu verlassen, ohne sie vollständig ermessen zu haben. Erst wenn sich der Besucher mit diesen Fragen, die »wir alle« stellen, innerlich identifiziert, wenn er in die heterogene Zeit des Projekts und in die virtuelle Gemeinschaft der Fragenden eintritt, wird er in den Genuß dieses unabschließbaren Fragens kommen können. Wenn er das aber nicht tut, wenn er außerhalb der Gemeinschaft der Fragenden bleibt, wird er vielmehr diese Fragen als Fragen erleben, die an ihn persönlich gerichtet sind, und die er bei aller Anstrengung nicht beantworten kann – in diesem Fall verwandelt sich die angenehme metaphysische Träumerei für ihn in ein kafkaeskes quasi-polizeiliches Verhör: Die Fragen, die »wir alle« stellen, verwandeln sich dann plötzlich in Fragen, die an uns alle gestellt werden. Es ist diese alternative Art, die Arbeit von Fischli und Weiss zu lesen, die ihr jenseits jeder Behaglichkeit eine subtile, aber deutliche Schärfe verleiht.

Das Versprechen der Photographie

Am Ende des zwanzigsten Jahrhunderts hat sich die Photographie nicht nur als eine anerkannte Kunstform, sondern als eine führende endgültig durchgesetzt. Das großformatige photographische Bild ersetzt heute zunehmend das traditionelle malerische Bild an den Wänden der Galerien, Privatsammlungen und Museen. Und vor allem fehlt dem öffentlichen Auftreten der Photographie schon seit langem jenes revolutionäre und avantgardistische Pathos, das die Attacken seitens der Protagonisten der Photographie in den sechziger und siebziger Jahren gegen die traditionelle Privilegierung der Malerei immer noch auszeichnete. Die Selbstverständlichkeit, mit der sich der Wechsel von der Malerei zur Photographie vor unseren Augen vollzogen hat, zeigt sich in erster Linie darin, wie unbekümmert die Photographie die traditionellen Aufgaben der Malerei heute übernimmt, die sich die Malerei selbst nicht mehr zu erfüllen getraut. Das malerische Bild zerbrach nämlich allmählich unter den überzogenen Erwartungen und Forderungen, mit denen es seit dem Aufkommen der historischen Avantgarde am Anfang des letzten Jahrhunderts konfrontiert wurde. Die Geschichte des malerischen Bildes in diesem Jahrhundert war die Geschichte seiner langen Agonie. Die heutige Photographie signalisiert dagegen die Rückkehr zur Normalität. Rückblickend läßt sich vielleicht sagen, daß der langsame Übergang vom malerischen zum photographischen Bild das eigentliche Kunstereignis dieses Jahrhunderts war, wobei, wie bei jedem bedeutenden Wechsel, im Endeffekt alles beim alten blieb. Durch den Medienwechsel wurde das »normale«, traditionelle Bild gerettet und in die neue historische Zeit transportiert.

Die Photographie unserer Tage leistet in der Tat alles das, was im neunzehnten Jahrhundert die Malerei geleistet hat –

worauf aber die Malerei später selbst verzichtet hat. Die Photographie zeigt uns das Leben der Städte und der Natur, die Gesichter der Menschen und ihre nackten Körper, unseren eigenen Lebensraum und exotische Kulturen, den Reichtum und die Mode, das Elend und den Krieg. Wie die Malerei des früheren Jahrhunderts bildet die Photographie unsere alltägliche Welt allerdings nicht bloß ab, sondern nimmt Stellung zu ihren Problemen. Sie hat keine Angst, kritisch, anklagend und schulmeisterlich aufzutreten – aber auch sentimental, dekorativ und ästhetisch faszinierend zu erscheinen. Wenn heute das Werk eines einzelnen Photographen besprochen wird, handelt es sich dabei fast immer um seinen Inhalt, um das Verhältnis des Photographen zum abgebildeten Gegenstand – wie es in der traditionellen Kunstkritik vor dem Aufkommen der Avantgarde üblich war. Über das malerische Bild spricht man zumindest seit dem Beginn des zwanzigsten Jahrhunderts allerdings völlig anders: Von ihm wird verlangt, die Verfahren seiner Produktion offenzulegen, seine verborgene Materialität nicht zu verleugnen, die mimetische Illusion eines dreidimensionalen Raums zu zerstören und die Wahrheit seiner Zweidimensionalität explizit zu manifestieren.

Das malerische Bild, das sich diesen Forderungen nicht stellt, wird in der Regel als kitschig abgetan. Es kann sich eventuell nur dadurch retten, daß es sich als kunsthistorisches Zitat, als Teil einer größeren Installation oder eben bewußt als Kitsch präsentiert. Das photographische Bild, das sich alles das leistet, was dem malerischen Bild verboten wird, empfindet dabei aber offensichtlich keine Scham und gerät nicht in eine Notlage, die ihm irgendwelche zusätzlichen Entschuldigungen abverlangt. Der Vorwurf des Kitsches trifft die heutige Photographie nicht. Den photographischen Bildern gelingt es ohne Mühe, in die Sammlungen aufgenommen zu werden, die ein vergleichbares Bild, wenn es ein malerisches wäre, ganz bestimmt als kitschig ablehnen würden. Wie weit diese Entwicklung fortgeschritten ist, zeigt die Tatsache, daß sich auch ein malerisches Bild viel leisten kann, wenn es sich als ein photographisches präsentiert: Viele Bilder von Gerhard

Richter beweisen es auf eine ausgezeichnete Weise. Wenn der Photorealismus der sechziger Jahre noch als Strategie gesehen werden konnte, den photographischen Look museal zu adeln, überlebt heute die Malerei nur dann, wenn sie sich in einer Art Mimikry als Photographie präsentiert.

Diese Entlastung des Bildes durch die Photographie hat dem öffentlichen und privaten Sammeln sowie generell der Institution Museum einen neuen Impuls gegeben, die sich für eine gewisse Zeit durch die Übermacht der Installationen verunsichert fühlten, da Installationen meistens für eine begrenzte Zeit konzipiert werden und sich in eine permanente Sammlung schon ihres Umfangs wegen kaum einbauen lassen. Die heutige Photographie besitzt dagegen alle Qualitäten des traditionellen malerischen Bildes, die es historisch zum privilegierten Sammlerstück gemacht haben: handliche Größe, Transportabilität, bequeme Art des Exponierens. Zusätzlich zu diesen alten Tugenden hat das flache, zweidimensionale Bild, sei es malerisch oder photographisch, inzwischen eine neue, zusätzliche Qualität bekommen. Unsere visuelle Erfahrung ist primär eine Bilderfahrung: Fernsehbild, Bildschirm des Computers und Kinobild bestimmen weitgehend unsere heutige visuelle Kultur. Das Photobild ist mit allen diesen anderen Bildern besonders leicht kompatibel – und so steht eine Sammlung von Photobildern in einem vorteilhaften Austausch mit anderen aktuellen Formen der Bildproduktion und -rezeption.

Allerdings reichen diese rein technisch-praktischen Gründe offensichtlich nicht aus, um die rätselhafte Entkitschung des zweidimensionalen Bildes mittels der Photographie zu erklären, zumal der Aufstieg der Photographie in den Institutionen der »hohen Kunst«, der in den sechziger und siebziger Jahren stattgefunden hat, unter ganz anderen ideologischen und kulturpolitischen Vorzeichen stand. Noch vor gar nicht so langer Zeit hat man nämlich gerne behauptet, daß dieser Aufstieg der Photographie zur inneren Aushöhlung und letztendlich zum Untergang der Institution Museum führen würde, so wie sich diese Institution in der Moderne etabliert hat.

Der geschlossene Raum der musealen Sammlung schien dazu verurteilt zu sein, von der massenhaften Produktion der photographischen Bilder überflutet zu werden, was zu seiner endgültigen Auflösung in dieser Bildproduktion führen müßte. Allerdings verdankte diese Prognose ihre Plausibilität einer bestimmten Konzeption des Museums, die bei näherem Hinsehen mehr als problematisch erscheint.

Diese Museumskonzeption geht nämlich davon aus, daß die musealen Sammlungen deswegen einen besonderen, gesellschaftlich privilegierten Status haben, weil man von ihnen annimmt, daß sie in sich ganz besondere Dinge, sprich: Kunstwerke, enthalten. Diese Dinge sind von einer speziellen Aura umgeben, weil sie einer herausragenden, einmaligen, genialen Subjektivität des jeweiligen Künstlers entstammen und sich dadurch von den normalen, profanen Dingen des Lebens radikal unterscheiden. Wenn die Museen dazu geschaffen sind, um solche besonderen und wundervollen Dinge in sich aufzunehmen und aufzubewahren, dann scheint es in der Tat plausibel zu sein, daß diese Museen untergehen müssen, sobald sich herausstellen sollte, daß es sich dabei um einen überzogenen, rein ideologischen, irreführenden Anspruch handelt. Und gerade von der Photographie wurde mehrmals behauptet, sie liefere einen entscheidenden Beweis dafür, daß der traditionelle Kunstanspruch illusorisch ist, weil sie besonders anschaulich mache, daß die Bildproduktion kein geheimnisvoller Vorgang ist, der einen genialen Autor nötig hat, um zum Erfolg zu führen.

So schreibt Douglas Crimp in seinem bekannten Essay »On the Museum's Ruins« unter dem Verweis auf Walter Benjamin: »Through reproductive technology, postmodernist art dispenses with the aura. The fiction of creating subject gives way to a franc confiscation, quotation, excerptation, accumulation, and repetition of already existing images. Notions of originality, authenticity, and presence, essential to the ordered discourse of the museum, are undermined.«[1] Die Photographie löst die musealen Ordnungen auf, die auf der Fiktion der subjektiven, individuellen Kreativität aufgebaut sind, bringt sie durch ihre reproduktive Praxis durcheinander und ruiniert damit das Museum – und zwar zurecht, denn diese musealen Ordnungen sind illusorisch: Sie suggerieren eine Repräsentation des Geschichtlichen, verstanden als zeitliche Epiphanie der kreativen Subjektivität, dort, wo wir es de facto bloß mit einem unzusammenhängenden Haufen von Artefakten zu tun haben, wie Crimp unter Berufung auf Foucault behauptet.[2]

Sicherlich blieb auch Crimp nicht verborgen, daß gerade in dem Moment, in dem er diese Zeilen schrieb, sich die Musealisierung der Photographie selbst beschleunigte. Die Photographie verdankte aber ihre Musealisierung Crimp zufolge lediglich einer reaktionär-ideologisch motivierten Auratisierung, die unberechtigterweise von der Malerei auf die Photographie übertragen wurde.[3] Wird dieser fiktive Anspruch kritisch abgebaut, d. h. wird gezeigt, daß die Photographie ihrer eigentlichen Beschaffenheit nach in eine durch und durch profane und alltägliche gesellschaftliche Praxis eingebunden ist, findet die Photographie zu ihrer außermusealen Freiheit zurück und stellt zugleich die Institution Museum grundsätzlich in Frage. Eine Kritik am emphatischen Kunstbegriff wird deswegen von Crimp wie auch von vielen anderen Autoren seiner Generation zugleich als Kritik an den Kunstinstitutionen inklusive der Institution Museum begriffen, die sich angeblich in erster Linie durch diesen überhöhten Kunstbegriff legitimieren.

Daß die Rhetorik der Einmaligkeit, die ein künstlerisches Meisterwerk beschwört und preist, den traditionellen kunsthistorischen Diskurs lange Zeit bestimmt hat und nach wie vor weitgehend bestimmt, ist unbestreitbar. Genauso unbestreitbar ist, daß dieser Diskurs immer wieder von der Malerei auf die Photographie übertragen wird. Trotzdem ist fraglich, ob gerade dieser traditionelle kunsthistorische Diskurs eine entscheidende Legitimation für die Musealisierung der Kunst inklusive der Photographie liefert, so daß die kritische Auseinandersetzung mit diesem Diskurs zugleich als Institutionskritik fungieren kann. Und in der Tat: Wenn sich das einzelne Kunstwerk durch eine besondere Ausdruckskraft, durch eine besondere Qualität oder, anders gesagt, als Manifestation eines kreativen Genies von allen anderen Dingen sichtbar unterscheiden könnte, wäre die Institution Museum völlig überflüssig. Die Kunstwerke, wenn sie sich als solche unmittelbar zeigen und behaupten, brauchen die Schaffung eines speziellen musealen Kontextes nicht, um visuell zur Geltung gebracht zu werden. Wir können ein geniales Gemälde, wenn es so etwas überhaupt gibt, auch in einem durch und durch profanen Raum erkennen und als solches würdigen.

Die beschleunigte Entwicklung der Institution Museum – vor allem als »Museum der modernen Kunst« oder »Museum der Gegenwartskunst« –, deren Zeugen wir im zwanzigsten Jahrhundert geworden sind, fand vielmehr parallel zum beschleunigten Abbau der sichtbaren Unterschiede zwischen Kunstwerk und profanem Ding statt, der von den verschiedenen Avantgarden des zwanzigsten Jahrhunderts systematisch betrieben wurde. Je weniger sich das Kunstwerk von einem profanen Ding visuell unterscheidet, desto mehr wird die deutliche Unterscheidung zwischen dem Kunstkontext und dem profanen, alltäglichen, außermusealen Kontext seines Erscheinens nötig. Erst ein Kunstwerk, das wie ein »normales Ding« aussieht, verlangt nach musealer Kontextualisierung und nach musealem Schutz.

Für die Aufbewahrung der traditionellen Kunst, die sich von Anfang an relativ deutlich von der alltäglichen Umgebung visuell unterscheidet, ist das Museum zwar wichtig, indem es diese Kunst vor der physischen Vernichtung durch die Zeit schützt. Für die Rezeption dieser Kunst ist das Museum aber überflüssig, wenn nicht sogar schädlich, weil der Kontrast zwischen dem einzelnen Werk und seiner alltäglichen, profanen Umgebung, der das Werk zu seiner eigentlichen Geltung bringt, im Museum weitgehend verlorengeht. Ganz im Gegenteil wird das Kunstwerk, das sich von seiner Umgebung nicht deutlich genug absetzt, erst im Museum wirklich wahrnehmbar. Die Strategien der Avantgarde, verstanden als Abbau des visuellen Unterschieds zwischen Kunstwerk und profanem Ding, führen also direkt zum Aufbau der Museen, die diesen Unterschied institutionell absichern.

Weit davon entfernt, die Institution Museum zu unterwandern und zu delegitimieren, liefert die Kritik am emphatischen Kunstbegriff die eigentliche theoretische Grundlage für die Institutionalisierung und Musealisierung der zeitgenössischen Kunst. Vor allem mit dem Aufkommen des von Duchamp initiierten Readymade-Verfahrens wurden die museale Sammlung, der museale Raum, die Institution Museum für die Wahrnehmung der Kunst absolut unverzichtbar. Gerade weil die Photographie im Kontext unserer heutigen Kultur eine weitverbreitete, unpersönliche und vielfältige Praxis ist, in der jede individuelle künstlerische Leistung in der Tat untergeht, gilt die Unverzichtbarkeit des musealen Kontextes auch für die Photographie. Erst das Museum gibt nämlich der einzelnen Photographie die Hoffnung zu überleben, zu überdauern, zum Zeugnis ihrer Zeit zu werden, wie auch erst das Readymade-Verfahren einfachen Dingen wie einem Pissoir oder einem Flaschentrockner eine museale Ewigkeit versprechen kann.

Das Museum ist vor allem der Ort eines solchen Versprechens. Dort wird den einfachen Dingen das Überdauern und die Anerkennung versprochen, die sie in der Wirklichkeit nicht genießen. Und dieses Versprechen ist um so wirksamer und glaubwürdiger, je weniger diese Dinge das Überdauern »verdienen«, je weniger spektakulär und außergewöhnlich sie sind. Das moderne Museum verkündet seine frohe Botschaft gerade nicht für das Exklusive, Geniale und Auratische, das in der großen Welt immer schon seine Anerkennung findet, sondern für das Unscheinbare, Triviale und Alltägliche, das in der außermusealen Wirklichkeit untergeht. Damit erneuert das Museum das alte christliche Versprechen. Und auch wenn diesem Versprechen eine Utopie der diesseitigen Erlösung entgegengesetzt wird, kann diese Utopie selbst nur im Museum formuliert, exponiert und als Versprechen erhalten werden.

Und die Photographie besitzt ihre eigene Utopie, die gerade im Museum besonders manifest wird. Die Photographie verspricht nämlich einen Grad der Diesseitigkeit, der Realität, der Wahrheit, die die traditionellen Künste nicht versprechen konnten.[4] Der Akt des Photographierens findet außerhalb des Körpers des Photographen statt – im Unterschied zur Malerei, an deren Herstellung der Körper des Malers unmittelbar beteiligt ist. Darin liegt die Faszination der Photographie, wenn zugleich auch die Frustration, die damit unausweichlich verbunden ist. Weil der Akt des Photographierens eine relative Unabhängigkeit vom Körper des Photographen besitzt, hat eine einzelne Photographie einen dokumentarischen Wert – sie kann unter Umständen sogar als Beweisstück bei einer Gerichtsverhandlung verwendet werden, wobei niemand jemals auf die Idee gekommen wäre, ein Gemälde als ein solches Beweisstück aufzunehmen. In genau demselben Grad, in dem die Photographie ein Ereignis »objektiv« bezeugen kann, ist sie allerdings auch nicht imstande, von der Individualität ihres Autors ein ausreichendes Zeugnis abzulegen. Darin hat man lange Zeit den Grund gesehen, warum die Photographie keine Kunst ist. Wenn heute die Diskussion, ob die Photographie eine Kunst ist oder nicht, völlig obsolet anmutet, verdankt sich diese neue Lage allein der Weiterentwicklung der modernen Institution Museum.

Die Photographie, die mit künstlerischer Intention gemacht wird, muß sich jetzt nicht mehr von der »bloßen Photographie« sichtbar unterscheiden, um als Kunst anerkannt zu werden. Der Unterschied wird heutzutage durch den Akt der Musealisierung hergestellt, der vollkommen ausreicht, um eine bestimmte Photographie in den Kunstkontext zu transportieren. Die Unterscheidung zwischen künstlerischer und nicht-künstlerischer Photographie wird damit durch die Unterscheidung zwischen dem musealen und dem nicht-musealen Kontext ersetzt – und dementsprechend entfällt die alte Frage, wie die Photographie aussehen soll, um als künstlerisch gelten zu dürfen. Freilich gibt es zwischen dem Museum und dem alltäglichen, profanen Raum viele Abstufungen, die für das Verhältnis zwischen Sammlung und Photographie von entscheidender Bedeutung sind. Je mehr eine Sammlung museumsorientiert ist, um so mehr kann sie es sich erlauben, alltäglich aussehende, mit keinem expliziten künstlerischen Anspruch versehene Photographien zu enthalten. Je mehr eine Sammlung dem öffentlichen Raum und den alltäglichen Lebens- und Arbeitsumständen ausgesetzt ist, desto mehr wird dagegen nach Bildern verlangt, die ihre Zugehörigkeit zur künstlerischen Tradition für jeden Betrachter unmittelbar und kontextunabhängig bezeugen.

Allerdings ist es fast unmöglich, diese Zugehörigkeit anhand einer isolierten Photographie sichtbar zu machen. Sowohl im musealen als auch im außermusealen Raum kann sich eine einzelne Photographie nur durch ihre Position in der Serie, in der Sammlung als künstlerisch zeigen. Der Photograph kann seinen individuellen Geschmack, seine Haltung, seine Ästhetik erst dadurch demonstrieren, daß er eine Reihe von Photographien zeigt, die als solche ein bestimmtes Gestaltungs- und Auswahlprinzip suggerieren. Durch eine Serie zeigt der Photograph, wie sein Blick funktioniert, nach welchen Kriterien er Dinge auswählt, welche Aspekte der Welt seine Aufmerksamkeit auf sich ziehen, in welchem Licht er die Wirklichkeit betrachtet. Auch eine individuelle Photographie kann diese Haltung bezeugen, aber nur, wenn der Photograph schon bekannt ist und diese einzelne Photographie im Gedächtnis des Betrachters die ganze Serie evoziert. Darin unterscheidet sich die Photographie wesentlich von der Malerei. Die traditionelle Malerei entsteht nämlich als Resultat einer körperlichen Arbeit des Malers. Und jedes individuelle Gemälde trägt gleichermaßen die Spuren dieser körperlichen Arbeit. Daraus entsteht der Effekt einer intimen Verbindung zwischen Autor und Werk: Das einzelne Gemälde weist materielle, körperliche Besonderheiten auf, die als direkte Erweiterung des Körpers, als unreduzierbare und unkontrollierbare Handschrift des Malers erkennbar sind – oder zumindest entsprechend dem Ethos der Malerei als erkennbar vorausgesetzt werden. In diesem Sinne ist man berechtigt zu sagen – und es wurde in der Tat oft genug gesagt –, daß insbesondere im

Zeitalter der maschinellen Produktion, die die Individualität des industriellen Arbeiters im fertigen Produkt auslöscht und damit seiner Arbeit »entfremdet«, allein die Kunst imstande ist, diese Entfremdung zu überwinden und die Individualität des Produzenten in seinem Werk gelten zu lassen. Daraus entsteht der Eindruck, daß der Künstler als derjenige, der ausnahmsweise eine nicht entfremdete Arbeit leistet, sich in unserer Zivilisation in einer privilegierten Lage befindet.

Die Kritik an der Auratisierung der Kunst hat deswegen auch eine bestimmte politische Komponente. Diese Kritik entspricht dem Wunsch, den Künstler zu entthronen und ihn den anderen modernen Produzenten gleichzustellen. Sicherlich beginnt diese Kritik keineswegs erst mit der neuerlichen Aufwertung der Photographie. Die schon zitierte Forderung der historischen Avantgarde an die Malerei, ihre Verfahren offenzulegen und den Geniebegriff aufzugeben, hatte zunächst gerade dieses Ziel, eine Gleichstellung zwischen dem Künstler und dem industriellen Arbeiter zu erreichen. Vor allem im Kontext der sowjetischen Avantgarde der zwanziger Jahre wurde diese Forderung von der politischen Solidarisierung der Künstler mit der Arbeiterklasse begleitet. Dementsprechend wurde die Produktion der Malerei im zwanzigsten Jahrhundert (von Malewitsch und Mondrian über Albers und LeWitt bis Buren) dermaßen formalisiert, technisiert und entpersönlicht, daß alle Spuren der körperlichen Präsenz des Malers im malerischen Werk tendenziell getilgt wurden und das Resultat begann, dem industriell angefertigten Produkt zu ähneln. In diesem Sinne kann die geometrische Abstraktion als ein Übergangsstadium von der traditionellen Malerei zur Photographie gedeutet werden, was auch durch die persönlichen Biographien von Künstlern wie Rodtschenko oder Albers bestätigt wird.

Nun läßt sich aber fragen, ob die Abschaffung der körperlichen Präsenz des Malers in seinem Werk und der Spuren, die seine physische Arbeit im Bild hinterlassen, den Künstler tatsächlich mit dem Arbeiter gleichgestellt haben, d.h. ob sich der demokratische, egalitaristische Traum der Moderne dadurch verwirklichen konnte, daß der traditionelle Geniebegriff, der im Kontext der bildenden Kunst vor allem in der Malerei galt, abgebaut wurde. Vielmehr kann man im Gegenteil behaupten, daß die Reinigung der Kunst von jedem Verweis auf eine physisch geleistete Arbeit, die im zwanzigsten Jahrhundert stattgefunden hat, den Künstler von der industriellen Arbeit radikal entfernt und die Kunst in die Nähe der Verwaltung, der Planung, der Führung – und schließlich in die Nähe des Konsums gerückt hat.

Eine unmittelbare, körperliche Arbeit am Bild, die den Maler früher mit dem industriellen Arbeiter verbunden hat, wird nämlich mit dem Aufkommen der Avantgarde weitgehend eliminiert – und durch eine Reihe bewußter, strategischer, kontrollierbarer Entscheidungen hinsichtlich dessen ersetzt, wie das Kunstwerk im Endeffekt aussehen soll. Sicherlich fordert auch jetzt die Herstellung des Kunstwerks eine bestimmte Leistung seitens des Künstlers. Allerdings besteht der Unterschied darin, daß der heutige Künstler nicht mehr wie der traditionelle Maler von den spezifischen Fähigkeiten seines Körpers inklusive seines Sehens und von den Fertigkeiten, die ihm durch ein langes physisches Training beigebracht worden sind, abhängig ist. Indem der Künstler seine Verfahren offenlegt, formalisiert und strategisch einsetzt, macht er die Wiederholung dieser Verfahren von Anfang an möglich und verzichtet auf den Anspruch, im traditionellen Sinne ein Genie, d. h. eine unmittelbare, unreflektierte Manifestation seiner inneren Natur, zu sein. Der Körper des Künstlers steht der methodologisch-technisch gesicherten Wiederholung seiner Leistung nicht mehr in Wege. Der Blick des Künstlers wird »entkörpert« – er wird zum reinen Blick, der nicht mehr »arbeitet«, sondern nur noch entscheidet, auswählt und kombiniert. Und deswegen kann dieser Blick auch wieder »verkörpert« werden, wenn jemand dazu Lust hat, die Verfahren, die der Künstler offengelegt hat, d. h. die Entscheidungen, die er durch seinen Blick getroffen hat, nachzuvollziehen.

Diese Wiederholung hat aber nichts mehr mit der industriellen Arbeit zu tun. Es handelt sich um einen herrschaftlichen Blick von der Chefetage aus, um einen verwaltenden und strategischen Blick, der wiederum nur strategisch wiederholt werden kann. Und dieser strategische Verwaltungsblick ist zugleich der photographische Blick. Die Tätigkeit des Photographen zeigt sich nämlich als eine Serie expliziter, strategischer und nachvollziehbarer Entscheidungen hinsichtlich dessen, was ausgewählt bzw. weggelassen werden soll. Die Haltung und die Strategie des Photographen sind dabei sicherlich individuell, aber der Betrachter kann sie ohne weiteres übernehmen, appropriieren, wohingegen die Handschrift eines Malers nicht so leicht zu übernehmen ist. Wenn die Ähnlichkeit zwischen Photographie und Psychoanalyse, von der Benjamin seinerzeit gesprochen hat,[5] stimmen sollte, dann vor allem in dieser Hinsicht: Mit dem psychoanalytischen, entkörperten Ödipus kann man sich innerlich leicht identifizieren – mit dem griechischen König Ödipus aber nicht. In der heutigen Photographie wird die ganze Geschichte der Malerei auf vergleichbare Weise photographisch wiederholt – nicht mehr als Geschichte der begabten Körper, sondern als Geschichte der intellektuellen Haltungen, des entkörperten Blicks. Dementsprechend funktionieren auch die Museen und sonstigen Bildersammlungen heute nicht mehr als Orte, an denen die Unwiederholbarkeit des Geschichtlichen repräsentiert wird, sondern als Archive, in denen unterschiedliche Strategien des Blicks archiviert werden, die jederzeit aus diesen Archiven hervorgeholt und neu eingesetzt werden können.

Der Photograph, der die Welt beobachtet und begutachtet, um seine persönliche Wahl unter den Aspekten dieser Welt zu treffen, agiert für die Gesellschaft als ein vorbildlicher Konsument. Seine Bilder sind in erster Linie Konsumvorbilder. Der Künstler-Photograph bietet unserem Blick weniger bestimmte Bilder als vielmehr die Strategien ihrer Auswahl. Er unterwirft sich nicht unserem Geschmack, sondern er gestaltet diesen Geschmack. Seine eigentliche Aufgabe ist das Geschmackdesign, das Blickdesign. Sicherlich war es ebenfalls die Aufgabe der traditionellen Malerei, bildliche Darstellungen dieser Welt zu sammeln, das Interessante, Bedeutende, Attraktive und Ungewohnte malerisch festzuhalten und der Kontemplation darzubieten, um damit den Blick des Betrachters zu erziehen. Indes war das sammelnde Interesse an den Darstellungen der Welt früher innerlich gespalten, denn man konnte nie eindeutig sagen, woher das Interessante und Außergewöhnliche in den entsprechenden Bildern stammt: ob sie interessant sind, weil die Gegenstände und Ereignisse, die auf ihnen abgebildet sind, außergewöhnlich sind, oder ob die physische Präsenz des Künstlers so außergewöhnlich ist, daß allein sie den Bildern ihre besondere Attraktivität verleiht. Damit wurde die geniale künstlerische Individualität selbst zu einer Rarität, zu einem Sammelstück, so daß man keine scharfe Trennung vornehmen konnte zwischen dem Interesse am Gegenstand und dem Interesse an der Art seiner Darstellung: Beide galten sie als Produkte der Natur. Deswegen hat man in den früheren Sammlungen die Dinge der Natur und die Produkte der menschlichen Technik von ihren bildlichen Darstellungen noch nicht so scharf unterschieden.[6]

Der konsequente Verzicht auf den Geniebegriff verwandelt dagegen den Künstler endgültig aus einem Objekt des Sammelns in einen Sammler. Jetzt ist der Künstler nicht länger Arbeiter – auch kein privilegierter Arbeiter mehr –, sondern er beginnt, die Welt mit dem sammelnden Blick des Herrn zu betrachten. Diese Verwandlung zeigt sich besonders deutlich durch die veränderte Stellung des Künstlers in der Zeitökonomie des Blicks. Die überragende Arbeits-, Zeit- und Kraftinvestition, die für die Schaffung eines traditionellen Kunstwerks benötigt wurde, stand nämlich in einem äußerst irritierenden Mißverhältnis zu den Bedingungen des Kunstkonsums, denn nachdem der Künstler an seinem Werk lange Zeit und hart arbeiten mußte, durfte der Betrachter dieses Werk mühelos und mit einem Blick konsumieren. Daher die Überlegenheit des Konsumenten, des Betrachters, des Sammlers über den Künstler-Maler als Zulieferer der Bilder, die in mühsamer, physischer Arbeit hergestellt werden mußten. Erst als Photograph stellt sich der Künstler auf die gleiche Ebene mit dem

Sammler, denn er produziert Bilder ebenfalls augenblicklich, durch das einfache Klicken der Kamera. Wenn beim Photographieren ein größerer Zeitaufwand geleistet wird, dann ist er gewollt und strategisch geplant – und nicht unausweichlich, nicht obligatorisch wie früher. Dadurch wird der Bildproduzent dem Bildkonsumenten in der Zeitökonomie des Blicks gleichgestellt.

Auch das Verhältnis der Photographie zum Tod und zum aristokratischen Blick hängt damit zusammen. Die Verwandtschaft zwischen Photographie und Tod wurde schon oft thematisiert.[7] Die Fähigkeit der Photographie, alles »aufzunehmen«, kann in der Tat als Allegorie des alles konsumierenden Todes dienen. Und der Tod ist, wie auch die Photographie, augenblicklich. Zugleich ist die Nähe zum Tode genuin aristokratisch. Die Bereitschaft zum Tode und die Entfernung zum Leben verleihen demjenigen, der sie erlangt, den souveränen, aristokratischen Blick. Schon Marcel Mauss hat den »Symbolischen Tausch« beschrieben, bei dem ein frei herbeigeführter Verlust des eigenen Reichtums durch Opfer oder Gaben in einer traditionellen, aristokratisch dominierten Gesellschaft eine symbolische Kompensation in Form von Ruhm und Ehre mit sich bringt.[8] Im Rahmen seiner »Allgemeinen Ökonomie« überträgt Georges Bataille dieses Modell des freiwilligen Verlustes, der auch den Selbstverlust miteinschließt, auf die Kunst, so daß der Künstler gerade dann am meisten Ruhm bekommt, wenn er sich durch seine Kunst am radikalsten vergeudet und verliert.[9] Indem der Künstler-Photograph seine körperliche Individualität verliert, gewinnt er demnach die Souveränität des aristokratischen Blicks.

Die Aristokratie verkörperte traditionell die Figur des Endverbrauchers, der selbst nichts mehr produziert. Erst im Kontext der aristokratischen Lebensweise konnte die Kunst deswegen ihre eigentliche Vollendung erreichen. Man kann sogar behaupten, daß alle Dinge erst durch den aristokratischen Gebrauch zur Kunst werden konnten, weil es sich um einen definitiven, nicht mehr funktionalen Gebrauch handelte. Der aristokratische Gebrauch und Geschmack waren für die ganze Gesellschaft vorbildlich. Nachdem diese Vorbildlichkeit verlorenging, wurde der Normalverbraucher allerdings desorientiert: Mit dem Verlust der Aristokratie sind ihm auch die Kriterien des ästhetischen Urteils abhanden gekommen. Indem der Künstler die Position des reinen Betrachters, des absoluten Konsumenten einnimmt, kompensiert er das tiefste Trauma der Moderne, nämlich den Verlust der Aristokratie. Man besucht heute eine große Ausstellung oder eine Installation, wie man früher einen aristokratischen Palast besucht hat. Der Besucher wird zur Kunst vorgelassen – aber er ist nicht ihr eigentlicher Konsument. Vielmehr nimmt er sich eine bestimmte Art von Konsum, die der Künstler in seiner Ausstellung demonstriert, zum Vorbild, wie man sich früher die aristokratische Lebensweise zum Vorbild genommen hat. Der heutige Kunstkonsument konsumiert nicht mehr die Arbeit des Künstlers. Vielmehr steckt er seine eigene Arbeit da hinein, wie ein Künstler zu konsumieren.

Der Künstler hat also in unserer Zeit die Seiten gewechselt. Er will nicht länger ein Handwerker oder ein Arbeiter sein, der die Dinge produziert, die sich dem Blick der anderen bieten. Statt dessen ist er zum vorbildlichen Betrachter, Konsumenten und Verbraucher geworden, der die Dinge betrachtet, begutachtet und »aufnimmt«, die von anderen produziert werden. Demgemäß besteht die Funktion des Künstlers in unserer Gesellschaft nicht mehr darin, dem Geschmack anderer durch seine Kunstproduktion zu entsprechen. Vielmehr besteht diese Funktion jetzt darin, den Geschmack zu haben, zu formulieren und zu verändern. Der innovative Künstler ist heute nicht einer, der neue Dinge produziert, sondern einer, der bestimmte, immer schon bekannte Dinge ästhetisch reizvoll und interessant findet, die anderen vielleicht langweilig und uninteressant erscheinen.

Vor allem als Photograph, d. h. als Flaneur mit souveränem Blick, ist der Künstler von heute jener unendliche Konsument, dessen Konsumverhalten das Telos jeder gut funktionierenden Wirtschaft darstellt. Die Kunst von heute funktioniert bekanntlich entsprechend dem Prinzip »anything goes«. Das bedeutet: Alles ist ästhetisch konsumierbar, alles kann man gut, toll, interessant finden, alles kann als Kunstwerk interpretiert, alles kann zu einem Gegenstand des Genusses werden. Damit wird die technisch-ästhetische Ökonomie total und unendlich. Die Kunst wird zum offenen Horizont, zur letzten »frontier« der modernen Wirtschaft. Die heutige Kunst zeigt, daß man alles zum Objekt des Begehrens – zumindest zum Objekt des kritischen Begehrens – machen kann. Schon Carl Schmitt hat bemerkt: »Der Weg vom Metaphysischen und Moralischen zum Ökonomischen geht über das Ästhetische, und der Weg über den noch so sublimen ästhetischen Konsum und Genuß ist der sicherste und bequemste Weg zur Ökonomisierung des geistigen Lebens.«[10] In der Gestalt der Photographie wird die künstlerische Avantgarde zur ökonomischen Avantgarde oder, wenn man will, zur ökonomischen Aristokratie, die die Grenzen des Begehrenswerten immer weiter verschiebt.

Wenn die Haltung des Photographen aristokratisch ist, so sind seine Verfahren, unserer Zeit entsprechend, vielmehr bürokratischer oder, genauer gesagt, verwaltungstechnischer Art. Der Photograph wählt aus, nimmt auf, modifiziert, redigiert, verschiebt, kombiniert, reproduziert, ordnet, plaziert in Reihen, stellt aus oder legt beiseite. Er manipuliert die Bilder so, wie die großen, modernen Verwaltungen alle möglichen Daten manipulieren. Und er tut es mit dem gleichen Ziel: damit der potentielle Kunde einen Blick, eine Perspektive gewinnen kann, die ihm eine bestimmte Übersicht über die Welt erlauben. Der Unterschied liegt allein darin, daß ein Verwaltungsangestellter seine Vorgaben von außen erhält, während der Photograph sich diese Vorgaben souverän selbst diktiert.

Allerdings ist dieser Unterschied auch nicht so entscheidend, denn das Aristokratische und das Bürokratische sind sich in vielerlei Hinsicht ähnlich. Vor allem verweist die Tätigkeit der Bürokratie ebenfalls auf die Figur des Todes. Daß sich die bürokratische Aktivität als eine »tote« Aktivität zeigt, ist ein alter Topos der modernen Literatur, der bei Kafka bloß seine Zuspitzung findet. Die bürokratische Aktivität läßt nämlich den Körper des sie praktizierenden Menschen verschwinden. Wie man oft sagt: Der bürokratische Blick sieht nicht mehr den Menschen hinter einem Blatt Papier. Und dieser Selbstverlust in der rein bürokratischen, verwaltungstechnischen Operationalität ist bestimmt noch viel radikaler als der spektakulär inszenierte, aristokratische Selbstverlust in Exzeß und Rausch. Nun verschwindet der Körper des Photographen, wie oben gezeigt wurde, ebenfalls hinter seinen Bildern. Durch diesen noch radikaleren symbolischen Selbstverlust inmitten der modernen Readymade-Realität wird der Künstler der modernen, körperlosen Bürokratie symbolisch ebenbürtig, die diese Readymade-Welt verwaltet. Und gleichzeitig bekommt diese Bürokratie dadurch eine aristokratische Würde, denn der künstlerische Selbstverlust ist bewußt, gewollt und souverän – und nicht mehr von außen aufgezwungen.

Der Verlust des eigenen Körpers wird von der Photographie unserer Tage immer wieder explizit vorgeführt und gefeiert. So inszeniert Cindy Sherman ihren eigenen Körper als Verschwinden hinter viel zu vielen Masken, als eine absolute Leere, die sich jenseits jeder Möglichkeit einer interpretierenden Identitätszuschreibung ereignet. Anstatt sich durch ihre Kunst offenbaren zu wollen, wie es für einen Künstler traditionell üblich ist, bringt Cindy Sherman ihre Individualität zum Opfer in einem immer wiederkehrenden Ritual der Selbstmaskierung und Selbstauslöschung dar. Dabei zeigt sich der Identitäts-, Individualitäts- oder Körperverlust als kein Mangel, der bedauert oder kompensiert werden müßte, sondern als Ergebnis einer bewußten Strategie der Künstlerin. Nur als ein identitäts- und körperloser wird der Künstler nämlich den anonymen modernen Institutionen ebenbürtig, die seine Kunst sammeln, ordnen und vermitteln. Die interessantesten Künstler unserer Zeit, die sich mit der Photographie beschäftigen, verfolgen – jeder auf seine Weise – diese Strategie, seien sie in anderer Hinsicht auch so unterschiedlich wie beispielsweise Jeff Wall, Nan Goldin oder Marie-Jo Lafontaine. Ihre Photobilder wirken inszeniert, sorgfältig durchdacht und genau geplant. Sie evozieren Dramatik, psychologische Spannungen, dekadente Gefühle oder exquisite Ästhetik, aber sie sind zugleich neutral, sachlich und erheben keinen sichtbaren, »expressionistischen« Anspruch auf das unmittelbare Mitgefühl des Betrachters. Die Autoren dieser Bilder verstehen sich offensichtlich als Verwalter des Blicks und seiner jahrhundertealten Geschichte – und nicht als Bildproduzenten im traditionellen Sinn.

Der Photograph, der seinen Körper bewußt hinter seinem Verfahren verbirgt, manifestiert damit die Möglichkeit eines aristokratischen, souveränen Blicks, die in der modernen bürokratischen Verwaltungspraxis nur latent vorhanden ist. So kann man sagen, daß der Künstler-Photograph im gleichen Verhältnis zum heutigen Verwaltungsangestellten und seiner Tätigkeit der Datenbearbeitung steht wie früher der Künstler-Maler zum Fabrikarbeiter und seiner manuellen Arbeit. So wie der Maler von damals die Möglichkeit demonstrierte, die Spuren der individuellen, physischen, körperlichen Arbeit im Werk festzuhalten, so läßt der heutige Photograph in der Monotonie der Datenbearbeitung den souveränen Blick aufscheinen. Der Photograph agiert wie eine Institution, eine Behörde oder eine große Bank, aber zugleich als souveräner einzelner. Damit etabliert er den subjektiven Blick dort, wo er scheinbar verlorengegangen ist.

Dabei handelt es sich übrigens keineswegs um eine rein ideologische Selbsttäuschung oder eine irreführende Ästhetisierung der entfremdeten Arbeit. Der Traum der eigenen Unsichtbarkeit, die einem die Chance gibt, alles zu sehen, ohne gesehen zu werden, ist einer der ältesten Menschheitsträume. Das Feld des Visuellen ist nämlich ein gefährliches und agonistisches Feld: So wie es angenehm ist zu sehen, so ist es oft äußerst unangenehm, gesehen zu werden.[11] Unser Verhältnis zum Visuellen ist genauso von Skopophilie wie auch von Skopophobie bestimmt. Deswegen entsteht beim Menschen immer wieder der Wunsch, den Körper zu verlieren und sich in einen reinen Blick zu verwandeln. Schon die Erfindung der Perspektive im Zeitalter der Renaissance, die den Körper des Malers in einen körperlosen Punkt verwandelt hat, von dem aus er die ganze Welt sehen konnte, bezeugt diesen Wunsch. Die Photographie wie auch die moderne Bürokratie geben uns ein weiteres Versprechen, Schutz vor dem fremden Blick zu gewähren – allerdings nur dann, wenn wir eine Stellung hinter der Kamera und nicht vor der Kamera einnehmen. Aber die Photographie lädt uns gerade dazu ein, uns mit der Position des Photographen zu identifizieren.

Man bedauert es oft und überschwenglich, daß das ursprüngliche Versprechen der Photographie wie auch aller anderen modernen Medien, die Realität getreu abzubilden, mit der Zeit zunehmend unglaubwürdig geworden ist. Die technischen Möglichkeiten der Simulation und der Virtualität lassen das traditionelle Vertrauen in die Photographie nicht mehr zu. Dazu kommen auch alle möglichen sozialen und politischen Codierungen der Photographie, die ihren Anspruch auf abbildende Neutralität vielfach in Frage stellen. So ist die anfängliche Begeisterung für die wahrheitsgetreue Wiedergabe der Realität mittels der Photographie allmählich in eine tiefe Enttäuschung umgeschlagen. Nur: Der Verdacht, daß sich hinter der Photographie wie auch hinter jedem anderen medialen Bild das Andere verbirgt, das uns für immer unzugänglich bleibt, wirkt zwar frustrierend, weil wir dadurch in unserer Neugier begrenzt werden. Aber wir sind, wie gesagt, nicht nur daran interessiert zu sehen, sondern auch immer wieder daran, nicht gesehen zu werden. Daraus entsteht bei uns eine innere Komplizenschaft mit dem Anderen, das sich hinter der Photographie verbirgt, denn dieses Andere sind unter Umständen wir selbst.

Unser Interesse an der Photographie ist nämlich nicht bloß das Interesse eines Bildbetrachters, der möglichst viele Bilder sehen und genießen will. In der heutigen Gesellschaft wird ständig und überall photographiert. So findet sich jeder Betrachter eines photographischen Bildes häufig genug sowohl in der Position des Photographen als auch in der Position des Photomodells wieder. Auch darin unterscheidet sich die gesellschaftliche Stellung der Photographie von derjenigen der

Malerei. Nicht jeder ist Maler, und nicht jeder wird gemalt. Aber jeder Betrachter der Photographie ist – zumindest potentiell – selbst ein Photograph oder ein Photomodell. Deswegen interessiert er sich oft mehr für die Strategien beider Seiten, die er in der jeweiligen Photographie erkennen kann, als für das Bild selbst. Und jeder Betrachter der Photographie kann sich mit diesen Strategien der Selbstinszenierung, der Selbstverbergung, des Narzißmus oder des Voyeurismus leicht identifizieren – und zugleich selbst lernen, das photographische Bild von beiden Seiten bewußt zu manipulieren. Indem sich der Künstler in der Photographie als reiner, entkörperter Blick zeigt, verspricht er uns die Möglichkeit, uns jederzeit sowohl hinter seiner Kamera wie auch vor seiner Kamera vorzustellen. Es handelt sich dabei um ein größeres Versprechen, als die sichtbare Realität getreu abzubilden oder das Museum aufzulösen. Und an diesem Versprechen hält die Photographie nach wie vor fest.

Die Erotik des Nicht-Perfekten

Der größte Vorzug der Photographie wird meistens in ihrer Fähigkeit gesehen, ein Bild von der Welt gerade in dem Moment machen zu können, in dem die Welt es am wenigsten erwartet. Ein unerwarteter Schnappschuß ertappt Menschen bei Posen, Bewegungen und Beschäftigungen, die sie selbst nicht reflektieren, nicht wahrnehmen, nicht bewußt gestalten. Die Photographie ist imstande, den Menschen im Zustand der kompletten Selbstvergessenheit zu fixieren. Deswegen wurde sie auch oft mit der Psychoanalyse verglichen: Der Photograph kann das Unbewußte des Menschen verbildlichen, indem er ihn in einem solchen Moment der Selbstvergessenheit ertappt. Und noch öfter wird die Photographie mit dem Tod verglichen, denn der Tod hat ebenfalls die Fähigkeit, unerwartet zu kommen. Die Wahrheit der Photographie wird somit als Wahrheit des Unbewußten, des Unerwarteten, des Überraschenden – und damit auch des Entlarvenden, des Offenbarenden verstanden. Und in der Tat sind wir in einer ganz besonderen Weise von den Photobildern fasziniert, die den Eindruck vermitteln, uns ein Bild von einem Menschen zu bieten, das dieser selbst nicht kontrollieren und somit auch nicht willentlich gestalten kann. Bei solchen Bildern haben wir das Gefühl, das Leben durch alle Konventionen, Kontrollen und Regeln der Selbstdarstellung hindurch endlich so zu sehen, wie es in Wahrheit aussieht – und nicht so, wie es sich absichtlich und strategisch präsentieren will. Und da wir jetzt dank der Photographie über diese verborgene Wahrheit verfügen, glauben wir, das Leben endlich in den Griff zu bekommen.

Nun interessiert sich Boris Mikhailov aber gerade für die Selbstinszenierung des Lebens – für seine Bemühungen, gut, fröhlich, imposant, attraktiv auszusehen. Die Menschen, die

Mikhailov auf seinen Photos zeigt, posieren meistens durchaus bewußt – und versuchen nach Kräften, sich im besten Licht zu präsentieren. Doch auch wenn sich diese Menschen nicht speziell für den Photographen inszenieren, werden sie in Situationen photographiert, in denen sie sich anderen präsentieren: Mikhailov zeigt – vor allem auf seinen Bildern aus der früheren, sowjetischen Zeit – die Menschen vorzugsweise bei Paraden, Familienfesten, Sportveranstaltungen, Ausflügen in die Natur oder bei dem, was man üblicherweise »fröhliches Beisammensein« nennt. Bei solchen Anlässen bemühen sich die Menschen bekanntlich, ihre besten Kleider anzuziehen und sich passend zu schminken – d. h., ihr eigenes Bild nach ihrem eigenen Geschmack bewußt zu gestalten. Gerade diese Bemühungen um eine bessere Selbstdarstellung photographiert Mikhailov. Und die dabei entstehenden Bilder wirken auf eine subtile Weise grausam, denn man kann auf ihnen deutlich erkennen, daß alle diese Bemühungen um die richtige Selbstdarstellung, Selbstverschönerung und das Sich-Attraktiv-Machen letztendlich kläglich scheitern. Der Eindruck, den die Bilder von Mikhailov hinterlassen, ist eindeutig: Gerade dann, wenn die Menschen glauben, daß sie am besten aussehen, sehen sie am unbeholfensten aus – gerade dann, wenn sie glauben, das Bild, das sie abgeben, bewußt kontrollieren zu können, entgleitet ihnen das Selbstbild am radikalsten. Ein Schnappschuß, der einen Menschen im Zustand der Selbstvergessenheit ertappt, wirkt oft rührend. Aber ein Photo, das bewußte Bemühungen eines Menschen dokumentiert, gut auszusehen, wirkt nur peinlich. Das Gefühl, das Leben im Griff zu haben, verschwindet. Statt dessen wird der Betrachter der Photos von Mikhailov innerlich zutiefst verunsichert, denn er fühlt sich bei seinen eigenen Selbstdarstellungspraktiken ertappt. Das Gefühl der Peinlichkeit mischt sich beim Betrachter von Mikhailovs Bildern nämlich unweigerlich mit dem Gefühl der inneren Komplizenschaft und Solidarität. Und in der Tat ist die Sorge um die Selbstdarstellung die menschlichste aller unserer Sorgen.

So will Mikhailov nicht unter die Oberfläche der Selbstdarstellung schauen, um zu sehen, wie es dort »in Wahrheit« aussieht, denn er weiß eigentlich nur zu gut, daß der Photograph letztendlich nur das photographieren kann, was sich ihm präsentiert – und so, wie es sich ihm präsentiert. Deswegen ist das Werk Mikhailovs auch zutiefst selbstreflexiv und selbstkritisch. Er vertraut nämlich auch den Bemühungen des Photographen nicht, eine eigene Wahrheit zu entdecken und einen eigenen, höchst individuellen Stil zu entwickeln. Ein solcher unbedingter Wille seitens des Photographen, seine eigenen Bilder vollständig zu kontrollieren, unterscheidet sich doch nicht so wesentlich vom Willen seiner Modelle, ihr eigenes Aussehen zu kontrollieren. So glaubt Mikhailov auch nicht wirklich an den Überschuß an Blick, den ihm seine Kamera gewährt. Freilich verfügt der Photograph in der Tat über einen solchen Überschuß, denn er ist fähig, nicht nur das Aussehen der anderen zu fixieren, sondern, wie gesagt, auch ihre Bemühungen um dieses Aussehen. Aber der Photograph ist von der allgemeinen Komplizenschaft nicht ausgenommen, denn er zeigt die Bilder, die er aufgenommen hat, auch mit dem Ziel, sich später selbst als Photograph im besten Licht zu präsentieren.

Nun beschäftigt sich die Photographie der letzten Jahrzehnte freilich oft mit dem Thema Inszenierung. So zeigt etwa Cindy Sherman in ihren früheren Bildern auf eindrucksvolle Weise, wie sich das Modell selbst inszeniert, wenn es sich dem Blick der Kamera bietet. Und viele andere Photographen arbeiten ebenfalls mit Modellen, die sich bewußt stylen – entsprechend den gängigen Codes der Massenmedien, Werbung und Kinoindustrie. In solchen Photoarbeiten wird vor allem die technische Perfektion thematisiert, mit der sich der Mensch von heute eine künstlich hergestellte Maske zulegen kann, so daß sein wahres Gesicht hinter dieser Maske vollständig verschwindet. Mikhailov thematisiert dagegen eine nichtperfekte, mißlungene, gescheiterte Selbstinszenierung – eine schlecht gemachte, defekte Maske, die die Peinlichkeit des ungeschützten Gesichts nur noch deutlicher macht. Diese andere Strategie verrät bei Mikhailov sicherlich vor allem eine allgemeine Skepsis hinsichtlich der Möglichkeit einer vollständig kontrollierbaren Selbstdarbietung – einer Möglichkeit, die von den heutigen kommerziell agierenden Imagemakern genauso behauptet wird wie von den Kritikern der angeblich überall herrschenden »totalen Simulation«. Für Mikhailov kann aber eine Simulation niemals wirklich total sein – deswegen zeigt er ständig ihre Risse und Fehlgriffe. Dieser Unglaube an die totale Simulation hat für ihn sicherlich bestimmte kulturelle und politische Gründe. Mikhailov ist nämlich inmitten einer totalen kollektiven Selbstinszenierung namens sowjetischem Kommunismus aufgewachsen – und konnte ständig beobachten, wie schlecht, armselig und unglaubwürdig diese Inszenierung eigentlich aussieht, wenn auch viele Menschen damals bereit waren, diese Inszenierung überzeugend zu finden.

In den sechziger und siebziger Jahren, in denen die meisten »sowjetischen« Photoserien von Mikhailov entstanden sind, wandten sich viele Künstler von allem Sowjetischen ab, um ihre eigenen, höchst individuellen Mythologien zu entwikkeln. Andere wollten dagegen zeigen, was sich hinter der Fassade der offiziellen Ideologie tatsächlich verbirgt. Nun ließ sich eine solche unreflektierte oppositionelle Haltung aber relativ leicht in das Weltbild der offiziellen sowjetischen Ideologie einbringen, in der ein Platz für ihre Feinde durchaus vorgesehen war. Der Totalitarismus bedeutet doch weniger die Homogenität der Gesellschaft als vielmehr ihre äußerste Spaltung in Freund und Feind. Was eine totalitäre Ideologie wirklich ausschließt, ist ein neutraler, analytischer Blick von außen, der auf sie gerichtet wäre. Man durfte für diese Ideologie sein und überleben oder dagegen sein und untergehen, aber eine neutrale Haltung blieb einfach undenkbar, unvorstellbar, strukturell ausgeschlossen. Deswegen verspürten einige Intellektuelle und Künstler, die sich der Macht der sowjetischen Ideologie entziehen wollten, einen zunehmenden Unwillen, die radikale Kluft, die diese Ideologie durch die Gesellschaft trieb, noch einmal zu bestätigen. Vielmehr wollte man diese Kluft selbst in Frage stellen – und auf den sowjetischen kulturellen Kontext in seinem Ganzen mit einem ihm fremden, neutralen, beschreibenden, analysierenden Blick schauen. Und das bedeutete vor allem, die sowjetischen kulturellen Codes und die visuelle Welt, die von der sowjetischen Ideologie erzeugt wurden und die vom Gros der russischen inoffiziellen Künstler auf der Suche nach einer hinter dieser Ideologie verborgenen Realität völlig ausgeblendet wurden, künstlerisch zu thematisieren. Paradoxerweise blieb gerade die offizielle sowjetische Kultur bis zu ihrer Entdeckung Anfang der siebziger Jahre für die meisten die größte Unbekannte, weil sie selbst nicht imstande war, ihre eigenen Mechanismen zu analysieren, wobei die Opposition eine solche Analyse nicht unternehmen wollte, weil sie die sowjetische Kultur bloß für etwas Falsches, Niedriges und der Analyse Unwürdiges hielt.

Der Versuch, nicht länger hinter die Fassade der offiziellen sowjetischen Kultur zu blicken und statt dessen die Augen für die Selbstinszenierungen dieser Kultur zu öffnen, wurde erst vom Kreis des sogenannten Moskauer Konzeptualismus zu Beginn der siebziger Jahre unternommen, zu dem Künstler wie Ilya Kabakov, Erik Bulatov, Vitali Komar und Alexander Melamid, um nur wenige Namen zu nennen, sowie einige Schriftsteller und Theoretiker zählten und mit dem Boris Mikhailov auch eng verbunden war. Sicherlich war die Kunstpraxis des Moskauer Konzeptualismus stark von den verschiedenen Strömungen der damaligen westlichen Kunst beeinflußt, die sich auf unterschiedliche Weise mit der visuellen Welt und den kulturellen Codes der westlichen kommerziellen Massenkultur beschäftigten. Trotzdem bedeutete diese Praxis keineswegs eine einfache Übertragung der westlichen künstlerischen Verfahren auf das spezifische Material der sowjetischen Kultur. Alle Kriterien des Geschmacks, der sinnlichen Attraktivität oder der künstlerischen Qualität, die für die an der kommerziellen Werbung orientierte Massenkultur des Westens so bedeutend sind, spielten in der sowjetischen Kultur eine mehr als untergeordnete Rolle. Entscheidend für den Erfolg oder Mißerfolg eines Kunstwerks war weniger seine visuelle Gestaltung als vielmehr der Kontext seiner ideologischen Auslegung, der fast ausschließlich über das Schicksal einer künstlerischen Arbeit entschied.

Auf den ersten Blick scheint die Bilderwelt des sowjetischen Kommunismus freilich gar nicht besonders furchterregend zu sein. Die alltägliche Ästhetik des sowjetischen Totalitarismus war meilenweit von dem entfernt, was man offensichtlich meint, wenn man von der Faszination der Macht oder von der ästhetischen Verführung zum Totalitarismus spricht. Diese Faszination spürt man vielleicht in den Filmen von Sergej Eisenstein oder Leni Riefenstahl, aber es handelt sich dabei um Werke talentierter Einzelgänger, die für den durchschnittlichen Stil der modernen Diktaturen nicht repräsentativ sind, die totalitäre Ästhetik brauchte im allgemeinen nicht zu verführen, denn sie konnte ihre Normen von oben herab diktieren. Es war nicht der Betrachter, der beurteilen sollte, ob die entsprechende Bildproduktion ihn verführt oder nicht. Im Gegenteil: Die sowjetische ideologische Werbung beurteilte den Betrachter, indem sie ihn zu einem Vergleich mit dem Idealbild des sowjetischen Menschen zwang, das von ihr suggeriert wurde. Sicherlich ist eine Beurteilung dieser Art auch im Fall der kommerziellen Werbung spürbar: Auch diese Werbung impliziert ein Idealbild des vermögenden und lebensfreudigen Verbrauchers, vor dem ein realer Mensch mit Erschrecken feststellt, daß er ihm kaum entsprechen kann. Trotzdem steht es dem Betrachter relativ frei, sich mit diesem Idealbild zu identifizieren oder nicht. Unter den Bedingungen des sowjetischen Regimes gab es eine solche Freiheit allerdings nicht: Sich nicht als ein typischer sowjetischer Mensch zu inszenieren konnte für den einzelnen einige spürbare Unannehmlichkeiten nach sich ziehen.

In seinen früheren Zyklen »Rote Serie« (1968-75), »Private Serie« (späte Sechziger) und insbesondere im Zyklus »Luriki« (1971-85) zeigt Mikhailov mit viel Ironie und zugleich Mitgefühl, wie die sowjetischen Menschen bei ihrer Selbstpräsentation versuchten, sich den Vorgaben der damals herrschenden Ästhetik anzupassen. Daß sie dabei zumeist scheiterten, lag vor allem daran, daß ihre real existierenden Körper und Gesichter dem Idealbild des sozialistischen neuen Menschen nicht entsprachen, der damals überall auf den offiziell verbreiteten Bildern, auf Plakaten, im Kino usw. zu sehen war. Die Körper der realen sowjetischen Menschen waren nämlich zu dick, zu wenig sportlich, zu unförmig, und ihre Gesichter waren zu rund und zu weich – so daß diese Körper und Gesichter keine zukunftsgerichtete Entschlossenheit, sondern bloß eine gewisse Ratlosigkeit ausdrücken konnten. Diese rein körperliche Mangelhaftigkeit, die allerdings nicht zu beheben war, machte jede Anstrengung der Selbstinszenierung im Sinne der herrschenden Ästhetik zunichte. Und Mikhailov konstatiert dieses Scheitern in seinen Bildern ausführlich, ohne jedoch dabei Schadenfreude zu manifestieren.

Erst in der Photoserie »Am Boden« (1991), die Mikhailov gleich nach dem Untergang der Sowjetunion gemacht hat, zeigt er Menschen, die jede Lust an der Selbstdarstellung verloren haben. Gleichzeitig verweist die Inszenierung der Photos selbst auf die dokumentaristischen Photobilder der russischen Avantgarde, die meistens aus einem schiefen Winkel aufgenommen waren. Nun feiern die Bilder von Mikhailov aber keine freudige Suche nach immer neuen Perspektiven, sondern geben eine Atmosphäre der Bedrohung, Hoffnungslosigkeit und Enge wieder. Doch auch die Hoffnungslosigkeit verfügt über ihre eigenen Inszenierungen, und so kehrt Mikhailov in seiner neuerlichen großen und großartigen Serie »Case History« (Scalo, Zürich 1999) zur Problematik des inszenierten Körpers zurück. Diese Serie, die die Obdachlosen der postsowjetischen Zeit zeigt, wurde von der Kritik zunächst kontrovers aufgenommen: Man wollte in ihr eine Huldigung des ungezügelten Voyeurismus sehen, der die Privatsphäre der Armen und Benachteiligten nicht genügend respektiert. Bei dieser Kritik wird aber übersehen, daß die schockierenden Bilder dieser Serie nur auf den ersten Blick so etwas wie eine Dokumentation des postsowjetischen Elends darstellen. Eigentlich handelt es sich in dieser Serie nämlich wiederum um eine Selbstinszenierung des Körpers – diesmal aber nicht als eines ideologischen, »sowjetischen«, sondern als eines erotischen, begehrenden Körpers. Denn es darf nicht übersehen werden, daß auf diesen Photos die kranken, ruinierten und abstoßenden Körper der Obdachlosen zugleich als erotische Körper inszeniert werden.

Nun war das Thema des erotischen Körpers bei Mikhailov auch in seinen früheren, sowjetischen Serien immer präsent. Und zwar wirken vor allem die weiblichen Körper auf seinen Bildern um so erotischer, je gründlicher ihre Besitzerinnen bei ihren Versuchen der Selbstinszenierung scheitern. Ein Riß in der Selbstinszenierung des Körpers macht für Mikhailov diesen Körper erst recht attraktiv, erotisch, verführerisch. In »Case History« handelt es sich um lebendige Körper, die aber wie verwesende aussehen und damit auf eine ungeheuere, eklatante Weise dem Körperbild widersprechen, das wir dank der Kunstgeschichte und der gegenwärtigen Modeindustrie mit dem Körper des erotischen Begehrens assoziieren. Der Kontrast zwischen dem Anblick dieser alten, kranken und verunstalteten Körper und den Bemühungen ihrer Besitzer, mit Hilfe dieser Körper erotisch wirkende Liebesszenen darzustellen, wirkt schamlos und unerträglich. Allerdings hat schon der Marquis de Sade bemerkt, daß die Erotik mit dem Austreiben der Scham identisch ist. Nun bleibt die Frage, inwieweit auch in diesem Fall Risse in der gewöhnlichen erotischen Selbstinszenierung ihrerseits erotisierend wirken, freilich offen. Doch auf jeden Fall hat die Erkundung der erotischen Dimension eines alten, kranken Körpers, die Mikhailov vor dem Hintergrund eines heute überall grassierenden Jugendkults betreibt, mit der Überlegenheit eines voyeuristischen Blicks nicht zu tun: Letztendlich werden unserer aller Körper allmählich krank und alt – inklusive des Körpers des Photographen. Jede Selbstdarstellung muß scheitern. Jede ästhetische Norm zeigt Risse, wenn wir versuchen, unsere Körper in sie hineinzuzwingen. Doch selten werden diese Risse so deutlich und zugleich so faszinierend demonstriert wie auf den Bildern von Boris Mikhailov.

Kunst im Zeitalter der Biopolitik: Vom Kunstwerk zur Kunstdokumentation

In den letzten Jahrzehnten hat sich im Kunstsystem eine zunehmende Verschiebung des Interesses vom Kunstwerk zur Kunstdokumentation bemerkbar gemacht. Diese Verschiebung ist besonders symptomatisch für den allgemeinen Wandel, dem die Kunst heute unterliegt, und verdient deswegen eine aufmerksame Analyse. Das Kunstwerk wird traditionell als etwas verstanden, das die Kunst in sich verkörpert, sie unmittelbar präsent, anwesend, anschaulich macht. Wenn wir in eine Kunstausstellung gehen, dann gehen wir üblicherweise davon aus, daß das, was wir dort sehen – ob es Gemälde, Skulpturen, Zeichnungen, Photographien, Videos, Ready-mades oder Installationen sind –, Kunst ist. Die Kunstwerke können freilich auf die eine oder andere Art auf etwas verweisen, was sie nicht sind, etwa auf Gegenstände der Realität oder auf bestimmte politische Inhalte, aber sie verweisen nicht auf die Kunst, denn sie sind Kunst. Nun stellt sich aber diese traditionelle Voraussetzung eines Ausstellungs- oder Museumsbesuchs mehr und mehr als irreführend heraus. Außer mit Kunstwerken sind wir nämlich in den heutigen Kunsträumen in zunehmendem Maße mit Kunstdokumentationen konfrontiert. Dabei handelt es sich ebenfalls um Bilder, Zeichnungen, Photographien, Videos, Texte und Installationen, d. h. um die gleichen Formen und Medien, in denen sich die Kunst üblicherweise präsentiert, doch im Fall der Kunstdokumentation wird die Kunst durch diese Medien nicht präsentiert, sondern bloß dokumentiert. Die Kunstdokumentation ist nämlich per definitionem nicht Kunst, sie verweist nur auf die Kunst und macht gerade dadurch deutlich, daß die Kunst hier nicht mehr präsent und unmittelbar anschaulich ist, sondern vielmehr abwesend und verborgen.

Dabei ist die Art und Weise, in der die Kunstdokumentationen die Kunst dokumentieren und auf die Kunst verweisen, durchaus unterschiedlich. Es kann sich um Performances, Wechselinstallationen oder Happenings handeln, die auf die gleiche Weise dokumentiert werden wie etwa Theateraufführungen. In diesem Fall kann man sagen, daß es sich um Kunstereignisse handelt, die zu einer bestimmten Zeit anwesend und anschaulich waren und an die eine später ausgestellte Dokumentation bloß erinnern soll. Ob eine solche Erinnerung überhaupt möglich ist, sei freilich dahingestellt. Spätestens seit Aufkommen des Dekonstruktionsdiskurses wissen wir nämlich, daß der Anspruch auf eine solche Erinnerung an vergangene Ereignisse zumindest als problematisch eingestuft werden muß. Inzwischen wird aber zunehmend eine solche Kunstdokumentation produziert und ausgestellt, die keinen Anspruch auf Vergegenwärtigung eines vergangenen Kunstereignisses erhebt. Es handelt sich dabei um komplizierte und vielfältige künstlerische Interventionen ins Alltagsleben, um langwierige und komplizierte Diskussions- und Analysevorgänge, um eine Schaffung ungewöhnlicher Lebenslagen, um eine künstlerische Erforschung der Kunstrezeption in verschiedenen Kulturen und Milieus, um politisch motivierte künstlerische Aktionen et cetera. Alle diese Kunstaktivitäten können überhaupt nicht anders präsentiert werden als mittels einer Kunstdokumentation, denn diese Aktivitäten dienen von Anfang an nicht dem Ziel, ein Kunstwerk zu produzieren, in dem sich die Kunst als solche manifestieren könnte. Die Kunst tritt hier also nicht in Objektform auf, nicht als Produkt oder Ergebnis einer »kreativen« Aktivität. Vielmehr ist die Kunst diese Aktivität selbst, die Kunstpraxis als solche. Dementsprechend ist die Kunstdokumentation weder die Vergegenwärtigung eines vergangenen Kunstereignisses noch das Versprechen eines kommenden Kunstwerkes, sondern der einzig mögliche Verweis auf eine Kunstaktivität, die gar nicht auf andere Weise dargestellt werden könnte als mittels dieser Dokumentation.

Die Kunstdokumentation als »bloßes« Kunstwerk mißzuverstehen und zu trivialisieren würde demnach bedeuten, ihre Originalität und ihren besonderen Anspruch zu verkennen, der gerade darin besteht, ein Ergebnis ohne Ergebnis zu sein – die Kunst zu dokumentieren, statt die Kunst zu präsentieren. Für diejenigen, die sich der Herstellung einer Kunstdokumentation statt der Produktion von Kunstwerken widmen, ist die Kunst nämlich mit dem Leben identisch, weil das Leben im wesentlichen reine Aktivität ist, die zu keinem Endergebnis führt. Die Präsentation eines solchen Endergebnisses, etwa in Form eines Kunstwerkes, würde bedeuten, das Leben als einen bloßen funktionalen Vorgang zu verstehen, dessen eigene Dauer durch die Entstehung des Endprodukts negiert und ausgelöscht wird – was dem Tod gleichkommt. Nicht zufällig werden Museen und Kunsthallen traditionell mit Friedhöfen verglichen: Indem sie die Kunst als Endergebnis eines Lebens präsentieren, löschen sie dieses Leben als solches definitiv aus. Die Kunstdokumentation markiert dagegen den Versuch, mittels der künstlerischen Medien und innerhalb der Kunsträume auf das Leben selbst, d. h. auf eine reine Aktivität, auf eine reine Praxis, wenn man so will, auf ein Kunstleben zu verweisen, ohne es unmittelbar präsentieren zu wollen. Die Kunst wird hier zu einer Lebensform, wobei das Kunstwerk zur Nichtkunst, zu einer bloßen Dokumentation dieser Lebensform wird. Man kann auch sagen: Die Kunst wird hier biopolitisch, weil sie beginnt, mit künstlerischen Mitteln das Leben selbst als eine reine Aktivität zu produzieren und zu dokumentieren. Und in der Tat konnte die Kunstdokumentation als Kunstform nur unter den Bedingungen des heutigen biopolitischen Zeitalters entstehen, in dem das Leben selbst zum Gegenstand der technischen und künstlerischen Gestaltung geworden ist. So wird man erneut mit der Frage nach dem Verhältnis von Kunst und Leben konfrontiert, und zwar in einer völlig neuen Konstellation, die darauf beruht, daß die Kunst heute selbst zum Leben werden will, statt etwa nur das Leben abzubilden oder ihm Kunstprodukte zur Verfügung zu stellen.

Traditionell war die Kunst gespalten in eine reine, kontemplative, hohe, »schöne« Kunst und eine angewandte Kunst, sprich Design. Die reine, hohe Kunst beschäftigte sich nicht mit der Realität, sondern mit Bildern der Realität. Die angewandte Kunst formte die Dinge der Realität selbst. In dieser Hinsicht ähnelt die Kunst der Wissenschaft, die ebenfalls in eine theoretische und eine angewandte zerfällt. Der Unterschied zwischen der schönen Kunst und der theoretischen Wissenschaft besteht allerdings darin, daß die Wissenschaft die Bilder, die sie von der Wirklichkeit entwirft, so transparent wie möglich gestalten will, um aufgrund dieser Bilder über die Wirklichkeit selbst urteilen zu können. Die Kunst ging aber einen anderen Weg: Sie thematisierte die Materialität, die Intransparenz, die Autonomie der Bilder sowie die daraus resultierende Unfähigkeit dieser Bilder, die Realität adäquat wiederzugeben. Dementsprechend machte die Kunst die Beschaffenheit der Bilder selbst zum Gegenstand ihrer Betrachtung, jenseits der Frage, inwieweit diese Bilder imstande seien, die Realität wiederzugeben. (Wenn die Kunst also die gleichen Bilder wie die Wissenschaft benutzt, so tut sie dies meistens in kritischer, dekonstruktiver Absicht.) Diese Bilder – von den »fantastischen«, den »unrealistischen« über die surrealistischen bis hin zu den abstrakten – sollten auf unterschiedliche Weise den Bruch zwischen Kunst und Realität verdeutlichen. Und sogar Medien wie etwa Photographie oder Film, von denen üblicherweise angenommen wird, daß sie die Realität getreu abbilden, wurden im Kunstkontext mit dem Ziel eingesetzt, den Glauben an eine solche realitätsgetreue Abbildung zu untergraben. Die »reine« Kunst etablierte sich somit auf der Ebene des Zeichens, des Signifikanten. Das, worauf die Zeichen verweisen – Realität, Bedeutung, Signifikat –, wurde dagegen traditionell als dem Leben zugehörig interpretiert und damit dem Geltungsbereich der Kunst entzogen. Von der angewandten Kunst läßt sich allerdings auch nicht sagen, daß sie sich des Lebens selbst annähme. Auch wenn unsere Umwelt weitgehend durch angewandte Künste wie Architektur, Städteplanung, Produktdesign, Werbung und Mode gestaltet ist, bleibt es doch immer noch dem Leben überlassen, mit allen diesen Designprodukten nach Belieben umzugehen.

Das Leben selbst als reine Aktivität, als reine Dauer bleibt daher den traditionellen Künsten, die auf die eine oder andere Weise produkt- und ergebnisorientiert sind, grundsätzlich unzugänglich.

In unserem Zeitalter der Biopolitik aber ändert sich die Lage, denn Hauptgegenstand dieser Politik ist die Lebensdauer selbst. Die Biopolitik wird oft mit den wissenschaftlichen und technischen Strategien der Genmanipulation verwechselt, die zumindest potenziell darauf abzielen, individuelle lebendige Körper neu zu gestalten. Bei diesen Strategien handelt es sich aber immer noch um Design – auch wenn damit ein Design des Lebendigen gemeint ist. Die eigentliche Leistung der biopolitischen Technologien besteht jedoch vielmehr in der Gestaltung der Lebensdauer als solcher, in der Gestaltung des Lebens als einer reinen Aktivität, die in der Zeit stattfindet. Von der Zeugung und der lebenslangen medizinischen Versorgung über die Regulierung des Verhältnisses zwischen Arbeitszeit und Freizeit bis hin zum medizinisch überwachten, wenn nicht sogar medizinisch herbeigeführten Tod wird die Lebenszeit des heutigen Menschen permanent künstlich gestaltet und optimiert. Vor allem in diesem Sinne sprechen auch viele Autoren von Michel Foucault und Giorgio Agamben bis hin zu Antonio Negri und Michael Hardt über die Biopolitik als das eigentliche Feld, auf dem sich der politische Wille und die technologische Gestaltungskraft heute manifestieren. Wenn das Leben nämlich nicht mehr als natürliches Ereignis, als Schicksal, als Fortuna, sondern als künstlich produzierbare und gestaltbare Zeit verstanden wird, dann wird das Leben automatisch politisiert, denn die technischen und künstlerischen Entscheidungen hinsichtlich der Gestaltung der Lebensdauer sind immer zugleich politische Entscheidungen. Die Kunst, die unter diesen neuen Bedingungen der Biopolitik, d. h. unter den Bedingungen der künstlich gestalteten Lebensdauer, gemacht wird, kann also nicht umhin, ebenso die Dauer ihrer Art Kunst wie den künstlichen Charakter ihrer eigenen Dauer explizit zu thematisieren. Nun können aber die Zeit, die Dauer und somit auch das Leben nicht unmittelbar gezeigt, sondern nur dokumentiert werden. Als leitendes Medium der modernen Biopolitik dient daher die bürokratisch-technologische Dokumentation, die Planungen, Verordnungen, Untersuchungsberichte, statistische Erhebungen und Projektskizzen miteinschließt. Nicht zufällig bedient sich also die Kunst desselben Mediums der Dokumentation, wenn sie auf sich selbst als Leben verweisen will.

Und in der Tat: Unter den Voraussetzungen der modernen Technik können wir das Natürliche oder das Lebendige visuell nicht mehr eindeutig vom künstlich oder technisch Hergestellten unterscheiden. Das zeigen uns die genetisch manipulierten Lebensmittel. Das zeigen aber auch die zahlreichen – und heutzutage besonders intensiv geführten – Diskussionen darüber, nach welchen Kriterien entschieden werden soll, wann das Leben beginnt und wann es endet. Oder anders gesagt: Wie unterscheidet man den technisch herbeigeführten Anfang des Lebens, wie etwa die künstliche Befruchtung von einer »natürlichen« Fortsetzung dieses Lebens und diese natürliche Fortsetzung wiederum von einer ebenfalls technisch herbeigeführten Verlängerung über den »natürlichen« Tod hinaus? Je länger diese Diskussionen geführt werden, desto weniger einig sind sich die Diskussionsteilnehmer darüber, wie die Grenzen genau definiert werden können, die das Leben vom Tod trennen. Fast alle neueren Science-Fiction-Filme machen diese Ununterscheidbarkeit zwischen dem Natürlichen und dem Künstlichen zu ihrem Hauptthema: Hinter der Oberfläche eines lebendigen Wesens kann sich nämlich eine Maschine verbergen, und umgekehrt kann sich unter der Oberfläche einer Maschine auch ein lebendiges Wesen verbergen – zum Beispiel ein Alien.[1] Der Unterschied zwischen dem genuin Lebendigen und seinem künstlichen Ersatz ist hier allein Gegenstand der Imagination, einer Vermutung, eines Verdachts, der durch Beobachtung weder bestätigt noch widerlegt werden kann. Wenn das Lebendige aber beliebig reproduziert und ersetzt werden kann, dann verliert es seine einmalige, unwiederholbare Einschreibung in die Zeit, seine einmalige, unwiederholbare Lebensdauer, die das Lebendige letztlich zum Lebendigen macht. Und das ist gerade der Punkt, an dem die Dokumentation unentbehrlich wird, die das Leben des Lebendigen als solches produziert: Die Dokumentation schreibt die Existenz eines Gegenstandes in die Geschichte ein, verleiht dieser Existenz eine Lebensdauer und gibt dem Gegenstand dadurch das Leben als solches – unabhängig davon, ob dieser Gegenstand »ursprünglich« lebendig oder künstlich war.

Die Differenz zwischen dem Lebendigen und dem Künstlichen ist also ausschließlich eine narrative Differenz. Sie kann nicht gesehen, sondern nur erzählt, dokumentiert werden: Einem Gegenstand kann eine Vorgeschichte, eine Genesis, ein Ursprung narrativ zugeschrieben werden. Die technische Dokumentation wird übrigens nie als Geschichte aufgebaut, sondern immer als ein System von Anweisungen zur Herstellung von bestimmten Gegenständen unter gegebenen Bedingungen. Die künstlerische Dokumentation ist dagegen, ob real oder fiktiv, vor allem narrativ – und evoziert damit die Unwiederholbarkeit der lebendigen Zeit. So kann auch das Künstliche durch die Kunstdokumentation zum Lebendigen, zum Natürlichen gemacht werden, indem die Geschichte seiner Entstehung, sein »making of« erzählt wird. Bei der Kunstdokumentation handelt es sich also um die Kunst, aus Künstlichem Lebendiges, aus der technischen Praxis eine lebendige Aktivität zu machen: Es ist eine Biokunst, die zugleich auch eine Biopolitik ist. Auf eindrucksvolle Weise wurde diese Grundfunktion der künstlerischen Dokumentation seinerzeit in »Blade Runner« von Ridley Scott thematisiert. Die künstlich erzeugten Menschen, Replikanten genannt, von denen dieser Film handelt, werden nämlich bei ihrer Herstellung mit einer Photodokumentation versehen, die ihnen einen »natürlichen« Ursprung attestieren soll: fingierte Photographien ihrer Familie, früherer Aufenthaltsorte usw. Nun ist zwar diese Dokumentation fiktiv, aber sie verleiht den Replikanten zugleich das Leben, die Subjektivität, die sie von den »natürlichen« Menschen auch »innerlich« und nicht nur äußerlich ununterscheidbar macht. Weil die Replikanten durch diese

Dokumentation in das Leben, in die Geschichte eingeschrieben werden, können sie dieses Leben auch kontinuierlich und durchaus individuell fortsetzen. So erweist sich die Suche des Helden nach einer »realen«, objektiv feststellbaren Unterscheidung zwischen Natürlichem und Künstlichem letztendlich als vergeblich, weil diese Unterscheidung, wie gesagt, nur im Narrativ vollzogen werden kann.

Daß das Leben etwas ist, was zwar dokumentiert, aber nicht gezeigt werden kann, ist übrigens keine neue Erkenntnis. Wir kennen nämlich viele Berichte über die Wanderungen der Seele nach dem Tod durch verschiedene jenseitige Gegenden. Alle diese Berichte inklusive der platonischen, christlichen oder buddhistischen wollen letztendlich nur beweisen, daß die Seele auch nach dem Tod des sichtbaren Körpers lebendig bleibt. Man kann sogar behaupten, daß dies die Definition des Lebens schlechthin ist: Das Leben kann dokumentiert, aber nicht gezeigt werden. So weist auch Agamben in seinem Buch »Homo sacer« darauf hin, daß das »nackte Leben« bis jetzt keine politische und kulturelle Repräsentation erlangt hat. Agamben selbst macht den Vorschlag, im Konzentrationslager die kulturelle Repräsentation des nackten Lebens zu sehen, weil die Insassen des Konzentrationslagers aller Formen der politischen Repräsentation beraubt sind – das einzige, was von ihnen gesagt werden kann, ist also, daß sie lebendig sind.[2] Die Insassen des Konzentrationslagers können daher nur getötet, aber nicht gerichtlich verurteilt oder geopfert werden. Diesen außerrechtlichen, zugleich aber im Recht selbst verankerten Lebenszustand betrachtet Agamben als paradigmatisch für das Leben als solches. Nun, wenn auch vieles für eine solche Definition des Lebens spricht, muß zugleich daran erinnert werden, daß das Leben im Konzentrationslager gerade als dasjenige gilt, was unserer Beobachtung wie auch unserer Vorstellungskraft entgeht. Über das Leben im Konzentrationslager kann berichtet werden, es kann dokumentiert werden – aber es kann nicht zur Anschauung gebracht werden.[3]

Nun wird aber im Fall der Kunstdokumentation als Kunstform, wie gesagt, kein »making of« von irgendwelchen fertigen Kunstwerken dokumentiert. Vielmehr tritt hier die Dokumentation als einziges Ergebnis der Kunst auf, die als Lebensform, als Dauer, als Produktion von Geschichte verstanden wird. Die Kunstdokumentation beschreibt somit das Feld der Biopolitik, indem sie zeigt, wie das Lebendige durch das Künstliche ersetzt und das Künstliche durch das entsprechende Narrativ zum Lebendigen gemacht werden kann. Dazu können hier allerdings nur wenige Bespiele angeführt und in Kürze beschrieben werden, um die entsprechenden Dokumentationsstrategien zu illustrieren.

So hat die Moskauer Gruppe Kollektiwnyje Dejstwija (Kollektive Aktionen) um den Künstler Andrej Monastyrskij Ende der siebziger und Anfang der achtziger Jahre eine Reihe von Performances organisiert, die außerhalb Moskaus stattfanden und bei denen nur die Mitglieder der Gruppe und wenige ausgewählte Gäste anwesend waren. Diese Performances wurden einem breiteren Publikum allein durch eine Dokumentation in Form von Photos und Texten zugänglich gemacht.[4] Dabei beschrieben die Texte weniger die Performances selbst als vielmehr die Erfahrungen, Gedanken und Gefühle derer, die an ihnen teilgenommen hatten – und hatten somit einen ausgesprochen narrativen, literarischen Charakter. Nun fanden diese durchaus minimalistischen Performances auf einem weißen, schneebedeckten Feld statt, auf einer weißen Fläche also, die an den weißen Hintergrund der suprematistischen Bilder von Kasimir Malewitsch erinnerte und die zum Markenzeichen der russischen Avantgarde geworden war. Damit wurde aber die Bedeutung dieses weißen Hintergrundes, der von Malewitsch als Zeichen der radikalen »Gegenstandslosigkeit« seiner Kunst, als Zeichen des Bruchs mit jeder Natur und jeder Narrativität eingeführt worden war, vollständig verändert. Die Gleichsetzung des suprematistischen »künstlichen« weißen Hintergrundes mit dem »natürlichen« russischen Schnee hat nämlich die »gegenstandslose« Kunst von Malewitsch zurück ins Leben versetzt, und zwar mit den Mitteln eines narrativen Textes, der dem Weiß des Suprematismus eine andere Genealogie zuschreibt oder, besser gesagt, unterstellt. Malewitschs Bilder verlieren damit ihren Charakter als autonome Kunstwerke und werden ihrerseits zur Dokumentation eines Lebenserlebnisses uminterpretiert, des Lebens im russischen Schnee. Noch direkter kommt diese Uminterpretation der russischen Avantgarde bei einem anderen Moskauer Künstler dieser Zeit zum Ausdruck, Francisco Infante, der in seiner Performance »Poswjaschtschenije« (Die Widmung) eine der suprematistischen Kompositionen von Malewitsch auf dem Schnee ausbreitet – und wiederum den weißen Hintergrund durch den Schnee ersetzt. Dem Bild von Malewitsch wird hier – so wie den Replikanten im Film von Ridley Scott – eine fiktive »lebendige« Genealogie zugeschrieben, kraft derer dieses Bild aus der Kunstgeschichte ins Leben überführt wird. Allerdings eröffnet diese Unterstellung einer lebendigen Genealogie und die damit vollzogene Umwandlung des Kunstwerkes in dokumentiertes Leben ein Feld, auf dem ebenso alle möglichen anderen Genealogien entdeckt oder erfunden werden können, wobei einige von ihnen historisch gesehen sogar durchaus plausibel erscheinen: Der weiße Hintergrund der suprematistischen Bilder kann nämlich auch als das weiße Blatt Papier interpretiert werden, das als Hintergrund für jede Art von bürokratischer, technologischer oder künstlerischer Dokumentation dient. In diesem Sinne läßt sich wiederum sagen, daß die Dokumentation, von der hier die Rede ist, ebenfalls den Schnee zum Hintergrund hat – und so das Spiel der narrativen Einschreibungen immer weitergetrieben werden.

Ein solches Spiel narrativer Einschreibungen wird auch von Sophie Calle in ihren Installationen »Les Aveugles« (Die Blinden) und »Blind Color« inszeniert. In »Les Aveugles« aus dem Jahre 1986 wird eine Befragung durch die Künstlerin dokumentiert, bei der Menschen, die blind geboren worden sind, ihre Vorstellung von Schönheit beschreiben sollten. In einigen Antworten werden figurative Kunstwerke genannt, von denen die befragten Personen gehört haben, daß sie die reale, sichtbare Welt auf eindrucksvolle Weise abbilden würden. Die geäußerten Beschreibungen konfrontiert die Künstlerin im Rahmen der Installation mit Reproduktionen dieser Bilder. Für »Blind Color« von 1991 hat Sophie Calle blinde Menschen gebeten zu beschreiben, was sie sehen, und stellt den auf Tafeln aufgezeichneten Antworten entsprechend dargebotene Texte von Künstlern wie Malewitsch, Yves Klein, Gerhard Richter, Piero Manzoni oder Ad Reinhardt über monochrome Malerei gegenüber. Mit diesen Dokumentationen, die beide als Ergebnis einer soziologischen Untersuchung präsentiert werden, gelingt es der Künstlerin, nicht nur Beispielen der traditionellen figurativen Kunst, sondern gerade auch bestimmten Werken der Moderne, die in besonders eklatanter Weise als künstliche, abstrakte und autonome konzipiert worden sind, durch die Konfrontation zweier Lebensformen – der Sehenden und der Blinden – eine andere Genealogie zuzuschreiben. Hier verwandelt sich die Kunst wiederum in dokumentiertes Leben. Dabei wird das Leben aber nicht mehr als sichtbare Außenwelt verstanden, die mimetisch abgebildet werden kann oder soll. Für die Blinden tritt diese sichtbare Außenwelt ja von Anfang an als Erzählung auf. Der Begriff Leben gewinnt dadurch eine noch viel offensichtlichere biopolitische Bedeutung: Es handelt sich nicht um die Dinge des Lebens, sondern um die Lebensformen selbst, die durch die Bilder nicht dargestellt, sondern allein dokumentiert werden.

Schließlich kann hier die Performance »The Baudouin/Boudewijn Experiment: A Large-Scale, Non-Fatalistic Experiment in Deviation« (Das Baudouin/Boudewijn-Experiment. Ein groß angelegtes, nichtfatalistisches Experiment über eine Abweichung) von Carsten Höller erwähnt werden, die 2001 im Brüsseler Atomium stattgefunden hat und darin bestand, daß eine bestimme Anzahl von Menschen im Inneren einer der Sphären, die das Atomium bilden, einen Tag eingeschlossen und von der Außenwelt abgeschnitten verbringen sollten. Carsten Höller beschäftigt sich generell mit der Verwandlung »abstrakter«, minimalistischer Räume der radikalen modernen Architektur in Erlebnisräume, d. h. auch wiederum mit der Verwandlung von Kunst in Lebenskunst mittels Dokumentation. Auch in diesem Fall hat er für seine Performance einen solchen Raum ausgesucht, der einen utopischen Traum verkörpert und zunächst nicht wie ein Lebensraum anmutet. Vor allem aber verweist diese Arbeit von Höller auf kommerzielle Fernsehshows wie etwa »Big Brother« mit Bildern von Menschen, welche eine lange Zeit in geschlossenen Räumen verbringen müssen. Deswegen wird hier die Differenz zwischen einer kommerziellen Fernsehdokumentation und der Kunstdokumentation besonders deutlich. Gerade weil das Fernsehen ununterbrochen Bilder dieser eingeschlossenen Menschen zeigt, entsteht beim Zuschauer der Verdacht der Manipulation: Er fragt sich ständig, was hinter diesen Bildern wohl passieren mag, in dem hinter diesen Bildern verborgenen Raum, in dem das »wahre« Leben stattfindet. Nun wird die Performance von Carsten Höller aber nicht gezeigt, sondern nur dokumentiert, und zwar durch Erzählungen der Teilnehmer, die gerade das, was man nicht sehen konnte, zur Sprache bringen. Hier wird das Leben also wiederum als das verstanden, was erzählt und dokumentiert, aber nicht gezeigt, nicht vorgeführt werden kann. Und gerade dadurch erhält die Dokumentation eine Glaubwürdigkeit, die eine unmittelbare bildliche Präsentation nicht besitzen kann.

Die oben angeführten Beispiele sind für das Thema der Kunstdokumentation besonders relevant, weil dabei bekannte Werke der Kunstgeschichte neu verwendet werden – nicht als Kunst, sondern als Gegenstand der Dokumentation. Denn dadurch werden ebenso die Verfahren deutlich, mit denen die Kunstdokumentation erzeugt wird, wie auch die Differenz zwischen Kunstwerk und Kunstdokumentation. Eine wichtige Frage bleibt freilich immer noch unbeantwortet: Wenn das Leben nur narrativ dokumentiert, aber nicht gezeigt werden kann, wie kann eine solche Dokumentation dann im Kunstraum gezeigt werden, ohne daß ihre Beschaffenheit dadurch pervertiert wird? Nun wird die Kunstdokumentation meistens im Kontext einer Installation gezeigt. Die Installation ist aber eine Kunstform, bei der nicht nur die Bilder, die Texte oder die sonstigen Objekte, die in ihr gezeigt werden, sondern der Raum der Installation selbst eine entscheidende Rolle spielt. Dieser Raum ist nämlich nicht abstrakt oder neutral, sondern er ist selbst eine Lebensform. Die Plazierung der Dokumentation in einer Installation als der Akt ihrer Einschreibung in einen bestimmten Raum ist also ebenfalls kein neutraler Akt des Zeigens, sondern ein Akt, der auf der Ebene des Raumes das Gleiche leistet wie das Narrativ auf der Ebene der Zeit: die Einschreibung ins Leben. Wie dieser Mechanismus der Einschreibung funktioniert, kann am besten beschrieben werden durch die Verwendung des Begriffs der Aura, der von Walter Benjamin gerade mit der Absicht eingeführt worden ist, zwischen dem lebendigen Kontext des Kunstwerkes und seinem ort- und kontextlosen technischen Ersatz zu unterscheiden.

Benjamin war bekanntlich einer der ersten, der den sich seinerzeit erst abzeichnenden Triumph der technischen Reproduktion über die lebendige Produktion in seinem berühmten Aufsatz »Das Kunstwerk im Zeitalter seiner technischen Reproduzierbarkeit« theoretisch reflektiert hat. Diese Schrift ist vor allem dank des Begriffs der Aura berühmt geworden, den Benjamin benutzt hat, um die Unterscheidung zwischen Original und Kopie unter den Bedingungen einer perfekten technischen Reproduzierbarkeit zu beschreiben.

Die entsprechenden Formulierungen Benjamins sind bestens bekannt: »Noch bei der höchstvollendeten Reproduktion fällt *eines* aus: das Hier und Jetzt des Kunstwerks – sein einmaliges Dasein an dem Orte, an dem es sich befindet.« Und weiter: »Das Hier und Jetzt des Originals macht den Begriff seiner Echtheit aus, und auf deren Grund ihrerseits liegt die Vorstellung einer Tradition, welche dieses Objekt bis auf den heutigen Tag als ein Selbes und Identisches weitergeleitet hat.«[5] Die Kopie ist also nicht deswegen unecht, weil sie sich als solche vom Original unterscheidet, sondern weil sie nicht verortet ist – und deswegen auch in keine Geschichte eingeschrieben ist.

Die Kunstdokumentation, die ja per definitionem aus einem Bild- und Textmaterial besteht, das technisch reproduzierbar ist, bekommt also durch die Installation eine Aura des Originellen, des Lebendigen, des Geschichtlichen: Die Dokumentation bekommt in der Installation einen Ort, das Hier und Jetzt einer geschichtlichen Verortung. Da die Unterscheidung zwischen Original und Kopie allein eine topologische und situative ist, werden alle in der Installation plazierten Dokumente zu Originalen – und können somit zurecht als Originaldokumente des Lebens gelten, das sie dokumentieren wollen. Wenn das Reproduzieren aus Originalen Kopien macht, so macht das Installieren aus Kopien Originale. Unser moderner Umgang mit der Kunst läßt sich also keineswegs auf einen »Verlust der Aura« reduzieren. Vielmehr veranstaltet die Moderne ein kompliziertes Spiel von Entortungen und (Neu-)Verortungen, von Deterritorialisierungen und Reterritorialisierungen, von Entauratisierungen und Reauratisierungen. Was die Moderne in dieser Hinsicht von den alten Zeiten unterscheidet, ist allein die Tatsache, daß die Originalität eines Werkes in der Moderne nicht anhand seiner materiellen Beschaffenheit festgestellt wird, sondern durch seine Aura, durch seinen Kontext, durch seinen geschichtlichen Ort. Deswegen stellt die Originalität für Benjamin, wie er unterstreicht, keinen ewigen Wert dar. Die Originalität ist in der Moderne variabel geworden – aber sie ist keineswegs einfach verlorengegangen. Sonst wäre der ewige Wert der Originalität bloß durch den ewigen (Un-)Wert der Nichtoriginalität ersetzt, so wie es in manchen Kunsttheorien in der Tat passiert. Doch ewige Kopien kann es genausowenig geben wie ewige Originale. Ein Original zu sein und eine Aura zu besitzen bedeutet nun aber das Gleiche, wie lebendig zu sein: Das Leben ist nicht etwas, was das Lebendige »in sich selbst« hat, sondern es ist die Einschreibung dieses Lebendigen in einen Lebenskontext – in eine Lebensdauer und in einen Lebensraum.

Damit wird auch der tiefere Grund deutlich, warum die Kunstdokumentation heute als Feld der Biopolitik dient, wie auch die tiefere Dimension der modernen Biopolitik überhaupt. Auf der einen Seite nämlich ersetzt die Moderne ständig das Lebendige durch das Künstliche, das technisch Hergestellte, das Simulierte oder, was das Gleiche ist, das Unwiederholbare durch das Reproduzierbare. Nicht zufällig ist die Klonierung heutzutage zum Emblem der Biopolitik geworden, denn gerade in der Klonierung – egal, ob sie jemals zur Realität wird oder für immer Phantasma bleiben muß – zeigt sich die Entortung des Lebens, die als die eigentliche Bedrohung durch die Technik empfunden wird. Als Reaktion auf diese Bedrohung werden immer wieder konservative, defensive Strategien angeboten, die diese Entortung des Lebens durch Verordnungen und Verbote aufhalten wollen, wobei die Vergeblichkeit solcher Bemühungen sogar ihren Protagonisten völlig bewußt ist. Dabei wird jedoch übersehen, daß die Moderne auf der anderen Seite durchaus über Strategien verfügt, aus dem Künstlichen und Reproduzierten Lebendiges und Originelles zu machen. So zeigt gerade die Praxis der Kunstdokumentation und der Installation einen anderen Weg der Biopolitik auf: Statt einer Abwehr der Moderne entwirft sie Strategien situativer, kontextbedingter Neuverortungen und Einschreibungen, mit denen sich das Künstliche in Lebendiges und das Repetitive in Unwiederholbares verwandeln läßt.

Die Einsamkeit des Projekts

Die Formulierung unterschiedlicher Projekte zählt zu den Hauptbeschäftigungen des heutigen Menschen. Was auch immer man heutzutage im wirtschaftlichen, politischen oder kulturellen Bereich unternehmen will, man muß zunächst einmal ein entsprechendes Projekt formulieren, um dann bei einer oder mehreren zuständigen Behörden einen Antrag auf Bewilligung oder Finanzierung dieses Projekts zu stellen. Wird dieses Projekt in seiner ursprünglichen Form abgelehnt, versucht man, es zu modifizieren, um seine Akzeptanz trotzdem zu erreichen. Wird das Projekt rundum verworfen, dann hat man gar keine andere Wahl, als an seiner Stelle ein neues Projekt vorzuschlagen. So beschäftigen sich alle Mitglieder unserer Gesellschaft ständig mit dem Entwerfen, Diskutieren und Verwerfen immer neuer Projekte. Es werden Gutachten geschrieben, es werden Budgets genauestens kalkuliert, es werden Kommissionen gebildet, Gremien einberufen und Beschlüsse gefaßt. Nicht wenige Zeitgenossen lesen inzwischen nichts mehr als solche Projekte, Gutachten und Budgets. Die meisten dieser Projekte bleiben aber für immer unrealisiert. Es genügt, daß sie dem einen oder anderen Gutachter als wenig versprechend, schwer finanzierbar oder überhaupt unerwünscht erscheinen – und die ganze Arbeit der Projektformulierung erweist sich als vergeblich.

Dabei ist diese Arbeit keineswegs gering – und der entsprechende Arbeitsaufwand wächst sogar mit der Zeit immer mehr. Die den unterschiedlichen Gremien, Kommissionen und Behörden vorgelegten Projektunterlagen werden zunehmend effektvoll gestaltet und detailliert formuliert, um die potentiellen Gutachter entsprechend zu beeindrukken. So entwickelt sich die Projektformulierung zu einer eigenständigen Kunstform, deren Bedeutung für unsere Gesellschaft immer noch viel zu wenig reflektiert wird. Unabhängig davon, ob ein Projekt realisiert wird oder nicht, entwirft ein jedes Projekt nämlich eine eigentümliche Vision der Zukunft, die als solche faszinierend und lehrreich ist. Die meisten Projekte, die unsere Zivilisation ständig produziert, gehen allerdings oft verloren oder werden einfach weggeworfen, nachdem sie abgelehnt worden sind. Dieser fahrlässige Umgang mit der Kunstform Projekt ist eigentlich sehr bedauerlich, weil er uns daran hindert, Hoffnungen und Zukunftsvisionen zu analysieren und zu verstehen, die in diese Projekte investiert werden – und die über unsere Gesellschaft mehr sagen können als irgend etwas sonst. Nun ist hier nicht die passende Stelle, eine soziologische Analyse der zeitgenössischen Projekte vorzunehmen. Vielmehr stellt sich hier die folgende Frage: Welche Hoffnungen verbindet man mit dem Projekt als solchem? Oder: Warum macht man überhaupt ein Projekt, statt projektlos in die Zukunft hineinzuleben?

Auf diese Frage bietet sich die folgende Antwort an: Jedes Projekt strebt vor allen anderen Dingen eine gesellschaftlich sanktionierte Einsamkeit an. Und in der Tat: Die Planlosigkeit unterwirft einen unweigerlich dem allgemeinen Weltgeschehen, dem allgemeinen Weltschicksal – und zwingt einen dadurch zur ständigen Kommunikation mit seiner Umgebung. Das merkt man besonders deutlich bei solchen Geschehnissen, die per definitionem planlos eintreten, wie etwa ein Erdbeben, ein großer Brand oder eine Überschwemmung. Solche Ereignisse bringen die Menschen zusammen, zwingen sie, miteinander zu kommunizieren und gemeinsam zu agieren. Das gleiche gilt aber auch für jede Art ungeplanten persönlichen Mißgeschicks – wer ein Bein gebrochen hat oder von einem Virus befallen ist, der ist sofort auf fremde Hilfe angewiesen. Doch auch der Alltag, wenn er einfach planlos vor sich hin verläuft, verbindet einen mit den anderen Menschen im gleichen Rhythmus der Arbeit und Erholung. Wer unter diesen alltäglichen Bedingungen nicht bereit ist, mit seinen Mitmenschen jederzeit zu kommunizieren, gilt bekanntlich als schwierig, asozial und unfreundlich – und wird gesellschaftlich verurteilt.

Die Situation ändert sich aber vollständig, wenn jemand ein gesellschaftlich sanktioniertes individuelles Projekt als Grund seiner Einsamkeit, seines Verzichts auf jede Art Kommunikation vorweisen kann. Wer ein Projekt zu erfüllen hat, steht bekanntlich unter Zeitdruck – und hat keine Zeit für alles übrige. Ein Buch zu schreiben, eine Ausstellung vorzubereiten oder eine wissenschaftliche Entdeckung anzustreben sind bekanntlich die Beschäftigungen, die es einem erlauben, die Gesellschaft zu meiden, zu diskommunizieren, sich sogar zu exkommunizieren – und trotzdem nicht als schlechter Mensch zu gelten. Das Paradoxe – und das Angenehme – dabei ist vor allem die Tatsache, daß man desto mehr unter Zeitdruck steht, je langfristiger sein Projekt angelegt ist. Die meisten Projekte, die im Rahmen unseres heutigen Kulturbetriebs akzeptiert werden, sind maximal für eine Zeit von bis zu fünf Jahren angelegt. So wird von einem erwartet, daß man nach diesem begrenzten Zeitraum der Einsamkeit ein fertiges Produkt präsentiert und damit wieder in die gesellschaftliche Kommunikation eintritt – bevor man möglicherweise einen Antrag auf Genehmigung eines weiteren Projekts stellt. Zugleich werden in unserer Gesellschaft aber immer noch Projekte akzeptiert, welche die ganze Lebenszeit eines Menschen in Anspruch nehmen können, etwa in den Bereichen der Wissenschaft oder der Kunst. Derjenige, der ein Ziel der Erkenntnis oder des künstlerischen Schaffens verfolgt, darf für seine Umwelt für unbestimmt lange Zeit keine Zeit haben – von ihm wird allerdings immer noch erwartet, daß er zumindest im Augenblick seines Todes ein fertiges Produkt – ein Werk – vorweist, das sein Leben in Einsamkeit nachträglich gesellschaftlich rechtfertigt. Nun gibt es aber auch Projekte, die auf eine unendliche Zeit hin angelegt werden, wie etwa die Religion oder der Aufbau einer besseren Gesellschaft, und die den Menschen endgültig aus der allgemeinen kommunikativen Zeitgenossenschaft entfernen – und in die Zeit eines einsamen Projekts versetzen.

Die Realisierung solcher Projekte erfordert oft kollektive Anstrengungen. Die Einsamkeit eines Projekts ist somit oft eine geteilte Einsamkeit. Wir kennen viele religiöse Gemeinden und Sekten, die sich dem allgemeinen kommunikativen Zusammenhang entzogen haben, um ihr eigenes religiöses Projekt der spirituellen Vervollkommnung zu verfolgen. In den Zeiten des Kommunismus haben sich ganze Länder von der übrigen Menschheit abgespalten, um das Ziel des Aufbaus einer besseren Gesellschaft zu realisieren. Nun kann man sicherlich alle diese Projekte als gescheitert beurteilen, weil sie kein fertiges Produkt vorweisen können, und weil zugleich ihre Träger zu einem bestimmten historischen Zeitpunkt ihre Selbstisolation aufgegeben haben und wieder in die allgemeine Kommunikation eingetreten sind. So versteht man heutzutage die Modernisierung in der Regel als eine ständige Erweiterung der Kommunikation, als fortschreitende Säkularisierung, die alle Einsamkeiten und Selbstisolationen auflöst, als Entstehung einer offenen Gesellschaft der totalen Inklusion, die jede Exklusivität unmöglich macht. Das Projekt ist aber ein durchaus modernes Phänomen – letztendlich ist das Projekt einer offenen, durch und durch säkularisierten Gesellschaft der totalen Kommunikation ebenfalls immer noch ein Projekt. Und jedes Projekt ist, wie gesagt, vor allem eine Ankündigung und Herstellung von Einsamkeit, von Selbstisolation. Die Moderne ist somit ambivalent – auf der einen Seite erzeugt sie einen Zwang zur totalen Kommunikation, zur totalen Zeitgenossenschaft, doch auf der anderen Seite produziert sie ständig neue Projekte, die immer erneut zur Wiedergewinnung radikaler Einsamkeit führen. Nicht anders sind auch die verschiedenen Projekte der historischen künstlerischen Avantgarden zu verstehen, die ihre eigenen Sprachen, ihre eigenen Ästhetiken entwarfen. Diese Sprachen der Avantgarde wurden zwar als universelle konzipiert – als Versprechen einer gemeinsamen Zukunft für alle. Doch in ihrer eigenen Gegenwart führten sie eine kommunikative (Selbst-)Isolation ihrer Träger herbei – und markierten diese für alle sichtbar.

Warum aber führt das Leben im Projekt zur Einsamkeit? Die Antwort wurde eigentlich schon gegeben. Jedes Projekt ist vor allem die Ankündigung einer anderen, einer neuen Zukunft, die nach Realisierung dieses Projekts eintreten soll. Um diese Zukunft herbeizuführen, nimmt man aber zunächst einmal für sich selbst eine Auszeit. Das Projekt versetzt seinen Träger somit in eine parallele, heterogene Zeit. Und diese andere Zeit wird von der Zeit der Gesellschaft abgekoppelt – sie wird desynchronisiert. Das Leben der Gesellschaft geht weiter – der übliche Lauf der Dinge bleibt unberührt. Doch irgendwo abseits dieses allgemeinen Zeitlaufs beginnt jemand unbemerkt, an einem Projekt zu arbeiten: Er schreibt ein Buch, bereitet eine Ausstellung vor oder plant ein spektakuläres Attentat. Und er macht dies in der Hoffnung, daß nach der Präsentation des Ergebnisses der Arbeit, der Publikation des Buchs, der Eröffnung der Ausstellung oder der Durchführung des Attentats sich der allgemeine Lauf der Dinge ändern wird und die ganze Menschheit eine andere Zukunft erhält – nämlich die Zukunft, die das Projekt antizipiert und anstrebt. Jedes Projekt lebt also – zumindest auf den ersten Blick – allein von der Hoffnung auf seine Resynchronisierung mit dem allgemeinen Lauf der Dinge. Das Projekt gilt als gelungen, wenn diese Resynchronisierung den Lauf der Dinge in die gewünschte Richtung lenkt. Und das Projekt gilt als gescheitert, wenn der Lauf der Dinge von seiner Realisierung unberührt bleibt. Erfolg und Scheitern des Projekts haben aber auch etwas Gemeinsames: Beide beenden das Leben im Projekt, beide führen die Resynchronisierung der Parallelzeit des Projekts mit dem allgemeinen Lauf der Dinge herbei. Und in beiden Fällen ruft diese Resynchronisierung bekanntlich Unbehagen, sogar Trauer hervor. Ob ein Projekt mit Erfolg oder Scheitern beendet wird, spielt dabei keine große Rolle. In beiden Fällen ist es der Verlust der Existenz in der Parallelzeit, des Lebens abseits des allgemeinen Laufs der Dinge, den man als schmerzlich empfindet.

Wenn man ein Projekt hat oder, genauer gesagt, im Projekt lebt, befindet man sich immer schon in der Zukunft. Man arbeitet an etwas, was sich den anderen (noch) nicht zeigt, was verborgen und unkommunizierbar bleibt. Durch das Projekt emigriert man also aus der Gegenwart in eine virtuelle Zukunft – und schafft damit einen temporalen Bruch zwischen sich selbst und den anderen, denn die anderen sind noch nicht in der Zukunft, sie warten noch darauf, daß die Zukunft eintritt. Der Autor des Projekts weiß aber jetzt schon, wie die Zukunft aussehen wird, denn sein Projekt ist nichts anderes als eine Beschreibung dieser Zukunft. Der Prozeß der Genehmigung eines Projekts ist für einen Projektautor übrigens vor allem deswegen so außerordentlich unangenehm, weil von ihm dabei gefordert wird, daß er sein Projekt, dessen Realisierung und dessen Ergebnis schon in diesem Anfangsstadium genauestens beschreibt. Zeigt sich der Autor dazu unfähig, erhält er für sein Projekt keine Bewilligung und keine Finanzierung. Liefert er aber die geforderte detaillierte Beschreibung, dann eliminiert er eben diese Distanz zwischen sich selbst und den anderen, die den ganzen Reiz eines Projekts ausmacht. Wenn alle von Anfang an wissen, wie das Projekt verlaufen und zu welchem Ergebnis es führen soll, kommt die Zukunft für sie nicht mehr als Überraschung. Und damit geht der eigentliche Sinn des Projekts verloren. Für den Projektautor ist alles hier und jetzt Existierende nämlich nichtig, weil er sich schon in der Zukunft befindet – und die Gegenwart als etwas sieht, was überwunden, abgeschafft oder zumindest verändert werden soll. Deswegen sieht er auch keinen Grund, sich vor der Gegenwart zu rechtfertigen, sich der Gegenwart zu kommunizieren. Ganz im Gegenteil: Es ist die Gegenwart, die sich vor der Zukunft rechtfertigen muß, welche sich im Projekt ankündigt. Und eben diese Zeitkluft, eben diese Möglichkeit, einen Blick aus der Zukunft auf die Gegenwart zu werfen, macht das Leben im Projekt für den Projektautor so verlockend – und seine Realisierung so schmerzvoll. Deswegen sind für einen Projektautor diejenigen Projekte am angenehmsten, die von Anfang an so konzipiert werden, daß sie sich niemals realisieren lassen. Solche Projekte erlauben es nämlich am ehesten, die Kluft zwischen Zukunft und Gegenwart für eine unbestimmte Zeit zu sichern. Solche Projekte führen zu keiner Realisierung, zu keiner Herstellung eines abschließenden Ergebnisses, zu keiner Produktion eines fertigen Produkts. Das bedeutet aber keineswegs, daß solche unabgeschlossenen und unabschließbaren Projekte überhaupt keine gesellschaftliche Repräsentation bekommen können – auch wenn sie zu keiner Resynchronisierung mit dem allgemeinen Lauf der Dinge durch ein bestimmtes Ergebnis, sei es Erfolg oder Mißerfolg, führen können. Denn diese Projekte können immer noch dokumentiert werden.

Seinerzeit hat Sartre das Sein-im-Projekt als ontologische Verfaßtheit der menschlichen Existenz beschrieben. Jeder Mensch lebt Sartre zufolge aus der Perspektive seiner eigenen, individuellen Zukunft heraus, die für den Blick des anderen unzugänglich bleiben muß. Dies führt für Sartre zur radikalen Einsamkeit eines jeden Menschen, denn die anderen können ihn nur als ein fertiges Produkt der Lebensumstände sehen – und niemals als ein diesen Umständen entsprechendes heterogenes Projekt. Die heterogene Parallelzeit des Projekts bleibt somit jeder Repräsentation in der Gegenwart entzogen. Deswegen lastet auf dem Projekt bei Sartre der Verdacht des Eskapismus, der absichtlichen Vermeidung der gesellschaftlichen Kommunikation und der individuellen Verantwortung. Nicht zufällig bezeichnet Sartre diese ontologische Verfaßtheit des Menschen gleichzeitig als Zustand der »mauvaise foi« (Unaufrichtigkeit). Deswegen gerät der existenzielle Held Sartrescher Provenienz immer wieder in die Versuchung, die Zeit seines Projekts mit dem allgemeinen Lauf der Dinge durch eine gewaltsame »action directe« kurzzuschließen und damit beide zumindest für einen Augenblick zu synchronisieren. Nun läßt sich die heterogene Zeit des Projekts zwar nicht zum Abschluß bringen, sie läßt sich aber, wie gesagt, dokumentieren. Man kann sogar behaupten, daß die Kunst nichts anderes ist als die Dokumentation und Repräsentation einer solchen heterogenen Zeit des Projekts. Früher handelte es sich um das Dokumentieren der Heiligen Geschichte als eines Projekts der Welterlösung. Heute handelt es sich um individuelle und kollektive Projekte unterschiedlicher »Zukünfte«. Auf jeden Fall aber gewährt die Kunstdokumentation den unrealisierten und unrealisierbaren Projekten einen Platz in der Gegenwart, ohne sie zur Realisierung oder zum Scheitern zu zwingen. Wenn man so will, sind auch die Schriften von Sartre eine solche Art von Dokumentation.

In den letzten Jahrzehnten ist das Kunstprojekt – anstelle des Kunstwerks – ohnehin in den Mittelpunkt des Interesses seitens der Kunstöffentlichkeit geraten. Ein Kunstprojekt setzt zwar jeweils die Formulierung eines bestimmten Ziels voraus sowie einer Strategie, die auf das Erreichen dieses Ziels hin ausgerichtet ist. Dieses Ziel wird aber meistens auf eine solche Art und Weise formuliert, daß uns dabei die Kriterien fehlen, die es uns erlauben würden festzustellen, ob dieses Ziel erreicht wurde oder nicht, ob das Erreichen dieses Ziels eine viel zu lange Zeit beanspruchen würde oder ob das Ziel sich von vornherein als unerreichbar zeigt. Die Aufmerksamkeit wird dadurch von der Produktion eines Werks, inklusive des Kunstwerks, auf das Leben im Kunstprojekt verlagert – das Leben, das primär kein Produktionsprozeß ist, das nicht auf die Herstellung eines Produkts ausgerichtet, nicht »ergebnisorientiert« ist. Die Kunst wird hier nicht mehr als Produktion von Kunstwerken verstanden, sondern als Dokumentation des Lebens im Projekt – unabhängig davon, zu welchem Ergebnis dieses Leben geführt hat oder führen soll. Dadurch verändert sich freilich auch die Art und Weise, wie die Kunst heute definiert ist. Die Kunst manifestiert sich nicht mehr als ein anderes, neues Objekt der Betrachtung, das der Künstler produziert hat, sondern als eine andere, heterogene Zeit des Kunstprojekts, die als solche dokumentiert wird.

Jede Dokumentation steht aber bekanntlich unter dem generellen Verdacht, das Leben unausweichlich zu verfälschen. Jeder Akt der Dokumentierung und Archivierung setzt nämlich eine gewisse Selektion der Dinge und Sachverhalte voraus. Eine solche Selektion wird aber von Kriterien und Wertungen bestimmt, die immer fragwürdig sind und bleiben müssen. Darüber hinaus entsteht beim Dokumentieren eine Kluft zwischen Dokumenten und dokumentierten Ereignissen, die nicht zu überbrücken und auszulöschen ist. Auch wenn wir ein Verfahren entwickeln würden, das uns erlauben würde, das Leben als ganzes und originalgetreu abzubilden, bekämen wir im Endeffekt ebenfalls nicht das Leben selbst, sondern bloß seine tote Maske, denn gerade die Einmaligkeit des Lebens macht seine Lebendigkeit aus. Daher wird unsere Kultur von einem Unbehagen an der Dokumentation, am Archiv beherrscht – sogar von einem heftigen Protest gegen das Archiv im Namen des Lebens. Die Archivare und Bürokraten, welche die Dokumentation verwalten, werden meistens als Feinde des wahren Lebens empfunden, die die Sortierung toter Dokumente einem direkten Erleben des Lebens vorziehen. Vor allem der Bürokrat wird als Agent des Todes gesehen, der die unheimliche Macht der Dokumentation benutzt, um das Leben grau, monoton, erlebnislos und blutleer – kurzum todesähnlich – zu machen. So droht der Künstler, sobald er beginnt, sich ebenfalls mit der Dokumentation zu beschäftigen, in den gleichen Verdacht zu geraten, der ihn in die Nähe des Bürokraten rückt und zu einem neuen Agenten des Todes macht.

Wir wissen aber, daß die bürokratische Dokumentation, die in den Archiven aufgehoben ist, nicht allein aus dokumentierten Erinnerungen besteht, sondern ebenfalls aus Projekten und Plänen, die sich nicht auf die Vergangenheit, sondern auf die Zukunft beziehen. In diesen Archiven der Projekte wird das Leben entworfen, das noch nicht stattgefunden hat, sondern vielleicht erst in der Zukunft stattfinden soll. Und in unserem Zeitalter der Biopolitik handelt es sich dabei nicht bloß um eine Veränderung der Lebensbedingungen, sondern tatsächlich um die Produktion des Lebens selbst. Die Biopolitik wird oft mit den wissenschaftlichen und technischen Strategien der Genmanipulation verwechselt, die zumindest potentiell darauf abzielen, individuelle lebendige Körper neu zu gestalten. Die eigentliche Leistung der biopolitischen Technologien besteht jedoch vielmehr in der Gestaltung der Lebensdauer als solcher – in der Gestaltung des Lebens als eines

Ereignisses, als einer reinen Aktivität, die in der Zeit stattfindet. Von der Zeugung und der lebenslangen medizinischen Versorgung über die Regulierung des Verhältnisses zwischen Arbeitszeit und Freizeit bis hin zum medizinisch überwachten, wenn nicht sogar medizinisch herbeigeführten Tod wird die Lebenszeit des heutigen Menschen permanent künstlich gestaltet und optimiert. Und gerade weil das Leben nicht mehr als ursprüngliches Ereignis des Seins, als Schicksal, als Fortuna, als Zeit, die sich selbst gibt, sondern als künstlich produzierbare und gestaltbare Zeit verstanden wird, kann das Leben dokumentiert und archiviert werden, bevor es überhaupt stattfindet. Die bürokratisch-technologische Dokumentation fungiert in der Tat als leitendes Medium der modernen Biopolitik. Die Planungen, Verordnungen, Untersuchungsberichte, statistischen Erhebungen und Projektskizzen, aus denen eine solche Dokumentation besteht, bringen ständig neues Leben hervor. Letztendlich ist auch das Archiv der Gene, das jedes lebendige Wesen in sich trägt, ebenfalls als Teil einer solchen Dokumentation zu verstehen – einer Dokumentation, die sowohl die Genstruktur eines vergangenen Organismus dokumentiert wie auch dieselbe Genstruktur als Blaupause für die Erzeugung zukünftiger lebendiger Organismen interpretieren läßt. Und das bedeutet: Unter den Bedingungen der Biopolitik kann man im Archiv zwischen Erinnerung und Projekt, zwischen Vergangenheit und Zukunft nicht mehr unterscheiden. Darin besteht übrigens der rationale Grund dessen, was in der christlichen Tradition als Auferstehung bezeichnet wird – und was wir im politisch-kulturellen Bereich als Revival bezeichnen. Das Archiv der vergangenen Lebensformen kann sich nämlich jederzeit als ein Drehbuch für die Zukunft erweisen. Das Leben, das als Dokumentation im Archiv gespeichert ist, kann wieder und wieder gelebt, immer erneut in der historischen Zeit reproduziert werden, wenn man sich zu einer solchen Reproduktion entschließt. Das Archiv ist der Ort, an dem Vergangenheit und Zukunft reversibel werden.

Das Kunstprojekt ist also deswegen dokumentierbar, weil das Leben im Kunstprojekt ursprünglich künstlich ist – und dieses Leben kann genauso in der Zeit reproduziert werden, wie man Kunstwerke im Raum reproduzieren kann. Dabei demonstriert ein unvollendetes, unrealisiertes und sogar ursprünglich ungenehmigtes Projekt die innere Beschaffenheit des modernen Lebens als Leben im Projekt noch besser als alle genehmigten und erfolgreich abgeschlossenen Projekte, denn es verlagert noch eindeutiger die Aufmerksamkeit vom Projektergebnis auf die Prozessualität der Projekterfüllung – und damit letztendlich auf die Subjektivität des Projektautors. Das Kunstprojekt, das seine eigene Unabschließbarkeit thematisiert, definiert nämlich immer erneut und anders die Figur des Autors. Der Autor ist in diesem Fall nicht mehr der Produzent eines Kunstobjekts, sondern derjenige, der die heterogene Zeit eines Lebens im Projekt, inklusive seines eigenen Lebens, dokumentiert – und damit autorisiert. Dabei tut der Autor dies nicht auf Veranlassung einer Behörde oder einer Institution, die über die Macht der Autorisierung im Sinne der Genehmigung verfügt. Vielmehr handelt es sich um eine Autorisierung auf eigene Gefahr, welche die Möglichkeit des Scheiterns nicht nur voraussetzt, sondern explizit bejaht. Auf jeden Fall aber eröffnet eine solche Autorisierung des Lebens im Projekt eine andere, heterogene Parallelzeit – die Zeit einer gewollten und gesellschaftlich legitimierten Einsamkeit.

Zirkulation

Das Museum im Zeitalter der Medien

Zwar werden die Museen auch in unserer Zeit vom Publikum gerne besucht. Aber die Institution Museum als solche trifft beim gleichen Publikum auf zunehmende Skepsis und zunehmendes Mißtrauen. Man hört immer wieder und von allen Seiten, die Grenzen der Institution Museum sollten überschritten, dekonstruiert oder sogar schlichtweg aufgelöst werden, damit sich die aktuelle Kunst direkt im Leben frei behaupten kann. Diese Attacken auf das Museum im Namen einer aktuellen, lebendigen Kunst klingen zunächst einmal sehr vertraut – sie scheinen nämlich eine Fortführung der bekannten Forderungen der unterschiedlichen Avantgarden des zwanzigsten Jahrhunderts zu sein, das Kunstsystem und speziell das Museum zu sprengen, zu transzendieren, aufzulösen, um der neuen Kunst den Weg zu öffnen. An solche Aufrufe und Forderungen hat man sich inzwischen gewöhnt, man hält sie sogar im Kontext der zeitgenössischen Kunst für unentbehrlich. De facto führten diese Forderungen der Avantgarde bekanntlich allein zur Entstehung einer Kunst, die mit der Zeit zu Recht ihren Platz im Museum bekommen hat. So hat sich die Institution Museum eine gelassene, wenn nicht geradezu wohlwollende Haltung in bezug auf die Forderungen und Aufrufe angeeignet, die gegen ihre eigene Existenz gerichtet sind – und zwar in der freudigen Erwartung, daß dank dieser Forderungen wiederum eine neue, interessante Kunst entstehen wird. Die heutigen Aufrufe zur Auflösung des Museums scheinen an diese früheren avantgardistischen Strategien zu erinnern – und so werden sie seitens der Institution Museum nach wie vor beinahe widerspruchslos aufgenommen. Der Schein aber trügt. Der Kontext, der Sinn und die Funktion dieser Aufrufe zur Auflösung des musealen Systems haben sich seit den Zeiten der Avantgarde grundsätzlich geändert – auch wenn ihre äußeren Formulierungen auf den ersten Blick vertraut zu sein scheinen.

Im neunzehnten und zwanzigsten Jahrhundert definierte und verkörperte das Museum den herrschenden Geschmack. Die Kriterien, nach denen die Institution Museum die Auswahl der guten Kunst praktizierte, wurden gesellschaftlich als normativ akzeptiert. Unter diesen Bedingungen war der Protest gegen das Museum zugleich ein Protest gegen das herrschende Kunstverständnis – und deswegen auch Ausgangspunkt für die Entstehung einer neuen, bahnbrechenden Kunst. Nun muß man aber mit aller Entschiedenheit feststellen, daß das Museum heute diese normierende Funktion verloren hat. In unserer Zeit diktieren die Medien die ästhetische Norm – sie haben das Museum in dieser seiner zentralen gesellschaftlichen Funktion längst abgelöst. Das breite Publikum bezieht sein Kunstverständnis aus Werbung, MTV-Videos, Videospielen und Hollywoods Blockbusters. Die Frage, ob dieses Kunstverständnis gut ist oder schlecht, ist eine müßige Frage: Es ist, wie es ist. Wichtig ist nur, daß unter den Voraussetzungen dieses herrschenden medienerzeugten Geschmacks die Forderung nach Überschreitung und Auflösung der Institution Museum eine völlig andere Bedeutung erhält als in den Zeiten der Avantgarde. In unserer Zeit dient diese Forderung nämlich nicht dem Kampf gegen den herrschenden, normativen Geschmack im Namen des Neuen, sondern umgekehrt der Stabilisierung und Totalisierung dieses herrschenden Geschmacks. Wenn heute über das Leben geredet wird, dann ist damit in der Regel der globale Medienmarkt gemeint. Deswegen kann die Kunst, die unter diesen Bedingungen ins Leben geht, keine neue Kunst sein, denn die Forderungen des Medienmarkts und seine Kriterien sind immer schon gut bekannt. Wer heute nach der Transzendierung der Institution Museum ruft, protestiert nicht mehr gegen die herrschende Norm, gegen die museale Übermacht, gegen die museale Zensur. Vielmehr handelt es sich um einen populistischen Protest gegen eine Minderheit, gegen eine Abweichung von der Norm, gegen eine andere Ästhetik als diejenige, die heute medial herrscht. Denn um die Lage der Institution Museum richtig einzuschätzen, muß man zunächst eingestehen: Das heutige Museum vertritt nicht wie früher die Mehrheit der Kunst- und Kulturinteressierten, sondern eine Minderheit.

Die Kunstinstitutionen werden aber charakteristischerweise in den Medien immer noch als Orte der Selektion dargestellt, an denen von Spezialisten, Insidern und Eingeweihten Vorentscheidungen darüber getroffen werden, was als Kunst überhaupt und was als gute Kunst gelten darf – und zwar nach Kriterien, die dem breiten Publikum unzugänglich, unverständlich und letztendlich gleichgültig bleiben müssen. Man fragt sich demnach: Warum soll überhaupt von jemandem entschieden werden, was Kunst ist und was nicht? Warum darf nicht jeder für sich selbst, ohne Vermittlung, ohne jede Bevormundung seitens der Kuratoren und Kritiker entscheiden, was er als Kunst akzeptieren und mögen will? Warum will sich die Kunst nicht auf dem offenen Medienmarkt legitimieren lassen – wie jedes andere Produkt auch? Aus der Perspektive der Medien erscheint der traditionelle Anspruch des Museums geschichtlich überholt, unzeitgemäß, unglaubwürdig und sogar skurril. Nun erweist sich die Kunst von heute aber immer wieder als von sich aus bereit, den Verlockungen des Medienzeitalters zu folgen, aus dem Museum auszuziehen und sich durch die neuen medialen Kanäle verbreiten zu lassen. Die Bereitschaft der Kunst, sich in den Medien, im öffentlichen Raum, in der Politik, also außerhalb des Museums zu engagieren, ist dabei durchaus verständlich. Damit läßt sich ein größeres Publikum erreichen und verführen, damit kann man auch Geld verdienen, um das man früher beim Staat oder bei privaten Sponsoren betteln mußte; damit bekommt der Künstler ein neues Gefühl der Macht, der gesellschaftlichen Relevanz und der Präsenz in seiner eigenen Zeit, statt weiterhin das Dasein eines armen Verwandten der Medien zu fristen. Die Forderung, das Museum zu transzendieren, bedeutet zugleich also de facto die Forderung, die Kunst zu medialisieren und zu kommerzialisieren, indem man sie an die ästhetische Norm anpaßt, die in den heutigen Medien herausgebildet wird. Allerdings stellt man sich die Frage, warum das Museum auch im Medienzeitalter, nachdem es seine Funktion, den richtigen Geschmack zu definieren, eingebüßt hat, immer noch für das Publikum – inklusive der Medien – attraktiv bleibt.

Zunächst einmal: Die Kriterien der Kunstbeurteilung, die im Museum praktiziert werden, scheinen für einen äußeren, medialen Blick, der auf das Museum gerichtet ist, völlig undurchsichtig, unverständlich, sogar mysteriös zu sein. Das bedeutet allerdings noch keine mediale Abwertung der musealen Stätten, denn gerade das Verborgene, Dunkle, Undurchsichtige und Minoritäre ist für die heutigen Medien besonders interessant. Für den museal trainierten Blick sind das außermuseale Leben, die Wirklichkeit, die Medien faszinierend. Für die Medien ist es dagegen besonders reizvoll, ins Verborgene und Geschlossene des Museums Licht zu bringen, die Öffentlichkeit über sein dunkles Geheimnis aufzuklären und den isolierten, privaten Innenraum des Museums für die mediale Kommunikation zugänglich zu machen. Die Strategien der musealen Sammlungen und Ausstellungen werden von den Medien meistens als Effekt einer dunklen Verschwörung dargestellt, als Intrige von Eingeweihten, als Manifestation der verborgenen Macht der Kuratoren und Museumsdirektoren, die jeder demokratischen Legitimierung entzogen ist – letztendlich als ein undurchsichtiger Schwindel. Dieses dunkle Geheimnis wirkt auf die Medien aber zugleich überaus reizvoll und attraktiv: Sie vermuten darin eine für sie interessante Informationsquelle. Dem entspricht übrigens visuell der Einzug der Film- und Videoinstallationen ins Museum, der die große Nacht mit sich gebracht hat. Dadurch erlischt das traditionelle museale Licht – und der museale Raum verdunkelt sich und versetzt den Betrachter in eine nervöse Trance. Damit manifestiert sich das Museum unmittelbar als das, was es im Medienzeitalter geworden ist, d. h. als dunkler Ort des Geheimnisses, der Verschwörung, des Halbsichtbaren. In dieser seiner neuen Rolle bleibt das Museum also für die Medien und das breite Publikum interessant gerade als Ort des

Sonderbaren, Abweichenden und Unerklärlichen – als Kunstkammer der Gegenwart, der keine Definitionsmacht mehr zukommt.

Es gibt aber etwas, was die Medien am Museum zugleich eindeutig irritiert. Und das ist jede Art des Theoretisierens in bezug auf die Kunst im allgemeinen oder auf das Museum im besonderen. Fast immer wenn der Verdacht aufkommt, daß etwa durch eine museale Ausstellung ein theoretischer, kritischer Anspruch erhoben wird, reagieren die Medien darauf mit unverhohlener Feindseligkeit. Die einzige Entschuldigung, die eine solche Ausstellung retten kann, ist in solchen Fällen die Feststellung, daß sie »trotz ihres theoretischen Anspruchs« sinnlich, attraktiv – und das bedeutet letztendlich irrelevant – ist. Auf den ersten Blick scheint eine solche Reaktion der Medien merkwürdig zu sein, denn theoretisch zu sein bedeutet eigentlich kommunikativ zu sein – und die Medien sollten doch jede kommunikative Intention begrüßen. In Wirklichkeit werden aber von den Medien gerade die künstlerischen und vor allem kuratorischen Entscheidungen gefeiert, die sich als rein subjektiv, unbegründet und intuitiv präsentieren. Heute feiern die Medien den einzelnen Künstler nicht mehr als Genie. Statt dessen wird das museale System als solches als ein geniales gefeiert – als Ort der willkürlichen, unverständlichen Entscheidung darüber, was Kunst ist und was nicht, oder was in der Kunst gut ist – und was nicht. Es handelt sich um die eigentümliche Fortsetzung der Genieästhetik nach der Einführung des Readymade-Verfahrens. Wenn die Kunst nach Duchamp auf der einen Seite als beliebige Ausübung der künstlerischen und kuratorischen Macht kritisiert und ironisiert wird, sind die Medien auf der anderen Seite von dieser Macht fasziniert – und bereit, jeden zu feiern, der mit solchen angeblich willkürlichen, beliebigen Entscheidungen durchzukommen und Erfolg zu haben scheint. Das Readymade-Verfahren wird somit als letztes Mysterium unserer Zeit empfunden, als Akt der reinen subjektiven Willkür – besonders dann, wenn man nicht bereit ist, dieser Willkür zu folgen. Wir haben es hier mit einer seltsamen Ästhetisierung des

Museums in den Medien zu tun – als Ort des Geheimnisvollen, Mysteriösen und Quasireligösen.

Jede theoretische, kritische Begründung mutet dagegen wie ein unangenehmer Akt der Säkularisierung des Museums an, der ihm die Aura des Geheimnisvollen nimmt und es anscheinend damit definitiv uninteressant macht. Vor allem aber wird durch den theoretischen Diskurs die grundsätzliche ideologische Prämisse in Frage gestellt, unter der die heutigen Medien operieren. Von den Medienmachern wird nämlich ständig behauptet, daß sie keine eigenen Normen setzen, keinen eigenen Geschmack propagieren oder sogar keinen eigenen Geschmack haben, sondern dem Publikum allein das darbieten, was »den Leuten gefällt« – und zwar nach dem bekannten Motto: Der Wurm soll dem Fisch schmecken und nicht dem Angler. Gerade darin sehen die Medienmacher von heute ihren Vorsprung, ihre geschichtliche Fortschrittlichkeit in bezug auf das klassische Museum, das sie als normsetzend, belehrend und autoritär darstellen. Der Unterschied zwischen dem traditionellen Museum und den heutigen Medien wird also vor allem darin gesehen, daß das Museum den Leuten seinen eigenen Geschmack aufzwingen wollte, während die Medien dem real existierenden demokratischen Massengeschmack Ausdruck verleihen wollen. Nun erweist sich aber dieses Selbstverständnis der Medien bei näherem Hinsehen als höchst problematisch. Jeder, der mit den Funktionsweisen der heutigen Medien vertraut ist, weiß nämlich, daß sie für unterschiedliche Produkte ständig mit der Behauptung werben, diese seien anders, neu, aktuell und sogar bahnbrechend. Das Neue oder vielmehr das Aktuelle wird in den Medien als ein Wert dargestellt, dem der Konsument seinen Geschmack unterwerfen soll. Wenn die Medien also auf der einen Seite vorgeben, den existierenden Geschmack zu befriedigen, so werben sie auf der anderen Seite direkt wie indirekt dafür, diesen Geschmack zu revidieren und dem Zeitgeist anzupassen. So kann man keineswegs sagen, daß der Konsument auf dem Medienmarkt nur das zu sehen und zu hören bekommt, was ihm »wirklich gefällt« – ohne jede Bevormundung. Vielmehr wird er auf Schritt und Tritt darüber belehrt und aufgeklärt, was dem gegenwärtigen Zeitgeist entspricht – und was nicht.

Nun stellt sich aber die Frage, ob man aus den Medien tatsächlich erfahren kann, was das spezifisch Gegenwärtige der Gegenwart ist. Ich würde sagen: Nein. Und dafür gibt es einen einfachen Grund: Der globale Medienmarkt hat kein historisches Gedächtnis, das es erlauben könnte, die Vergangenheit und die Gegenwart miteinander zu vergleichen und auf diese Weise festzustellen, was an der Gegenwart wirklich neu und genuin gegenwärtig ist. Das alte Angebot wird auf dem Medienmarkt ständig durch ein neues Angebot abgelöst. So kann man das, was heute angeboten wird, nicht mit dem vergleichen, was früher angeboten wurde. Damit ist die Medienberichterstattung auf die Mode angewiesen. Die Mode ist aber ihrerseits keineswegs etwas Evidentes oder Selbstverständliches. Obwohl man auf der einen Seite gerne bereit ist zuzugestehen, daß wir im Medienzeitalter vor allem unter dem Diktat der Mode leben, gerät man bekanntlich in große Schwierigkeiten, wenn man nach dem aktuell Modischen gefragt wird. Wer weiß denn eigentlich, was jeweils modisch ist? Jede Beurteilung ist hier sehr problematisch – besonders unter den Voraussetzungen der Globalisierung. Wenn etwas in Berlin als modisch erscheint, kann jemand sofort behaupten, daß diese Mode eigentlich schon längst altmodisch geworden sei im Vergleich zu dem, was in Los Angeles oder Tokio aktuell modisch ist. Wer kann aber auf der anderen Seite garantieren, daß die Berliner Mode nicht später einmal ihrerseits nach Los Angeles oder nach Tokio kommt? So ist man gerade auf dem Markt de facto dazu verurteilt, dem Rat der Markt- und Modegurus, der angeblichen Spezialisten in Sachen internationaler Mode, blind zu folgen – einem Rat, den man selbst nicht überprüfen kann, denn der globale Markt ist für den einzelnen bekanntlich unübersichtlich. Auf dem Medienmarkt hat man deswegen gleichzeitig das Gefühl, permanent mit dem Neuen konfrontiert zu werden und permanent nur das Immergleiche zu beobachten. Die vertraute Klage, daß es in der Kunst nichts Neues mehr gebe, hat die gleiche Ursache wie die entgegengesetzte Klage, die Kunst strebe bloß nach dem Neuen. Solange der Betrachter allein auf die Medien angewiesen ist, fehlt ihm einfach der Raum des Vergleichs, der ihm erlauben würde, das Alte vom Neuen, das Identische vom Differenten effektiv zu unterscheiden.

Nun bietet das Museum dem Betrachter gerade diese Möglichkeit, eine Unterscheidung zwischen alt und neu zu treffen – und die in den Medien erhobenen Ansprüche auf das Neue, Aktuelle und Bahnbrechende mit eigenen Augen kritisch zu überprüfen. Denn die Museen sind Orte des historischen Gedächtnisses, an denen auch alles das aufbewahrt und gezeigt wird, was aus der Mode gekommen, alt und überholt ist. Somit können allein die Museen als Orte des systematischen historischen Vergleichs dienen, um festzustellen, was heute in der Tat anders, neu und aktuell ist – und was diesen Anspruch zu Unrecht erhebt und zwar in unserer Zeit gemacht ist, aber längst bekannte Vorbilder bloß wiederholt. Das gleiche läßt sich übrigens über Ansprüche auf kulturelle Differenz oder kulturelle Identität sagen, mit denen man ebenfalls in den Medien ständig konfrontiert wird. Damit diese Ansprüche kritisch überprüft werden können, braucht man einen Raum des Vergleichs. Wo kein solcher Vergleich möglich ist, bleiben alle diese Ansprüche auf Differenz und Identität unbegründet und leer. Jede relevante museale Kunstausstellung bietet übrigens auch dann einen solchen Vergleich, wenn sie ihn nicht explizit durchführt, denn sie schreibt sich in eine Ausstellungsgeschichte ein, die im Kunstsystem verschiedenartig dokumentiert wird. Freilich können die Strategien des Vergleichs, die einzelne Kuratoren und Kritiker verfolgen, ihrerseits einer Kritik unterzogen werden. Aber die Möglichkeit einer solchen Kritik wird ebenfalls vom Vergleich zwischen verschiedenen kuratorischen Strategien eröffnet, die sich im Kunstsystem manifestieren. Und das bedeutet: Die Überschreitung oder gar Auflösung des Museums würde eine kritische Auseinandersetzung mit den Ansprüchen auf das Neue oder Differente unmöglich machen, mit denen wir auf dem heutigen Medienmarkt ständig konfrontiert werden. Deswegen sind aber auch die Urteile und die Auswahlkriterien bei der musealen Kunstrepräsentation oft andere im Vergleich zu denjenigen, die bei den Massenmedien zirkulieren. Dabei geht es nicht darum, daß die Kuratoren und Kunsteingeweihten einen exklusiven, elitären, anderen Geschmack haben als das breite Publikum. Vielmehr wird durch das Museum ein Vergleich zwischen heute und gestern angestellt, der immer wieder zu anderen Ergebnissen führt, als die Medien es suggerieren – ein Vergleich, den der Betrachter, wenn er allein auf den Medienmarkt angewiesen ist, nicht unbedingt imstande ist anzustellen. Es verwundert also nicht, daß auch die Medien letztendlich die museale Diagnose dessen übernehmen, was das Gegenwärtige an unserer Gegenwart ist, denn eine eigene Diagnose dieser Art können sie nicht stellen.

Vor allem dient das Museum der Gegenwartskunst als Ort dieser Diagnostik. Der Begriff »Museum der Gegenwartskunst« ist zwar inzwischen allgemein vertraut. Aber er markiert nichtsdestoweniger eine grundsätzliche Neuorientierung unseres Blicks auf die Institution Museum. Das Museum funktionierte nämlich traditionell als Ort, an dem die Zeugnisse der Vergangenheit gesammelt und zu einem Gesamtbild zusammengefügt wurden, das als gesellschaftlich verbindliche Repräsentation der Geschichte galt. Unter dieser Perspektive scheint das Museum der Gegenwartskunst ein Paradoxon zu sein. Wie dicht an der Gegenwart auch immer die neue Kunst gesammelt werden soll, scheint eine solche Sammelpraxis doch immer zu spät zu kommen – und zumindest einen Schritt hinter der Gegenwart zurückbleiben zu müssen: Die »reale«, gegenwärtige Kunstentwicklung kann demnach nicht von der Bewegung der sammelnden Repräsentation aufgeholt werden. So wird oft gesagt: Das Museum ist vielleicht imstande, das Gestern zu sammeln – aber nicht das Heute. Gerade an diesem Punkt setzt übrigens die Mediengläubigkeit an. Man behauptet nämlich immer wieder, daß sich die neue Kunst zunächst einmal im Leben, d.h. eigentlich auf dem globalen Medienmarkt etablieren muß, um erst dann musealisiert zu werden, nachdem sie auf diesem Markt Erfolg, Anerkennung und damit auch gesellschaftliche Legitimation bekommen hat.

Doch die historische Relevanz einer bestimmten Kunst ist bekanntlich mit ihrer medialen Verbreitung nicht identisch. Das Gegenwärtige einer Kunst zeigt sich, wie gesagt, erst im historischen Vergleich und nicht in der medialen Zirkulation. So sprechen wir über die Epoche der Aufklärung oder die Epoche der künstlerischen Avantgarden, wenn doch auf der anderen Seite klar ist, daß sowohl die Aufklärung wie auch die künstlerische Avantgarde Angelegenheiten verschwindend kleiner Minderheiten waren und die Mentalität der absoluten Mehrheit der damaligen Bevölkerung gar nicht repräsentieren können. Und das bedeutet: Unsere heutigen Museen sind Maschinen nicht allein zur Sammlung, sondern zur Herstellung der Gegenwart mittels der Unterscheidung zwischen alt und neu, identisch und different. Es verhält sich nicht so, daß der Prozeß des Kunstschaffens zunächst in den Medien stattfindet, um dann in der musealen Sammlung repräsentiert zu werden. Vielmehr erkennen wir eine Kunst als eine aktuelle, gegenwärtige, d. h. »wirkliche« Kunst erst dadurch, daß wir merken, daß diese Kunst noch nicht gesammelt, noch nicht museal repräsentiert wurde. Nicht die Wirklichkeit ist primär – und ihre museale Repräsentation sekundär, sondern die museale Sammlung entscheidet darüber, was hier und jetzt als wirklich, aktuell, gegenwärtig gelten darf. Und das bedeutet: Das Museum der Gegenwartskunst produziert erst die Kunst der Gegenwart, indem es definiert, was noch nicht gesammelt – und damit »gegenwärtig« ist. Vielmehr wird die Kunst gerade in den Medien zur Wiederholung ihrer äußeren Merkmale verurteilt, welche die Kunst als Kunst öffentlich ausweisen sollen. Gerade durch die Medien etabliert sich also eine Kunst, die oft irrtümlicherweise als »museal« bezeichnet wird, d. h. eine Kunst, die betont künstlerisch, spektakulär, außergewöhnlich sein will – und deswegen auch nicht umhin kann, sich an den traditionellen Vorbildern zu orientieren. Freilich finden bei den mediengerechten Appropriationen der traditionellen Kunstvorbilder Verschiebungen, Verzerrungen und Neu-Verwendungen statt, die sich durchaus als ästhetisch reizvoll erweisen können. Allein können alle diese Verschiebungen ebenfalls erst im Museum durch den Vergleich mit historischen Originalen ermittelt werden. In den Medien selbst produzieren solche Appropriationen nur ein Gefühl des Unbehagens, weil sie sich nicht richtig ästhetisch einordnen lassen. Aber auch dann, wenn die Medien mittels verschiedener Reality-Shows versuchen, das Alltägliche und Unspektakuläre zu zeigen, zitieren sie eigentlich das Readymade- Verfahren, das sich längst museal etabliert hat – und bleiben somit innerhalb der musealen Tradition.

So zeichnet sich die Rolle des Museums im Zeitalter der Medien folgendermaßen ab: Das Museum hat seine traditionelle Rolle verloren, die ästhetische Norm zu setzen und den öffentlichen Geschmack zu definieren. Diese Rolle erfüllen jetzt die Medien. Doch die Medien erweisen sich dabei als unfähig, diese ihre eigene Rolle zu reflektieren. Erstens haben sie, wie gesagt, kein historisches Gedächtnis, das es erlauben würde, die heutige Norm als solche genau zu definieren. Vor allem aber befinden sich die Medien in einem Zustand permanenter Selbstverleugnung. Sie setzen zwar die ästhetischen Normen, indem sie an den Zeitgeist appellieren. Doch gleichzeitig wollen sie diese ihre Leistung nicht als eine eigene akzeptieren und geben vor, bloß dem Geschmack des Publikums zu folgen. Daher entsteht in den Medien bei all ihrer Redseligkeit eine merkwürdige Zone der Stummheit, der Verweigerung des Diskurses, der Unfähigkeit, ihre eigene, aktive, normsetzende Rolle zu diskutieren – ganz zu schweigen davon, die gesetzten Normen auf ihren Anspruch nach Verkörperung des Zeitgeistes hin kritisch zu überprüfen. Es wäre für das Museum ein verhängnisvoller Fehler, sich dieser Strategie der Selbstverleugnung anzuschließen und seinerseits vorzugeben, nur das zeigen zu wollen, was »den Leuten gefällt«. Denn das Museum hat im Unterschied zu den Massenmedien Mittel und Möglichkeiten zu Verfügung, zum Ort eines kritischen Diskurses zu werden. Und mehr noch: Das Museum ist unter den Bedingungen der heutigen Kultur praktisch der einzige Ort, an dem wir uns von unserer eigenen Gegenwart distanzieren können, indem wir sie mit anderen Zeiten vergleichen. Und damit ist das Museum in besonderer Weise dafür geeignet, die Ansprüche des medienbestimmten Zeitgeists kritisch zu analysieren und zu überprüfen.

Die Stadt im Zeitalter ihrer touristischen Reproduzierbarkeit

1. Die Stadt entstand ursprünglich als Zukunftsprojekt: Man zog vom Land in die Stadt, um sich den alten Mächten der Natur zu entziehen und eine neue Zukunft aufzubauen, die man selbst bestimmen und kontrollieren kann. Die ganze bisherige menschliche Geschichte ist durch diese Bewegung vom Land in die Stadt bestimmt, – von dieser Bewegung erhält die Geschichte eigentlich ihre Richtung. Zwar wurde das Leben auf dem Lande immer wieder als das Goldene Zeitalter der Harmonie und des »natürlichen« Glücks stilisiert. Aber diese verschönerten Erinnerungen an das vergangene Leben in der Natur hinderten die Menschen keineswegs, den einmal eingeschlagenen historischen Weg weiterzugehen. Die Stadt als solche hat also eine ihr immanente utopische Dimension, weil sie sich jenseits der natürlichen Ordnung situiert. Der Ort der Stadt ist der U-Topos. Früher umrissen die Stadtmauern den Ort, an dem die Stadt gebaut war, und markierten dadurch seinen u-topischen Charakter deutlich. Und übrigens: Je utopischer eine Stadt sein sollte, desto schwieriger mußte es sein, diese Stadt zu erreichen und zu betreten, sei es das tibetische Lhasa, das himmlische Jerusalem oder das indische Shambala. Die traditionelle Stadt isolierte sich von der übrigen Welt, um ihren eigenen Weg in die Zukunft zu gehen. Die genuine Stadt ist also nicht nur utopisch, sondern auch anti-touristisch: Sie isoliert sich vom Raum und bewegt sich in der Zeit.

Der Kampf gegen die Natur hörte freilich auch innerhalb der Stadt nie auf. Schon Descartes stellt am Anfang seiner »Untersuchung über die Methode« fest, daß die Städte, die historisch gewachsen sind und sich deswegen der Irrationalität der natürlichen Ordnung nicht vollkommen entziehen konnten, eigentlich vollständig niedergerissen werden sollten, um am leer gewordenen Ort eine neue, vernünftige, vollkommene Stadt aufzubauen. Später forderte Le Corbusier, die historischen Städte inklusive Paris zu sprengen, um an ihrer Stelle neue Städte der Vernunft zu bauen. Der utopische Traum von der vollständigen Vernünftigkeit, Übersichtlichkeit und Kontrollierbarkeit der städtischen Umwelt führt also zur Entfaltung einer historischen Dynamik, die sich im permanenten Umbau aller Bereiche des städtischen Lebens manifestiert. Das Streben nach der Utopie zwingt die Stadt zur permanenten Selbstüberwindung und Selbstzerstörung. So ist die Stadt zum Ort der Revolutionen, der Umbrüche, der ständigen Neuanfänge, der flüchtigen Mode, der permanent wechselnden Lifestyles geworden. Als geschützter Ort der Sicherheit gebaut, wurde die Stadt somit zur Bühne der Kriminalität, der Unsicherheit, der Zerstörung, der Anarchie und des Terrorismus. Demnach präsentiert sich die Stadt als eine Mischung aus Utopie und Dystopie, wobei die Moderne zweifelsohne mehr das Dystopische als das Utopische an der Stadt schätzt und liebt – die Dekadenz, die Gefahr, das Unheimliche. Diese Stadt der ewigen Vorläufigkeiten ist oftmals literarisch beschrieben und kinematographisch inszeniert worden: Es ist die Stadt, wie sie z. B. in »Blade Runner« oder in »Terminator« (1 und 2) dargestellt wird, in der alles ständig zur Sprengung und zur Verbrennung freigegeben wird, weil immer erneut versucht wird, für das Kommende, für das Zukünftige einen freien Platz zu schaffen – und immer wieder wird die Ankunft des Zukünftigen verhindert und verschoben, weil die Überreste des schon Gebauten sich nicht vollständig abtragen lassen und die laufende Vorbereitungsphase nie zum Abschluß kommen kann. Wenn es in unseren Städten im Endeffekt überhaupt etwas Dauerhaftes gibt, dann nur diese ständige Vorbereitung zur Schaffung von etwas Dauerhaftem, eine ständige Verschiebung der endgültigen Lösung, ein ständiges Umbauen, eine dauerhafte Reparatur und eine bruchstückhafte Anpassung an neue Notwendigkeiten.

2. Nun wurde aber dieser utopische Impuls, dieses Streben nach einer idealen Stadt in der Moderne mit der Zeit schwächer und schwächer – und allmählich von der Faszination des Tourismus abgelöst. Wenn wir heute mit dem Lebensangebot in unserer eigenen Stadt nicht mehr zufrieden sind, dann versuchen wir nicht, diese Stadt zu ändern, zu revolutionieren oder umzubauen, sondern wir fahren einfach in eine andere Stadt – für kurze Zeit oder für immer – um dort das zu finden, was wir in unserer Stadt vermissen. Die Mobilität zwischen den Städten – in allen Formen des Tourismus und der Migration – hat sowohl unser Verhältnis zur Stadt wie auch unsere Städte selbst grundsätzlich verändert. Globale Vernetzung und Mobilität haben den utopischen Charakter der Stadt grundsätzlich in Frage gestellt – sie haben den städtischen Utopos wieder in die Topographie eines globalisierten Raums eingeschrieben. Nicht zufällig sprach McLuhan in bezug auf diese globale Vernetzung nicht von einer Weltstadt, sondern von einem Weltdorf. Für einen Touristen wie auch für einen Migranten wird das Land, auf dem die Stadt steht, wieder zum Hauptthema.

Vor allem die erste Phase des modernen Tourismus, die ich als Phase des romantischen Tourismus bezeichnen möchte, hat eine dezidiert anti-utopische Haltung in bezug auf die Stadt produziert. Der romantische Tourismus im Sinne des neunzehnten Jahrhunderts führte nämlich zu einer gewissen Erstarrung der Stadt, die als Summe der touristischen Sehenswürdigkeiten interpretiert wurde. Der romantische Tourist sucht nämlich nicht nach universalistischen utopischen Entwürfen, sondern nach kulturellen Differenzen und lokalen Identitäten. Sein Blick ist nicht utopisch, sondern konservativ – nicht in die Zukunft gerichtet, sondern an der Herkunft orientiert. Der romantische Tourismus ist eine Maschine zur Verwandlung des Vorläufigen ins Endgültige, des Zeitlichen ins Ewige, des Vergänglichen ins Monumentale. Wenn der Tourist eine Stadt auf seiner Durchreise besucht, präsentiert sich diese Stadt seinem Blick als ungeschichtlich, ewig, als eine Summe von Bauten, die immer schon da waren und auch immer weiter so bleiben, wie sie jetzt sind – denn der Tourist kann den geschichtlichen Wandel einer Stadt nicht verfolgen und den utopischen Impuls, der die Stadt in die Zukunft trägt, nicht nachvollziehen. Der romantische Tourismus schafft die Utopie dadurch ab, daß er sie realisiert. Der touristische Blick romantisiert, monumentalisiert und verewigt alles, worauf er gerichtet ist. Und die Stadt paßt sich an diese realisierte Utopie an – an den Medusen-Blick des romantischen Touristen.

Die Monumente einer Stadt stehen nämlich nicht immer schon da und warten auf den Touristen, um von ihm gesehen zu werden, sondern erst der Tourismus schafft diese Monumente. Erst durch den Tourismus wird eine Stadt monumentalisiert – erst vor dem Blick des Touristen auf der Durchreise wird der ständig fließende, ständig sich verändernde städtische Alltag zum monumentalen Bild der Ewigkeit. Und die Zunahme des Tourismus bedeutet auch eine zunehmende Geschwindigkeit der Monumentalisierung. Wir erleben heute eine Explosion der Ewigkeit oder, genauer gesagt, der Verewigung in unseren Städten. Heute sind es nicht nur anerkannte Monumente wie etwa der Eiffelturm oder der Kölner Dom, die uns aufbewahrungswürdig zu sein scheinen, sondern alles, bei dem wir das vertraute Gefühl haben: Ach, es war doch immer so und wird immer so sein. Auch wenn man etwa nach New York und in die South Bronx fährt und sieht, wie dort Drogendealer aufeinander schießen oder zumindest so aussehen, als würden sie gleich aufeinander schießen, bekommt diese Szene die Würde des Monumentalen. Man denkt: Ja, hier war es immer so und wird es immer so sein: diese malerischen Jungs und diese romantischen Stadtruinen und diese überall lauernde Gefahr. Und wenn man dann später in den Zeitungen liest, daß die Gegend saniert werden soll, ist man bestürzt und empfindet die gleiche Trauer, wie wenn man erfahren würde, daß der Kölner Dom oder der Eiffelturm gesprengt würden, um durch ein Kaufhaus ersetzt zu werden. Man denkt: Hier wird ein Stück authentischen, eigenartigen, anderen Lebens zerstört, hier wird alles erneut plattgemacht und banalisiert, hier geht das Monumentale und Ewige unwiderruflich verloren. Aber diese Trauer ist verfrüht. Denn wenn man nach der Sanierung wieder in die gleiche Gegend fährt, denkt man: Wie ist hier alles doch wunderbar platt, häßlich, banal – hier war es offensichtlich immer schon so platt und wird es immer so sein. Damit wird die Gegend remonumentalisiert, weil das Alltägliche und Banale auf der Durchreise als genauso monumental erlebt wird wie das Außergewöhnliche. Nicht die innere Qualität eines Monuments entscheidet über seine Monumentalität, sondern diese Monumentalität ergibt sich allein aus dem ständigen Spiel der Monumentalisierung, Demonumentalisierung und Remonumentalisierung, das durch den Blick des romantischen Touristen in Gang gesetzt wird.

Zum ersten Mal wird die Figur des global reisenden Touristen auf der Suche nach ästhetischen Erlebnissen übrigens bei Kant philosophisch thematisiert – und zwar in seiner Theorie des Erhabenen (in der »Kritik der Urteilskraft«[1]). Der romantische Tourist ist demnach derjenige, der sogar seinen eigenen Untergang als ein mögliches Reiseziel erkennt – und gleichzeitig als ein erhabenes Ereignis zu erleben imstande ist. Als Beispiele für das mathematisch Erhabene wählt Kant Berge oder Ozeane, die den normalen Maßstab des menschlichen Vorstellungsvermögens zu übersteigen scheinen. Für das dynamisch Erhabene nennt er gewaltige Naturereignisse wie Stürme, Vulkanausbrüche und sonstige Katastrophen, die durch ihre überragende Gewalt unser Leben direkt bedrohen, als Beispiele. Nun sind diese Bedrohungen, zu denen der romantische Tourist reist, aber nicht als solche erhaben – so wie die städtischen Monumente nicht als solche monumental sind. Die Erhabenheit liegt nach Kant in »keinem Dinge der Natur«, sondern im »Vermögen, welches in uns gelegt ist«, die Dinge, die uns bedrohen, ohne Furcht zu beurteilen und zu genießen.[2] Das Subjekt der unendlichen Vernunftsideen ist also für Kant vor allem ein Tourist, der immer wieder das Ungewöhnliche, das Enorme und die Gefahr sucht, um seine Überlegenheit, seine Erhabenheit der Natur gegenüber unter Beweis zu stellen. Nun verweist Kant an einer anderen

Stelle seiner Schrift aber zugleich darauf, daß etwa Alpenbewohner, die ihr ganzes Leben in den Bergen verbracht haben, diese keineswegs als erhaben betrachten und »alle Liebhaber der Eisgebirge ohne Bedenken für Narren« halten. Der Blick des romantischen Touristen blieb also zu Zeiten Kants dem Blick des bäuerlichen Bergbewohners immer noch radikal fremd. Der Tourist verfügt über einen globalisierten Blick, für den etwa die Figur des Schweizer Bauern als Teil der Landschaft fungiert – und ihn deswegen gar nicht stört. Und für den Schweizer Bauern, der sich mit seiner unmittelbaren Umgebung beschäftigt und für sie Sorge trägt, ist der romantische Tourist ein Narr, ein Idiot, den er eigentlich nicht ernst nehmen kann. Inzwischen hat sich allerdings die Situation, wie wir wissen, wieder einmal völlig geändert. Auch wenn die jeweilige Bevölkerung einer Region den international reisenden Touristen nach wie vor für einen Narren hält, fühlt sich diese Bevölkerung – sicherlich vor allem aus ökonomischen Gründen – zunehmend verpflichtet, sich den globalisierten Blick, der auf sie selbst gerichtet ist, anzueignen und ihre eigene Lebensweise dem ästhetischen Geschmack des Besuchers, des Reisenden, des Touristen anzupassen. Und nicht nur das: Auch die Bergbewohner beginnen zu reisen und werden ihrerseits zu Touristen.

3. Die Zeit, in der wir jetzt leben, ist also eine Zeit des postromantischen, d. h. des komfortablen und zugleich des totalen Tourismus, der eine neue Phase in der Geschichte des Verhältnisses zwischen dem städtischen Utopos und der Topographie dieser Erde markiert. Diese neue Phase ist eigentlich leicht zu charakterisieren: Nicht nur einzelne romantische Touristen, sondern alle möglichen Menschen, Dinge, Zeichen und Bilder, die allen möglichen lokalen Kulturen entstammen, beginnen, ihre angestammten Orte zu verlassen und begeben sich auf eine Weltreise. Die strenge Opposition zwischen dem global reisenden romantischen Touristen und der lokal gebundenen seßhaften Bevölkerung verschwindet. Die Stadt wartet nicht mehr auf den Touristen – sie beginnt

selbst, global zu zirkulieren, sich weltweit zu reproduzieren, sich in alle Richtungen auszubreiten. Und dabei bewegt sich und reproduziert sich die Stadt deutlich schneller, als der individuelle romantische Tourist sich zu bewegen vermag. Diese Tatsache ruft die heute weitverbreitete Klage hervor, daß sich alle Städte zunehmend ähneln, daß sie sich homogenisieren – daß man, wenn man als Tourist in eine neue Stadt kommt, dort das Gleiche sieht, was man immer schon in allen anderen Städten gesehen hat. Diese Erfahrung der Ähnlichkeit aller heutigen Städte untereinander legt dem Beobachter oft den falschen Schluß nahe, daß die lokalen kulturellen Besonderheiten, Identitäten und Differenzen im Prozeß der Globalisierung verschwunden sind. In Wahrheit sind sie nicht verschwunden, sondern haben sich ihrerseits auf die Reise gemacht – und begonnen, sich weltweit zu reproduzieren und zu verbreiten.

Längst können wir die chinesische Küche nicht mehr nur in China, sondern auch in New York, in Paris und in Dortmund genießen. Und wenn man sich dabei fragt, in welchem kulturellen Kontext die chinesische Küche am besten schmeckt, so muß die Antwort nicht unbedingt »China« lauten. Wenn wir also heute nach China kommen und die chinesischen Städte meistens nicht als exotisch erleben, dann liegt es keineswegs allein daran, daß diese Städte etwa von der internationalen modernen Architektur westlichen Ursprungs geprägt sind, sondern auch daran, daß vieles »authentisch Chinesische«, was man dort sieht, einem Besucher aus Amerika oder Europa schon vertraut ist, weil er dieses Chinesische in seiner eigenen Stadt erleben konnte. Das Lokale verschwindet also nicht – vielmehr wird es global. Die Unterschiede zwischen den Städten werden zu innerstädtischen Unterschieden. Es entsteht eine globale Weltstadt, die das globale Dorf ersetzt. Diese Weltstadt fungiert als eine Maschine der Reproduktion, die alles Lokale, das in einer bestimmten Stadt entsteht, relativ schnell in allen anderen Städten der Welt reproduziert. So werden sich unterschiedliche Städte mit der Zeit mehr und mehr ähnlich, ohne daß dabei eine bestimmte Stadt für alle anderen Städte als Modell dienen würde. Wenn in einem bestimmten Stadtteil von New York eine neue Variante von Rap-Musik auftaucht, beginnt sie schnell, den Klangraum anderer Städte zu beeinflussen – aber auch eine neue Sekte in Indien reproduziert ihre Ashrams schnell und verbreitet sie über die ganze Welt.

Vor allem aber verbringen die Künstler und Intellektuellen von heute ihre meiste Zeit auf der Durchreise – von einer Ausstellung zur anderen, von einem Projekt zum anderen, von einem Vortrag zum anderen, von einem lokalen kulturellen Kontext zum anderen. Von jedem einzelnen aktiven Teilnehmer der heutigen Kulturszene wird erwartet, daß er seine Produktion einer globalen Öffentlichkeit anbietet und bereit ist, ständig von einem Ort zum anderen zu ziehen und seine Arbeit überall gleich überzeugend zu präsentieren. Mit diesem Leben auf Durchreise sind sowohl Hoffnungen wie auch Ängste verbunden. Zunächst einmal bietet sich dem Künstler die Möglichkeit, dem Druck eines lokal herrschenden Geschmacks auf relativ schmerzlose Weise zu entgehen. Dank der heutigen Kommunikationsmittel kann der Künstler nach Gleichgesinnten überall auf der Welt suchen, statt zu versuchen, sich dem Geschmack und den kulturellen Orientierungen seiner unmittelbaren Umgebung anzupassen. Damit ist übrigens auch der Zustand einer gewissen Entpolitisierung der heutigen Kunst zu erklären, der heutzutage so oft beklagt wird. Der Künstler von früher, der kein Verständnis für sein Werk innerhalb seiner lokalen Kultur finden konnte, projizierte seine Hoffnungen vor allem auf die Zukunft – auf politische Veränderungen, die einen neuen, zukünftigen Betrachter ins Leben rufen sollten. Heute hat der utopische Impuls seine Richtung gewechselt: Man sucht nach Anerkennung nicht in der Zeit, sondern im Raum. Die Globalisierung hat die Zukunft als Ort der Utopie abgelöst. Statt einer avantgardistischen Politik der Zukunft praktiziert man heute eine Politik der Reise, der Wanderung, des Nomadentums, die aber die utopische Dimension wieder einführt, die in den Zeiten des romantischen Tourismus verloren zu sein schien.

Und das bedeutet: Als Reisende beobachten wir heute nicht so sehr unterschiedliche lokale Kontexte, sondern vielmehr andere Reisende im Kontext einer globalen, permanenten Reise, die mit dem Leben in der Weltstadt identisch geworden ist. Auch die heutige städtische Architektur beginnt schneller zu reisen als ihre Betrachter. Sie ist fast immer – oder zumindest meistens – schon da, wo die Touristen erst noch ankommen müssen. Im Geschwindigkeitswettbewerb zwischen Tourist und Architektur verliert heute der Tourist. So ärgert den Touristen die Tatsache, daß er überall auf die gleiche Architektur trifft, doch gleichzeitig beobachtet und bewundert er, wie erfolgreich sich eine bestimmte Architektur in sehr unterschiedlichen kulturellen Kontexten durchzusetzen vermag. Wir sind heute bereit, vor allem diejenigen künstlerischen Strategien ästhetisch reizvoll und überzeugend zu finden, die imstande sind, eine Kunst zu produzieren, die sich weltweit, in den unterschiedlichsten kulturellen Kontexten und unter den unterschiedlichsten Bedingungen der Wahrnehmung gleichermaßen gut behaupten kann. Was uns heute fasziniert, sind gerade nicht die lokal bedingten Differenzen und kulturellen Identitäten, sondern die künstlerischen Formen, die ihre eigene Identität und Integrität überall gleich behaupten können. Da wir alle zu Touristen geworden sind und somit nur andere Touristen beobachten können, bewundern wir bei allen Dingen, Bräuchen und Verfahren vor allem ihre Fähigkeit zur Reproduktion, zur Verbreitung, zur Selbsterhaltung, zum Überleben unter unterschiedlichsten lokalen Bedingungen.

Die Strategien des postromantischen, totalen Tourismus lösen heute somit die alten Strategien der Utopie und der Aufklärung ab. Überkommene Architektur- und Kunststile, politische Vorurteile, religiöse Mythen und traditionelle Bräuche sind heute nicht mehr dazu da, um im Namen des Universalen überwunden, sondern um touristisch reproduziert und weltweit verbreitet zu werden. Die heutige Weltstadt ist homogen, ohne universal zu sein. Früher glaubte man, erst dann universal denken und schaffen zu können, wenn man sich als imstande erweist, seine eigene, lokale Tradition im Namen des Universalen und Allgemeingültigen zu transzendieren. Deswegen war die Utopie der radikalen Avantgarde reduktionistisch: Zunächst einmal wollte man zu einer reinen, elementaren Form kommen, die alles Historische und Lokale abstreift, um dann für diese Form eine universale, globale Geltung zu beanspruchen. So ist die Kunst des klassischen Modernismus verfahren – erst die Reduktion auf das Wesentliche, dann die weltweite Verbreitung. Die heutige Kunst und Architektur verbreitet sich dagegen global, ohne eine solche Reduktion auf das Wesentliche und Allgemeingültige zu vollziehen. Die Möglichkeiten der globalen, universalen Vernetzung, Mobilität, Reproduktion und Verbreitung haben die traditionelle Forderung nach der Universalität der Form oder des Inhalts obsolet gemacht. Heute kann sich jede kulturelle Form verbreiten, ohne daß von ihr verlangt wird, von sich selbst einen Anspruch auf Universalität zu erheben. Die Universalität des Denkens wird durch die Universalität der medialen Verbreitung eines jeden lokalen Gedankenguts ersetzt. Die Universalität der künstlerischen Form wird durch die globale Reproduktion einer jeden lokalen Form ersetzt. Als Folge wird der heutige Betrachter ständig mit der gleichen urbanen Umgebung konfrontiert, ohne daß man zugleich sagen könnte, die formale Beschaffenheit dieser Umgebung sei in irgendeinem Sinne »universal«. In den Zeiten der Postmoderne wurde die Architektur, die in der Nachfolge des Bauhauses praktiziert wurde, als eine monotone und reduktionistische kritisiert – als eine Architektur, die alle lokalen Identitäten einebnet und auslöscht. Heute verbreitet sich aber jeder lokale Stil genauso global, wie sich früher allein der internationale Stil verbreitet hat. So entsteht infolge des totalen Tourismus eine Homogenität ohne Universalität – eine wirklich neue, eine genuin gegenwärtige Entwicklung. Wir haben es also im Kontext des totalen Tourismus erneut mit einer Utopie zu tun, aber mit einer Utopie, die sich von der statischen Utopie der Stadt radikal unterscheidet, die sich von der übrigen Topographie, vom übrigen Land abgrenzt. So leben wir heute in einer Weltstadt, in der Wohnen und Reisen identisch geworden sind – und der Unterschied zwischen Bewohnern und Besuchern nicht mehr wahrnehmbar ist. Die Utopie der ständigen globalen Bewegung hat somit die Utopie einer ewigen universalen Ordnung abgelöst. Dementsprechend hat sich auch die dystopische Dimension dieser Utopie geändert – terroristische Zellen und neue Drogen reproduzieren sich in allen Städten der Welt genauso schnell wie etwa Prada-Boutiquen.

Nun haben interessanterweise schon einige radikale Utopisten der russischen Avantgarde am Anfang des zwanzigsten Jahrhunderts Projekte für Städte der Zukunft entworfen, in denen alle Wohnungen und Häuser erstens gleichförmig und zweitens beweglich sein sollten. Auf eine wunderbare Weise wird hier die touristische Reise selbst zum Reiseziel. So schlug der Dichter Welimir Chlebnikow vor, alle Bewohner Rußlands in bewohnbare gläserne Zellen auf Rädern zu plazieren, damit sie überallhin fahren und alles sehen – und zugleich auch ungehindert gesehen werden können. Der Tourist und der Stadtbewohner werden dadurch identisch – und alles, was ein Tourist überhaupt betrachten kann, sind andere Touristen. Kasimir Malewitsch hat übrigens das Projekt von Chlebnikow insofern weitergeführt, als er suggerierte, jeden Menschen in ein individuelles kosmisches Schiff zu setzen, so daß er ständig im Kosmos schweben und von einem Planeten zum anderen fliegen kann. Der Mensch wird hier endgültig zu einem ewigen Touristen, der ständig auf Reisen ist und dadurch selber – isoliert in seiner individuellen und stets sich selbst identischen Zelle – zu einem Monument wird. Das ist eine Vision, die man z. B. auch in der bekannten Fernsehserie »Raumschiff Enterprise« findet, wo das Raumschiff zu einem sich ständig bewegenden, utopischen oder monumentalen Raum wird, der sich über die unzähligen Episoden dieser Serie hinweg nie ändert, obwohl – oder gerade weil – er sich ständig mit Lichtgeschwindigkeit bewegt. Die Utopie tritt hier auf als Überwindung der Opposition zwischen Bleiben und Reisen, Seßhaftigkeit und Nomadentum, Komfort und Gefahr, Stadt und ländlicher Umgebung – als Schaffung eines totalen Raums, in dem die Topographie der Erdfläche mit dem Utopos der ewigen Stadt identisch wird.

Diese utopische Überwindung der Topographie wurde übrigens auf sehr eindrucksvolle Weise bereits in der Zeit der Romantik gedacht. Das belegt eine Stelle aus der Schrift »Ästhetik des Häßlichen« (1853) des Hegel-Schülers Karl Rosenkranz: »Nehmen wir z. B. unsere Erde, so würde sie, um als Masse schön zu sein, eine vollkommene Kugel sein müssen. Das ist sie aber nicht. Sie ist angeplattet an den Polen und geschwellt am Äquator, außerdem auf ihrer Oberfläche von der größten Ungleicheit der Erhebung. Ein Profil der Erdrinde zeigt uns, bloß stereometrisch betrachtet, das zufälligste Durcheinander von Erhebung und Vertiefung in den unberechenbarsten Umrissen. So können wir auch von der Oberfläche des Mondes nicht sagen, daß sie mit ihrem Gewirr von Höhen und Tiefen schön sei usw.«[3] Die Menschheit war in der Zeit, als dieser Text entstanden ist, von der Möglichkeit der Raumfahrt technisch noch weit entfernt. Das Subjekt der globalen ästhetischen Betrachtung wird hier aber trotzdem im Geiste einer avantgardistischen Utopie oder eines Science-fiction-Films als ein Außerirdischer dargestellt, der mit einem Raumschiff aus dem All kommt und aus einer komfortablen Distanz heraus das Aussehen unseres Sonnensystems ästhetisch beurteilt. Dabei wird diesem Außerirdischen freilich unterstellt, daß er einen ausgesprochen klassizistischen Geschmack hat und deswegen unsere Erde und ihre unmittelbare Umgebung nicht als besonders schön empfindet. Doch wie auch immer sein ästhetisches Urteil ausfallen mag, eines ist klar: Hier manifestiert sich bereits der Blick eines vollendeten Stadtbewohners, der sich im Utopos des schwarzen kosmischen Raums ständig bewegt und auf die Topographie dieser Welt aus einer touristischen, ästhetischen Distanz schaut.

Versklavte Götter: Kino und Metaphysik

Es ist nicht zu übersehen: Während sich der europäische Film meistens um das Menschliche, Allzumenschliche kümmert, werden gerade die Mainstream-Hollywood-Filme mit der Zeit zunehmend metaphysisch. Sie beschäftigen sich mit Göttern, Dämonen, Aliens und denkenden Maschinen. Und die Helden dieser Filme werden vor allem von der Frage angetrieben, wer oder was sich hinter dem Schein der sichtbaren Welt verbergen mag. Damit geht Hollywood offensichtlich dazu über, die seit jeher verbreitete Kritik an der Kinoindustrie zum eigenen Thema zu machen – und zugleich zu radikalisieren. Diese Kritik hat bekanntlich moniert, daß die Kinoindustrie eine verführerische Illusion für uns erzeugt – eine schön aussehende Weltinszenierung, die die Aufgabe hat, die häßliche Realität zu kaschieren, zu verbergen, zu verleugnen. Nun behaupten viele neue Hollywood-Filme eigentlich nichts anderes. Allerdings wird dabei nicht so sehr der kinematographisch erzeugte »schöne Schein«, sondern vielmehr die ganze alltägliche, »reale« Welt als eine einzige Inszenierung vorgeführt. Diese sogenannte Realität wird in Filmen wie »Truman Show« oder, noch konsequenter, in »Matrix« als eine immer schon laufende »Reality Show« präsentiert, die in einem unter der Oberfläche der Welt verborgenen jenseitigen Studio mit quasikinematographischen Mitteln produziert worden ist. Der Held solcher Filme ist ein Aufklärer, ein Medienkritiker und zugleich ein Privatdetektiv, der nicht bloß die Kultur, in der er lebt, sondern seine ganze alltägliche Welt als eine künstlich erzeugte Illusion entlarven will.

Hollywood reagiert also auf den gegen es gerichteten Verdacht der ästhetischen Manipulation, indem es einen viel älteren und tiefergehenden metaphysischen Verdacht reaktiviert – den Verdacht, daß die ganze wahrnehmbare Welt selbst ein Film sein könnte, der in einem jenseitigen Meta-Hollywood gedreht worden ist. In diesem Fall wäre jeder Hollywood-Film »wahrer« als jede Wirklichkeit, denn die Wirklichkeit zeigt uns üblicherweise weder ihren eigenen künstlichen Charakter noch ihr Jenseits. Der neue Hollywood-Film dagegen entwirft, indem er seine eigenen Verfahren reflektiert, eine neue Metaphysik, die den Schöpfungsakt als Studioproduktion interpretiert. Und damit ist der Hollywood-Film dem Gros der sonstigen aktuellen Kultur weit voraus. Denn ob der Hollywood-Film mit seinem Entwurf der Metaphysik recht hat oder nicht, ist weniger relevant als die Tatsache, daß dadurch das Jenseits der Welt wieder angesprochen wird. Dagegen genießt die Metaphysik in den früher für sie zuständigen kulturellen Milieus bekanntlich zur Zeit keinen guten Ruf. Vielmehr ist gerade in diesen Milieus die Rede von der »Destruktion« oder »Dekonstruktion« der Metaphysik beinahe zur Selbstverständlichkeit geworden – während die ganze Hoffnung auf ein Wissen über die Beschaffenheit der Welt auf die naturwissenschaftlichen Erkenntnisse projiziert wird.

Nun aber: Was ist die Metaphysik? Sie ist ein diskursiver Raum, in dem der Verdacht formuliert werden kann, daß die Welt, in der wir leben, möglicherweise keine »natürliche«, sondern eine gemachte, hergestellte, künstliche Welt ist. Und ist dieser Verdacht berechtigt, dann reichen die Naturwissenschaften allerdings nicht aus, um zu ermitteln, was diese unsere Welt ist, denn die Naturwissenschaften beschäftigen sich nur mit der Natur – und nicht mit der Kunst. Wenn also die Natur selbst als Kunstwerk gedacht werden kann, bekommen die physikalischen Naturwissenschaften ihre meta-physische Grenze. Die Rede darüber, was hinter dieser Grenze passieren mag und ob dort Götter, Dämonen, Übermenschen, das Proletariat oder Maschinen am Werke sind, läßt sich bekanntlich nicht wissenschaftlich überprüfen. Aber genauso wenig läßt sich diese Rede widerlegen oder de(kon-)struieren, denn jeder Akt einer solchen Widerlegung oder De(kon-)struktion bleibt seinerseits metaphysisch. Man kann also nur nach psychologischen Gründen für die herrschende antimetaphysische Stimmung fragen, denn vernünftige, d.h. beweisbare Gründe gibt es dafür nicht.

Auf den ersten Blick scheint diese Stimmung extrem rätselhaft zu sein, denn sie widerspricht eklatant unserer täglichen Erfahrung. Wir haben nämlich heutzutage meistens mit gemachten, künstlichen Dingen zu tun, und so scheint es naheliegend, zu denken, daß auch die Welt im ganzen eine künstliche sein könnte. Darüber hinaus sind die Naturwissenschaften heute ausgesprochen technikabhängig und damit »konstruktivistisch« geworden. Das bedeutet: Die Naturwissenschaften glauben von sich aus immer weniger an die Natur und immer mehr an die Künstlichkeit ihrer eigenen Theorien. Der Glaube an die Natur, an die Physis und an das Sein hat heute seinen Ort vielmehr in den Human- oder Kulturwissenschaften, die die Kultur zunehmend als »zweite Natur« verstehen – und zwar durchaus nicht zufällig gerade in der Zeit, in der die Naturwissenschaften sich ihrer Künstlichkeit bewußt geworden sind. So de(kon-)struieren die Kulturwissenschaften alles das, was die Naturwissenschaften konstruiert haben. Man redet, wie Derrida, über die Schrift jenseits des Schreibens. Oder über das Spiel der Signifikanten jenseits des Akts der Signifikation. Oder über die Technik, die uns die Welt erschließt, ohne zu fragen, wie diese Technik durch die industrielle Arbeit überhaupt zustandegekommen ist. Damit wird deutlich, aus welcher Perspektive die heutigen Kulturwissenschaften sprechen: Aus der Perspektive nicht des Produzenten, sondern aus derjenigen des Konsumenten.

Der Konsument ist nämlich derjenige, der notwendigerweise die Kunst als (zweite) Natur (miß-)versteht. Der Konsument versteht die ganze Welt als Angebot, an die er seine Nachfrage anpassen muß – wobei dieser Prozeß zugleich als angenehm und schmerzlich empfunden wird. Das Angebot ist die Lichtung, in die der Konsument hineinblickt – wenn auch nicht ohne die Vorahnung einer möglichen späteren Enttäuschung. Und in bezug auf die Welt, die als Angebot verstanden wird, scheint die Frage irrelevant zu sein, ob dieses Angebot künstlich erzeugt oder natürlich entstanden ist. Die Entscheidung, zu konsumieren oder nicht zu konsumieren, unterscheidet nicht zwischen Künstlichem und Natürlichem: Sie bezieht sich gleichermaßen auf alles das, was unverborgen anwesend ist. Früher war eine solche pure Konsumentenperspektive freilich eine exklusive, eine aristokratische, eine privilegierte. Nun aber sind diese Zeiten vorbei. In der Epoche des Massenkonsums ist die Unterscheidung zwischen Natur und Kunst für die überwiegende Masse uninteressant geworden. Die heutige Masse ist eine konsumierende Masse – keine arbeitende Masse mehr. Früher war die Produktion vergesellschaftlicht, und der Konsum – individuell. Heute ist die Arbeit extrem spezialisiert, individualisiert: Sie trennt uns von der Masse, wobei der Konsum uns mit der Masse verbindet. Dabei hat sich die Konsumperspektive inzwischen auf die Arbeit selbst übertragen: Der heutige Arbeiter versteht sich als Arbeitnehmer, d.h. als Konsument von Arbeit, der sich freut, wenn es viel Arbeit gibt, und der traurig wird, wenn die Arbeit knapp wird. Nicht zufällig wird man heutzutage immer wieder mit einer seltsamen Frage konfrontiert: Macht Ihnen Ihre Arbeit Spaß? Nun kann die Arbeit offensichtlich erst dann Spaß machen, wenn sie keine Arbeit mehr ist, sondern zu einem Konsumgut unter vielen anderen geworden ist. Deswegen gehen die heutigen Human- und Kulturwissenschaften quasi-automatisch von der Konsumentenperspektive aus. Sie unterscheiden nicht mehr zwischen Kunst und Natur, sondern sehen die Kultur als zweite Natur, die ihnen ihre Früchte wie Computer, Flugzeuge oder Handys anbietet – und zugleich aufzwingt. Schon vor dem Zweiten Weltkrieg hat Ortega y Gasset in seiner Schrift »Der Aufstand der Massen« diese Entwicklung des Massenbewußtseins zum Verständnis der Kultur als einer zweiten Natur diagnostiziert. Heute beherrscht dieses Verständnis nicht nur unser alltägliches Bewußtsein, sondern auch unsere Kulturtheorie. Die Repräsentanten dieser Konsumperspektive predigen Gelassenheit, halb-verzücktes, halb-enttäuschtes Einverständnis mit dem vorhandenen

Angebot und Verachtung in bezug auf alle metaphysischen Fragen.

Trotzdem – die friedliche Gelassenheit täuscht. Der Verdacht läßt sich nicht austreiben, daß die zweite Natur doch Kunst sein könnte und nicht bloß »Kultur« – verstanden als bloße agrotechnische Erweiterung des traditionellen Naturbegriffes. Und das bedeutet: Das Gespenst der Arbeit läßt sich nicht austreiben, denn alles Künstliche wird durch die Arbeit produziert, sei sie göttliche Schöpfung oder proletarische, mechanische Arbeit. Hier handelt es sich allerdings nicht mehr um eine als ein weiteres knappes Konsumgut verstandene Arbeit, sondern um die metaphysische Arbeit an der Herstellung der Welt – die Arbeit, die aus der Konsumentenperspektive notwendigerweise übersehen wird. Diesen radikalisierten Begriff von Arbeit hat Hegel in seiner Dialektik des Verhältnisses zwischen Herr und Knecht vortrefflich thematisiert – für seinen späteren Kommentator Alexandre Kojève bildet das Verhältnis zwischen Herrn und Knecht sogar den eigentlichen Kern der ganzen Hegelschen Dialektik. Die Dialektik dieses Verhältnisses besteht bekanntlich darin, daß der Herr, der sein Leben im Kampf um Anerkennung siegreich riskiert, denjenigen zu seinem Sklaven macht, der es vorgezogen hat, in der Niederlage zu leben, anstatt im Kampf zu sterben. Die Funktion des Sklaven besteht darin, die Wünsche des Herrn zu befriedigen – d. h. für ihn eine Welt zu schaffen, die dieser gelassen konsumieren kann. Nun aber erweist sich der Sklave als imstande, die Wünsche des Herrn und seine Welt so zu manipulieren, daß der Herr zum künstlichen Leben in dem Kunstwerk verurteilt wird, das der Sklave für ihn konstruiert hat – und deswegen auch vollständig beherrscht. Der Herr wird zum Sklaven seines Sklaven. Und so kann auch die konsumierende Herrenmasse, die die moderne Menschenmasse ihrem Wesen nach ist, nicht umhin, die Herrschaft der verborgenen Arbeit, die aber jetzt von einzelnen geleistet wird, zu spüren – und zu hassen. Die statistischen Relationen haben sich seit Hegels Zeiten umgekehrt: Die Mehrheit wird heute durch den Konsum konstituiert, und die Minderheit –

durch die Arbeit. Doch der alte Haß bleibt – der Haß des Konsumenten auf die ihn heimlich manipulierende Arbeit, der hinter der äußeren Gelassenheit deutlich spürbar bleibt.

Die alten Götter sind nicht tot. Sie sind vielmehr versklavt worden – durch den heroischen Kampf der Aufklärung. Und sie sind versklavt worden, gerade weil sie – wegen ihrer Unsterblichkeit – ihr Leben nicht im Kampf verlieren können, sondern dazu verurteilt sind, auch in der Niederlage weiterzuleben. Der Versuch Nietzsches, Gott durch die Annahme seiner Sterblichkeit eine aristokratische Würde zu verleihen, ist fehlgeschlagen. Die Götter kennen, im Unterschied zu den Menschen, keinen Begriff der Würde, denn sie sind unfähig, ihr Leben aufs Spiel zu setzen. Genausowenig hat übrigens der Autor, der mit dem Weiterleben seiner Werke rechnet, eine Würde – auch wenn er in der Welt als Mensch lebt. Deswegen war auch Foucaults Ankündigung des Todes des Autors für den Autor viel zu schmeichelhaft – und damit auch voreilig. So verharren die Götter und sonstigen Autoren auch nach dem Sieg der Aufklärung in ihrer unwürdigen Existenz. Diese unwürdige, sklavenhafte und zugleich vampirische Existenz ist aber so monströs, für die Augen und Ohren des siegreichen Konsumenten so unerträglich und somit so radikal metaphysisch geworden, daß man lieber – nach dem berühmten Wort Wittgensteins – darüber schweigt. Die Frage nach dem Kreator, dem Arbeiter, dem Autor ist deswegen in den vornehmen Kreisen heutzutage verboten – oder vielmehr unterdrückt, verdrängt. Die heute herrschende philosophisch korrekte Ideologie verlangt von uns, das Angebot ohne den Anbieter, die Technik ohne den Techniker, die Kunst ohne den Künstler zu denken. Sogar die bekannten, von der neuzeitlichen Philosophie entworfenen Figuren der Ersatz-Autoren wie Natur, Sein, Schicksal oder Zufall scheinen dem heutigen Denken immer noch zu auktorial zu sein. Wir haben es hier mit einer eigentümlichen Askese zu tun, die von einem vornehmen, philosophisch geschulten Konsumenten verlangt, nicht über die versklavten Götter zu reden, die diesem Konsumenten die Welt anbieten müssen, um seine Wünsche erfüllen zu dürfen. In dieser Askese manifestiert sich sicherlich immer noch ein bestimmter Respekt vor den Göttern. Aber zugleich kündigt sich in ihr weiterhin die alte Angst an, immer noch als Sklave der versklavten Götter zu leben. Der Sieg der Aufklärung ist inzwischen schon Geschichte geworden – und damit auch nur eine Erzählung, eine Legende, ein Gerücht. So entsteht die Angst, daß dieser Sieg vielleicht gar nicht stattgefunden hat oder nichtig war, und daß die postaufklärerischen, post-säkularen Sklaven-Götter entsprechend der Hegelschen Dialektik insgeheim durch Simulation und Manipulation nach wie vor herrschen – und deswegen auch noch viel schwerer als früher zu bekämpfen sind.

Nun äußert sich diese Angst, die der Philosoph gelernt hat, erfolgreich zu unterdrücken, um so deutlicher in der heutigen Massenkultur. Vor allem im Hollywood-Film wird immer wieder der Kampf zwischen einem Helden, der die siegreiche Aufklärung vertritt, und einer finsteren, unsichtbaren, sklavenhaft manipulierenden Macht inszeniert. Diese Macht ist in der Regel äußerst kreativ und technisch versiert. In unablässiger Arbeit kreiert diese Macht wunderbare Waffen, komplizierte Kommunikationssysteme und vor allem unglaublich raffinierte Täuschungsverfahren. Der Held ist dagegen meistens gutherzig und lediglich durchschnittlich intelligent, wenn auch körperlich fit. Dieser Held ist ein paradigmatischer Aufklärer und Konsument. Doch vor allem ist er jederzeit bereit, sein Leben im Kampf zu riskieren: Er hat Würde. Somit ist er aber für eine systematische Arbeit völlig ungeeignet. Der Held ist nur dazu fähig, in kürzester Zeit alles gründlich zu zerstören, was die finstere Macht durch langjährige Arbeit allmählich akkumuliert hat. Nach der Intervention des Helden bleiben von all den wunderbaren Kreationen dieser finsteren Macht nur Ruinen. Es handelt sich hier also um die heroische Variante des Konsums als solchem. Das Verhältnis zwischen Produzenten und Konsumenten ist überhaupt durch eine gewisse Asymmetrie der Zeitbedingungen charakterisiert, unter denen Produktion und Konsum stattfinden. Der Konsument ist nämlich dazu fähig, fast augenblicklich all das zu konsumieren – oder zumindest zu kaufen – was der Produzent infolge der zeitlich ausgedehnten Arbeit geschaffen hat. Der heutige Kinoheld ist also ein radikaler Konsument, der seinen Konsum unter Einsatz seines Lebens im »Mortal Combat« mit dem Produzenten vollzieht. In diesem entscheidenden Lebenskampf manifestiert sich der Konsum als das, was er seinem Wesen nach ist, d.h. als eine restlose Zerstörung von allem Produzierten – und damit als Entmachtung der geheimen Macht des Produzenten. Im »Mortal Combat« zwischen der kreativen, manipulativen, simulativen, »auktorialen« finsteren Macht und dem lichtstrahlenden Konsumenten, den der heutige Film immer wieder inszeniert, werden die Götter immer erneut besiegt – durch einen erneuten Einsatz des Heldenlebens. So feiert die heutige konsumierende Masse einen neuen Helden, der in ihrem Namen Götter, Dämonen, Tyrannen und Arbeiter ausfindig macht und immer erneut versklavt – auf daß sich die Kunst, verstanden als zweite Natur, immer weiter unverdächtig konsumieren und genießen lasse.

Der Produzent kann dabei durch eine verbrecherische Organisation wie in den James-Bond-Filmen oder durch die tüchtigen, in ihrem Wissen weit fortgeschrittenen Aliens wie in unterschiedlichen Science-fiction-Filmen repräsentiert werden – in jedem Fall sieht er äußerlich niemals gut aus. Der Produzent muß nämlich viel arbeiten, viel Zeit und viel Können investieren, um seine finsteren Pläne der geheimen Welterschaffung und Weltbeherrschung zu entwickeln und zu verwirklichen. Es gibt keine Erscheinung, die so trist wäre wie die Erscheinung des Autors inmitten einer von ihm kreierten Welt. Immer sieht er angestrengt, ungesund, ungepflegt, unschön, unsportlich, körperlich monströs, insgesamt lächerlich – also eigentlich richtig unmenschlich aus. Dagegen sieht der paradigmatische Konsument, d.h. der paradigmatische Mensch, in der Regel gesund und insgesamt toll aus – er ist gut gepflegt, körperlich fit, mit lässigen Manieren, modebewußt und humorvoll. Das ist übrigens keine so neue Entwicklung: Die alten Götter sahen auch nicht besonders gut aus –

bis sie dank der Fitneßclubs der griechischen Antike in eine menschliche, d. h. sportliche Form gebracht worden sind. Doch um die gleiche Zeit und aus dem gleichen Grund sind sie auch arbeitslos geworden. In neueren Filmen sieht ein Autor, sei er als Vampir, als Alien oder bloß als Verbrecher dargestellt, nur dann gut aus, wenn er sich hinter der angenehmen, aber täuschenden Maske eines erfolgreichen Konsumenten verbirgt, die er künstlich hergestellt hat, um seine wahre Natur zu verbergen. Aber irgendwann wird ihm diese Maske entrissen – und so kann die Welt endlich das widerwärtige, monströse, kranke, entartete Gesicht des Autors erblicken. Das ist ein Gesicht, das weder mit Nivea noch mit Shiseido je in Berührung gekommen ist. Und wenn Spielberg in »E. T.« und Lucas in »Star Wars« aus allzu durchsichtigen Gründen immer noch versucht haben, uns mit dem Anblick des metaphysischen Autors zu versöhnen, blieben sie eine große Ausnahme: Die Filmgeschichte zeigt uns, daß das Kino hier in der Regel keine Gnade kennt. Es übernimmt symbolisch die Position des Konsumenten, d. h. in diesem Falle des Zuschauers – und zeigt sich über seine eigene Gestalt zutiefst entsetzt. Dazu jetzt zwei herausragende Beispiele.

Metropolis

Der erste Film, in dem das metaphysische Gesicht der Arbeit konsequent und überzeugend gezeigt worden ist, und der als Vorbild für die meisten späteren Hollywood-Filme dient, ist bekanntlich »Metropolis« von Fritz Lang. Am Anfang werden in »Metropolis« die versklavten Arbeitermassen vorgeführt, die die Welt der Herren in monotoner Arbeit produzieren, selbst aber aus dieser Welt ausgeschlossen bleiben. Es handelt sich um Sklaven erster Ordnung, die die Welt der Herren produzieren, ohne sie manipulieren zu können. Diese Arbeitssklaven werden zwar mit Mitgefühl gezeigt, aber ohne Sympathie. Ihr Anblick ist furchterregend, und man spürt sofort, daß sie zunächst von der Arbeit befreit werden müssen, um später in die Welt der konsumierenden Herren als vollwertige Menschen eintreten zu dürfen. So, wie sie sind, d. h. als Arbeitende, sind sie für die Welt nicht geeignet – und müssen im Jenseits bleiben. In unserer Kultur ist die Arbeit nicht nur traditionell verhaßt, sondern sie wird zusätzlich mit Sünde assoziiert, mit dem biblischen Fluch als Strafe für kriminelle Neugier. Vornehm zu sein bedeutet in unserer Kultur deswegen, nicht unnötig neugierig zu sein und dementsprechend auch nicht zusätzlich arbeiten zu müssen. Der eigentliche Traum der europäischen Kultur ist die Entstehung der Dinge jenseits der Arbeit – durch die unmittelbare und nicht anstrengende Wirkung der Natur. Alle Schlüsselbegriffe unserer kulturellen Tradition bezeugen das: die Inspiration, die Selbstverwirklichung – sie alle suggerieren die Schaffung jenseits der Arbeit, so daß sich der Schweißgeruch der Arbeit im Endprodukt nicht vernehmen läßt. Für einen wahren Künstler besteht die größte Beleidigung in der Behauptung, seine Arbeit rieche nach Schweiß, und seine Kreation verrate das große Maß an Arbeit, das er in sie investiert habe. In diesem Sinne ist die Kunst von heute in vielerlei Hinsicht die Kulmination dieser Entwicklung. Die Readymade-Ästhetik, der Konzeptualismus usw. sind Versuche seitens der Künstler, endgültig vornehm zu werden, d. h. zu Konsumenten zu werden, die nicht arbeiten, sondern nur auswählen oder beiseite legen. Die Arbeit bleibt also bis heute das eigentliche schmutzige Geheimnis unserer Kultur – viel schmutziger als etwa die Sexualität, die längst salonfähig geworden ist und über alle Bildschirme flimmert. So vollzieht der Film »Metropolis« schon dadurch einen Tabubruch, der sich sogar heute noch als solcher fühlen läßt, daß er die Arbeit überhaupt zeigt – auch wenn das Entsetzen des Regisseurs beim Anblick der Arbeit noch spürbar ist. Denn die Arbeit, wie sie in »Metropolis« gezeigt wird, macht den Arbeitern definitiv keinen Spaß. Es handelt sich hier um Arbeit, die dem »natürlichen« Willen des Herrn völlig unterworfen ist – und deswegen als reine Unterdrückung erlebt wird.

Auf diese Unterdrückung antworten die Arbeiter im Film

mit dem Versuch einer proletarischen Revolution. Nun scheitert diese Revolution aber an der Entdeckung der Arbeit zweiter Ordnung – an der verborgenen, manipulativen, teuflischen Arbeit der Simulation und Manipulation, die Herren und Sklaven gleichermaßen bedroht und beherrscht. Die »falsche Maria«, die im Stil von Rosa Luxemburg den Klassenkampf entfesselt und die revolutionären Arbeiter anführt, entpuppt sich als »Maschinenmensch«. Sie ist die Maschine der zweiten Generation, die – genauso wie die Maschinen der ersten Generation – vom Erfinder Rotwang geschaffen worden ist. Und sie verkörpert zugleich die Maschine der Hegelschen Dialektik, die von der Wunscherfüllung zur Wunschmanipulation übergegangen ist, sie ist eine Maschine der Verführung, des Begehrens, der heimlichen Entmachtung des genießenden Herrn. Sie ist eine Maschine der zweiten industriellen Revolution, eine kybernetische Maschine, die mit »künstlicher Intelligenz« versehen ist und die undialektischen Maschinen der ersten Generation zerstören will, um die Maschinenherrschaft endgültig zu etablieren. Eigentlich kündigt die falsche Maria die Zivilisation an, in der wir leben, und in der die Arbeit zweiter Ordnung, d. h. die Arbeit der Simulation und der Manipulation, ungeteilt herrscht.

Nun wehrt sich Fritz Lang – zumindest auf den ersten Blick – gegen die Herrschaft der neuen Maschinen. Und so schickt er den Sohn des obersten Herrn, d. h. des obersten Konsumenten, als Retter und Erlöser in den »Mortal Combat« gegen die Maschine der Manipulation und ihren Schöpfer Rotwang. Der junge Held riskiert sein Leben im direkten Kampf – und erneuert dadurch den Anspruch des Konsumenten auf Herrschaft. Die Maschine der Manipulation ist vernichtet. Der schöne, verführerische, weibliche Schein des Maschinenmenschen ist entlarvt. Hinter seiner Maske zeigt sich eine ziemlich häßliche Stahlkonstruktion. Der geniale Erfinder Rotwang sieht übrigens auch nicht besonders toll aus – er ist ein angestrengter, unschöner, tolpatschiger, hysterischer, geistesgestörter alter Mann, der dem gut trainierten Helden auf der sportlichen Ebene offensichtlich nicht gewachsen ist.

Und so freut man sich als Zuschauer, wenn dieser häßliche Autor im Namen des schönen Konsumenten umgebracht wird.

Hier zeigt sich deutlich, wie der Tod des Autors stattfindet, von dem Foucault als von einem unausweichlichen geistesgeschichtlichen Ereignis spricht. Der Autor stirbt nicht einfach von sich aus. Vielmehr wird der Autor vom Konsumenten im direkten Kampf umgebracht – vom Konsumenten, der, weil er nie gearbeitet hat, mehr Zeit und Möglichkeiten hatte, seine Muskelkraft zu trainieren und sich auf den entscheidenden Kampf vorzubereiten. Infolge dieses Sieges des Konsumenten tritt der Zustand ein, der im Diskurs über den Tod des Subjekts beschrieben wird: eine Technik ohne Techniker, eine Kunst ohne Künstler, eine Erfindung ohne Erfinder usw. Die Bedrohung durch den Erfinder, durch den Arbeiter, durch das Subjekt der Simulation und Manipulation ist gebannt. Es bleiben nur die undialektischen Maschinen der ersten Generation übrig – Maschinen der zweiten Generation können wegen des Todes des Autors nicht mehr entstehen. Dadurch werden die Arbeiter, die die Maschinen der ersten Generation bedienen, zu Arbeitnehmern, d.h. zu Konsumenten der Arbeit – im Rahmen eines schnell geschlossenen Bündnisses für Arbeit. Diese Arbeitnehmer unterscheiden sich dann nur noch durch die Art und den Grad ihres Konsums von den Herren. Dadurch wird die metaphysische, finstere Dimension der Arbeit endgültig eliminiert. Es handelt sich jetzt endlich um eine Arbeit, die Spaß machen darf und soll. Und in der Tat: Aus unserer heutigen Perspektive bieten die Szenen aus »Metropolis«, in denen die arbeitenden Massen gezeigt werden, das Bild einer riesigen und durchaus freudigen Techno-Party.

Dennoch bleibt auch nach dem Sieg über den Erfinder im Film zumindest eine Maschine der Manipulation übrig. Diese Maschine ist der Film selbst. Und auch der Erfinder dieser Maschine bleibt übrig: Fritz Lang selbst. Fritz Lang und sein Film erweisen sich also als ein viel effizienteres und überlebensfähigeres Paar – verglichen mit Rotwang und seiner falschen Maria. Der Grund dafür ist, daß Fritz Lang und sein Film nicht nach einer expliziten Anerkennung ihrer Macht streben – sie haben keine Würde, die Rotwang und seine falsche Maria immer noch besitzen. Statt dessen vollzieht der Film den ostentativen Gestus der Unterwerfung unter die Herrschaft des Konsumenten – und behält damit seine faktische, manipulative Macht. Die Filmindustrie erklärt sich bereit, in einer radikalen, jenseitigen Sklaverei zu leben – und ihr metaphysisches Gesicht nicht mehr zu zeigen. Wenn sich die Funktionäre der Filmindustrie für jeweilige Werbezwecke der Welt zeigen, setzen sie sich die Maske des vorbildlichen Konsumenten auf. In »Metropolis« erklärt sich die Kinoindustrie zur einzig möglichen effektiven Maschine der Verführung – die in unserer medialen Welt ohne Konkurrenz bleiben muß. Nun beginnt aber die gefestigte Filmindustrie heute ihre Sklavengestalt doch wieder zu zeigen – und die Figur des Autors wieder zu thematisieren.

Matrix

Viele Filme der Gegenwart demonstrieren diese widerwärtige, unwürdige Figur des Autors, der seinen Tod überlebt hat und seine häßliche Existenz unendlich fortsetzen muß. Freilich ist jeder Autor ein Vampir, der auch nach seinem Tod, d. h. auch nach seiner endgültigen Niederlage im Lebenskampf, immer weiter vom lebendigen Blut der Leser, der Zuschauer und der Kommentatoren zehrt – von ihrer lebendigen Zeit, ihrer Aufmerksamkeit, ihrer Imagination, die der Autor geschickt manipuliert. Vor allem aber sind Filme solche Vampire, die unablässig das Blut der Kinobesucher trinken. Die Filme saugen ihre lebendigen Kräfte, ihre Leidenschaften auf, um immer weiterzuflimmern – auch dann, wenn die ausgesaugten Kinobesucher schon längst tot sind. Die Maschine der Kinoindustrie funktioniert also immer weiter, indem sie die lebendige Kraft der Zuschauer aufsaugt und verbraucht. Deswegen ist diese Maschine genauso unsterblich und unwürdig wie jede andere Maschine. Die Maschinen sind wie Götter: Sie sind unwürdig, weil sie unsterblich sind. Eine Maschine kann kaputtgehen, aber sie kann nicht sterben, denn wie kaputt eine Maschine auch immer ist, kann sie doch repariert oder im schlimmsten Fall durch eine identische Maschine ersetzt werden. Ab und zu versucht die Kinoindustrie, den Maschinen, d. h. sich selbst, wieder Würde zu verleihen, indem sie wie etwa in »Terminator 1« und »Terminator 2« einen »Mortal Combat« zwischen Mensch und Maschine oder zwischen (einer guten) Maschine und (einer schlechten) Maschine inszeniert. Doch eine Maschine, die sterben kann, ist keine Maschine mehr, sondern ein Mensch. Und das große Verdienst des Films »Matrix« besteht darin, die gottähnliche Unwürdigkeit der Maschine zu zeigen, die sich in keinen direkten Kampf involvieren läßt.

In vielen Rezensionen über »Matrix« konnte man lesen, der Film zeige eine Welt, in der die Maschinen die Menschen versklavt haben. Eigentlich ist das Gegenteil der Fall: Der Film zeigt eine Welt, in der die Menschen endgültig zu Herren geworden sind. Die Menschen arbeiten nicht mehr, sondern sie genießen nur noch, indem sie ständig einen perfekten Film anschauen, den die Maschinen für sie produziert haben. Die ganze alltägliche Realität wird hier als Ready-made verstanden – als Kunstwerk, das als solches betrachtet und genossen werden kann und soll. Die Menschen sind also ausschließlich zu Kinobetrachtern geworden (was sicherlich der eigentliche Traum der Kinoindustrie ist): Sie liegen sehr angenehm in ihren gut ausgestatteten persönlichen Behältern, werden von allen Seiten versorgt und in allen ihren Lebensfunktionen durch die Arbeit der Maschinen bedient – die Vision eines utopischen, perfekten Multiplex. Sicherlich werden die Menschen von den Maschinen auch total kontrolliert, doch es handelt sich dabei nicht um die Macht des Herrn über den Sklaven, sondern um die dialektische Macht des Sklaven über den Herrn. Die Maschinen manipulieren die Menschen – und saugen ihnen die Energie ihres Begehrens ab, die die Maschinen zum Laufen brauchen. Aber diese Maschinenherrschaft ist eine Sklavenherrschaft – keine Herrenherrschaft.

Deswegen ist die Rebellion einer Handvoll Menschen gegen die Maschinen, die der Film »Matrix« schildert, eine Rebellion der Herren gegen die Sklaven – die Rebellion von Konsumenten gegen die Arbeiterherrschaft und gegen die Arbeit als solche. Der Herr rebelliert hier, um unter Einsatz des eigenen Lebens seine Würde und damit seine wahren Wünsche zurückzufordern, um die wahre Welt zu entdecken – die Welt jenseits der durch die Arbeit entstandenen, künstlich erzeugten Illusion. Dabei haben die Rebellierenden offensichtlich nicht das Ziel, die Maschinen in ihrer machtausübenden Position zu ersetzen, d.h. selbst die schwere Arbeit zu verrichten, die zuvor die Maschinen verrichtet haben. Weder Neo noch die anderen Protagonisten der Rebellion stehen im Verdacht, das Recht, wieder Arbeiter werden zu dürfen, als Belohnung für ihren eventuellen Sieg einzufordern. Die Rebellentruppe sieht einfach zu toll, zu cool, zu gut trainiert und zu gut gekleidet aus, um sie sich als Arbeitskollektiv der Zukunft vorstellen zu können, das die Rolle der Maschinen übernimmt. Das einzige, was die Rebellen wollen, besteht offensichtlich darin, die Hegelsche Dialektik außer Kraft zu setzen und die undialektische Herrschaft des Herrn über den Sklaven wiederzuerrichten. Neo und seine Kameraden wollen ihre »natürlichen« Wünsche erfüllt sehen – ohne die Vorspiegelung falscher Tatsachen seitens der Sklaven, ohne die Gefahr der Manipulation und Simulation. Doch die Arbeit der Dialektik ist inzwischen zu weit vorgeschritten – und der Sieg des Herrn über den dialektischen Sklaven, der in »Metropolis« noch für möglich gehalten wurde, erweist sich in »Matrix« als eine weitere Illusion.

Die Rebellion scheitert, weil der Kampf unentschieden bleibt – die Maschinen der heutigen Filmindustrie sind nicht mehr bereit, sich dem »Mortal Combat« zu stellen. Der heutige Sklave hat den Verlust der Würde und der Ehre vollständig verinnerlicht. Er kann sich nicht mehr gekränkt fühlen. Er ist zu metaphysisch geworden, um satisfaktionsfähig zu bleiben – eine rein innerweltliche Beleidigung trifft die Götter-Maschinen nicht mehr. Der moderne, dialektische Sklave entzieht sich dem Kampf mit dem revoltierenden Herrn. Und in der Tat: Wie können die Maschinen den fairen Kampf annehmen, wenn sie so unvorteilhaft aussehen – wie unter Wasser schwimmende Reptilien. Die Maschinen von »Matrix« sind Autoren nach dem Tod des Autors als Menschen – unwürdige, häßliche Sklaven-Gestalten, die sich innerhalb einer von ihnen selbst kreierten Welt nicht blicken lassen dürfen, um die Zuschauer nicht unnötig zu erschrecken. Statt dessen schikken die Maschinen die Erzeugnisse ihrer Arbeit in den Krieg: Masken, Doubles und Illusionen. Die Maschinen, als arbeitende, versklavte Götter agierend, verführen und verunsichern den Helden – und lassen ihn sich im dunklen, unerreichbaren, metaphysischen Urgrund ihrer Sklavenherrschaft verlaufen. Im Grunde zeigt allein der Verräter der Rebellion den anderen den richtigen Weg: Man braucht an die Realität, an die »Natürlichkeit« der Welt gar nicht zu glauben – dann braucht man auch nicht gegen diesen Glauben zu revoltieren. Statt dessen genießt man die Welt als Kunstwerk, als Readymade – gestellt in einen größeren, metaphysischen Kontext, der wie ein Museum fungiert, in dem die »natürlichen« Dinge unserer Zivilisation, wenn sie dort als Readymades ausgestellt werden, ihre Künstlichkeit offenbaren.

Indem die Filmindustrie den »Mortal Combat« zwischen dem Helden, der die konsumierende Zuschauermasse repräsentiert, und den Maschinen, die diese Filmindustrie selbst repräsentieren, inszeniert, will die Filmindustrie den Verdacht der Manipulation entkräften, den der Zuschauer auf sie richtet – und zwar indem sie diesen Verdacht bestätigt. Dementsprechend handelt es sich in »Matrix« nicht mehr um eine fiktive Zerstörung der manipulierenden Sklaven-Herrschaft, wie es noch in »Metropolis« der Fall war, sondern um eine offen zugegebene Niederlage der Rebellion – oder zumindest um einen unentschiedenen Ausgang der Revolte, der einer Niederlage gleichkommt. Die aufklärerische Revolte gegen die Metaphysik endet mit einer Niederlage, weil diese Revolte selbst eine metaphysische ist. Die Revolte gegen die Maschinenherrschaft der Filmindustrie vollzieht sich nämlich auch innerhalb des Films, des Traums, des ohnmächtigen Schlafs – schon der Name des führenden Rebells, »Morpheus«, deutet darauf hin, daß es sich um eine Rebellion von Schlafenden handelt. Der metaphysische Traum selbst wird hier zu einer Maschine – eigentlich zu einer ultimativen Maschine, die ständig neue Monster erzeugt, um unsere Lust nach dem Jenseits zu befriedigen. Die eigentliche Revolte gegen den Film ist nur im Schlaf und als Schlaf möglich – aber nur, indem der Schlaf den Film ersetzt.

Der Film »Matrix« wirkt also erst durch die Bestätigung und die Radikalisierung des kulturkritischen Verdachts so überzeugend, den jeder Zuschauer quasi-instinktiv gegen den Film als solchen richtet. Das ist die neue Strategie der heutigen Massenmedien: Selbstanzeige, Selbstpreisgabe, Selbstbeschuldigung – wie im Falle der legendären Fernsehsendung »Big Brother«, der niemals ein solcher Erfolg beschieden gewesen wäre, hätte sie nicht schon allein durch ihren Titel die schlimmsten Befürchtungen bestätigt, die man üblicherweise gegen das Fernsehen als solches hegt. Indem sich die Film- und Fernsehindustrie selbst radikal entlarvt und in der öffentlichen Meinung explizit schlechtmacht, erzeugt sie beim Betrachter Vertrauen und ein Gefühl der Komplizenschaft. Wenn man an den schönen Schein nicht mehr glaubt, dann glaubt man nämlich um so mehr an seine Entlarvung. Indem der Film »Matrix« uns zeigt, daß die Welt »im Inneren« noch schlechter aussieht, als unsere bösesten Träume es uns ahnen ließen, verführt er uns zu einer noch stärkeren Identifikation mit seiner eigenen Vision der Welt, als der klassische »schöne« Hollywood-Film es je vermocht hätte. Eine solche sich selbst huldigende Kulturkritik könnte man freilich in vertrauten Termini als »Vereinnahmung« der kritischen Tradition interpretieren. Nun darf man aber dabei nicht vergessen, daß die Kulturkritik von Anfang an einen hohen Unterhaltungswert hatte – und mit vertrauten Figuren der Unterhaltungsbranche innerlich zutiefst verwandt war. Der Aufklärer ist doch nichts anderes als ein Privatdetektiv, der die ganze Welt als Szene eines möglichen Verbrechens betrachtet. Und das bedeutet vor allem: Als Aufklärer sucht man eigentlich nicht nach der häßlichen Realität, die sich hinter dem künstlich erzeugten schönen Schein verbirgt, sondern nach der häßlichen Kunst, nach der schmutzigen Arbeit, nach der verdächtigen Subjektivität, die sich hinter der schönen Illusion der Realität verbergen. Kurzum – der eigentliche Aufklärer sucht nicht nach der Realität hinter dem Film, sondern nach dem Filmstudio hinter der Realität.

Die metaphysische Wende im heutigen Hollywood-Film, von der eingangs die Rede war, ist somit vor allem das untrügliche Symptom dafür, daß das Medium Film ins Zeitalter seiner Selbstreflexion eingetreten ist. Viele andere, ältere Künste haben diese Zeit der Selbstreflexion schon hinter sich – und einige andere, jüngere noch vor sich. So haben etwa die Literatur und die Malerei ihre Zeit der intensiven Selbstreflexion, d. h. die Zeit der Avantgarde, schon im zwanzigsten Jahrhundert durchlebt. Im Falle des Films hat diese Phase der Selbstreflexion erst begonnen. Dafür gibt es viele Gründe. Der wichtigste Grund besteht vielleicht darin, daß man erst vor kurzem dank der Videotechnik die Möglichkeit bekam, private Sammlungen von Filmen anzulegen, mit denen man auf eine sehr individuelle Weise umgehen kann – wie früher mit privaten Bibliotheken und Gemäldesammlungen. Diese neuen Techniken werden zunehmend im Film selbst reflektiert – wie unlängst am eindrucksvollsten in »American Beauty«. Doch vor allem haben diese neuen Techniken der individuellen Filmproduktion und -aneignung dazu geführt, daß die allgemeinen Produktions- und Distributionsbedingungen des Films durch den Film selbst reflektiert werden.

Nun kann man sich freilich fragen: Warum soll der Zuschauer diese Art von Selbstreflexion ernst nehmen: Alle diese Monster, Vampire, Aliens und denkenden Maschinen scheinen doch Produkte einer durchaus kindischen, nicht ernstzunehmenden Imagination zu sein. Diese Phantasieprodukte bieten doch auf den ersten Blick keine Erklärung dafür, wie die Filmindustrie »in der Realität« aussieht und funktioniert. Um das zu erfahren, braucht man anscheinend vielmehr die Soziologie, die Wirtschaftsanalyse, die Machtanalyse usw. Ungeachtet dessen, was alle diese ehrwürdigen Wissenschaften alles leisten, unterliegen sie jedoch einem grundsätzlichen Fehler. Sie berücksichtigen nämlich nicht die Möglichkeit, daß die Realität selbst, inklusive aller Soziologie, Wirtschaftslehre usw., bloß ein schlechtproduzierter Film sein könnte. Deswegen sind Filme wie »Matrix«, die diese Möglichkeit nahelegen, jeder Theorie, die den Anspruch erhebt, die Realität selbst, inklusive der Realität der Filmproduktion, zu beschreiben, weit überlegen. Auf jeden Fall halten diese Filme den Verdacht aufrecht, daß die ganze Welt eine künstliche sein könnte – und gehen damit in ihrem kritischen Anspruch viel weiter als jede Theorie, die die Welt als real, als natürlich denken will – und sei es auch im Sinne der Technik, verstanden als zweite Natur. Der Film stellt damit den Ort dar, an dem nicht nur der Film selbst, sondern die ganze heutige medial geprägte Welt zur radikalen Selbstreflexion gelangt. Im Film findet die Selbstreflexion aller Medien statt, die mit bewegten Bildern operieren. Deswegen kann man die heutige mediale Welt nur deuten, indem man die Selbstdeutung dieser Welt kommentiert – so, wie sich diese Selbstdeutung im Film manifestiert.

Damit steht der Film sicherlich in der Nachfolge der anderen, älteren Künste, die diese Phase der Selbstreflexion früher vollzogen haben. Denn diese Künste haben ebenfalls nicht nur ihre eigene Praxis, sondern auch ihr Medium als ganzes reflektiert. In der modernen Literatur wurde nicht nur der literarische Text dem Vorgang der Selbstreflexion unterzogen, sondern jeder Text. Und in der modernen Malerei – nicht nur ein malerisches, sondern jedes mögliche Bild. Man kann die Praxis der modernen Kunst generell als mediale Selbstreflexion definieren. Deswegen ist es in der Moderne naiv geworden, über Medien theoretisch anders zu reflektieren, als ihre Selbstreflexion durch die Kunst zu kommentieren. Die Fragen vom Typ »Was ist ein Bild?« oder »Was ist der Sinn eines Textes?« usw. können, wenn es sich um moderne Bilder und Texte handelt, nicht aus einer meta-künstlerischen Perspektive gestellt und diskutiert werden. Denn jede Theorie ist doch ihrerseits vor allem ein Text – und damit auch ein Stück Literatur. Zugleich ist jeder Text, wie schon Platon festgestellt hat, auch ein Bild – das hat in unserer Zeit die Konzeptkunst, die mit dem Text im Bild arbeitet, besonders deutlich gemacht. So darf der Theoretiker, worüber er auch schreibt, niemals vergessen, daß die immer schon stattfindende Selbstreflexion des Schreibens durch die Kunst auch sein eigenes Schreiben involviert. Wenn der Theoretiker also meint, imstande zu sein, der Kunst gegenüber eine äußere Position einzunehmen, manifestiert er damit bloß seine Unfähigkeit, die künstlerische Dimension seiner eigenen Textproduktion zu reflektieren.

Deswegen sind alle Theorien, die die Kunstpraxis als ein rein innerweltliches Geschehen beschreiben wollen, so unbefriedigend, auch wenn sie hier und da dem Leser interessante Einsichten offerieren. Das läßt sich sowohl von der Kunstsoziologie Bourdieus als auch von der Systemtheorie sagen – um nur einige inzwischen modisch gewordene Fälle eines programmatisch anti-metaphysischen, soziologischen Theoriediskurses zu erwähnen. Diese beiden Diskurse beschreiben die Kunst nämlich als (Sub-)System eines größeren gesellschaftlichen Systems oder als eine bestimmte, rein soziologisch definierte Gruppen-Praxis. Kunstwerke werden dabei als reale Dinge verstanden, die in der realen Welt produziert und distribuiert werden. Die Welten, die die Kunst selbst entwirft, werden von diesen Theorien dagegen als rein imaginäre, künstliche Welten ignoriert. Dabei wird allerdings übersehen, daß die Welt, in der diese soziologischen Beschreibungen ihre eigenen Orte haben, ihrerseits eine durch und durch künstliche Welt ist – es handelt sich nämlich um die Welt der Literatur. Die Analogie zur bildenden Kunst macht dies deutlich. Die Bedeutung der Werke der bildenden Kunst hängt in erster Linie von der Plazierung dieser Werke in einem musealen Raum ab: Man kann bekanntlich sogar jedes beliebige Ding zu einem Kunstwerk machen, indem man dieses Ding im musealen Raum plaziert. Der Raum des Museums ist aber seinerseits kein realer, sondern ein künstlicher Raum, der durch eine bestimmte Kunst, nämlich durch die Architektur, geschaffen wird. Die Welt, in der theoretische Schriften ihre Orte haben, ist ebenfalls eine künstliche Welt, die durch historische Narrative geschaffen wird. Und von ihrer Plazierung in dieser künstlichen Welt hängen Bedeutung, Relevanz und Wirkung der einzelnen theoretischen Positionen entscheidend ab. Indem man den Raum der Geschichte unterschiedlich konstruiert und einzelne Positionen in diesem Raum unterschiedlich situiert, verändert man auch die Bedeutung dieser Positionen. Auch wenn die Theorie den Anspruch erhebt, die Realität zu beschreiben und zu interpretieren, bleibt sie doch immer noch Literatur und situiert sich in einem künstlichen, literarischen Raum. Nun, wenn die theoretischen Positionen auf diese Weise im literarischen Raum situiert werden, bleibt die Figur des Theoretikers dabei außertextuell. So vollzieht sich im Raum der Literatur der so oft beschriebene Tod des Autors. Und in der Tat: Wer ist der Autor? Woher bekommt er Kraft und Autorität, zu schreiben? Ist er eine Inkarnation Gottes, die der Menschheit neue Einsichten übermitteln will? Ist er ein »malin génie«, das den Leser in böser Absicht manipuliert? Ist er eine schreibende Maschine, die selbst nicht weiß, was sie schreibt? Oder ist er bloß ein Mensch – und das bedeutet eigentlich bloß ein Hochstapler? Die Literatur selbst gibt auf diese Frage keine klare Antwort – dazu braucht man die Selbstreflexion des Autors im Film.

Der Film macht den literarischen Raum zu einem metaphysischen Themenpark, der von unterschiedlichen Diskursen samt ihrer Autoren bewohnt wird. In den Landschaften dieses Themenparks kann man unterschiedlichste Inkarnationen des Autors antreffen: Monster, Vampire, wohlwollende oder maliziöse Außerirdische, Götter, Dämonen, Maschinen und bloß Menschen, die allerdings in der Regel bald aufhören, Autoren zu sein, um zusammen mit ihren Geliebten ein normales menschliches Leben zu führen. All diese unterschiedlichen Autoreninkarnationen betreiben allerdings die gleiche Arbeit der Moderne – die Sklavenarbeit der Simulation und Manipulation. Ab und zu versuchen die Herren Konsumenten einen Aufstand gegen diese Sklavenherrschaft – und entfachen einen Kampf gegen die Götter. Aber die Götter bleiben unsterblich. Und so finden sich die Autoren des Aufstands sehr schnell auf ihren eigenen Platz im gleichen Themenpark verwiesen. Trotz aller diesbezüglichen Versuche gelingt es also nicht, den Autor endgültig auszurotten oder zumindest zu dekonstruieren – d. h. zu einer Textfigur zu reduzieren. Der metaphysische Raum läßt sich nicht endgültig entleeren. Wer im Leben stirbt, lebt im Film doch weiter.

Im Namen des Mediums: Kunst und Politik der Avantgarde

1. Der Kunstdiskurs der Moderne – vor allem der Kunstdiskurs des zwanzigsten Jahrhunderts – operiert bekanntlich mit allen möglichen Begriffen aus dem Militärbereich wie etwa den Begriffen der Avantgarde oder der Kunststrategie. Man spricht auch über Sprengung der Normen, Zerstörung der Traditionen, Übertreten der Tabus. Das zeigt: Die moderne Kunst begleitet, illustriert, besingt oder kritisiert den Krieg nicht nur, wie sie es früher schon getan hat, sondern sie führt selbst Krieg. Dieser Krieg kennt viele Helden und viele Opfer – reale und symbolische Opfer. In den letzten Jahrzehnten hat die Zahl der realen Opfer zwar abgenommen, die Zahl der symbolischen Opfer dafür aber zugenommen: Man spricht über den Tod des Autors, den Tod des Subjekts, das Ende der Geschichte und das Ende der Avantgarde selbst. Das sind die Gefallenen der neueren Kunstkriege.

Und so stellt sich die Frage: In was für einen Krieg ist die moderne Kunst eigentlich verwickelt – wer kämpft hier gegen wen?

Meistens meint man, daß es sich dabei um einen Krieg handelt zwischen Altem und Neuem, zwischen Tradition und Innovation, zwischen Vergangenheit und Zukunft. Die künstlerische Avantgarde wird als Avantgarde der Zukunft, des Neuen, des Kommenden verstanden – die einen Krieg gegen die Kräfte der Vergangenheit, der Tradition, des Konservatismus führt. Allerdings hat gerade die radikale Avantgarde immer wieder an das Archaische appelliert – nicht unbedingt an das historisch Neue. Sie hat auch an das innere Gefühl (Expressionismus), an das Unbewußte (Surrealismus) oder an das Nützliche (Konstruktivismus) appelliert. Hier ist es angebracht, an den berühmten Satz von Wladimir Tatlin zu erinnern: Weder das Neue noch das Alte, sondern das Nützliche. Es handelt sich dabei also um Kräfte und Haltungen, die nicht in der Geschichte neu entstanden sind, sondern immer schon operativ waren – wenn auch in verdeckter Form, so daß nicht diese Kräfte und Haltungen selbst, sondern ihre explizite Thematisierung in der Kunst als neu gelten dürfte.

Wir können in der Tat zwei Arten oder, besser gesagt, zwei Grade von Innovation voneinander unterscheiden. Bei der Innovation ersten Grades handelt es sich um einen weiteren Schritt in einer historischen Reihenfolge, um die Fortsetzung eines geschichtlichen Narrativs, um ein neues, zusätzliches Zeichen in einem immer schon etablierten geschichtlichen Repräsentationsraum – in einem Archiv, also in einem Museum oder in einer Bibliothek. Bei diesem Grad von Innovation bricht kein Krieg aus. Es entstehen höchstens Querelen zwischen denen, die dieses Neue als solches akzeptieren und ihm einen Platz im Archiv verschaffen wollen, und denen, die dieses Neue eines solchen Platzes für unwürdig erachten. Beide Positionen aber definieren sich im Kontext einer gemeinsamen Geschichte, sie appellieren an gemeinsame Kriterien des Vergleichs zwischen alt und neu – und können daher friedlich diskutiert werden.

Die Situation ändert sich allerdings bei der Innovation zweiten Grades. Bei diesem Grad von Innovation werden die Kriterien des Vergleichs selbst in Frage gestellt – und damit auch das historische Narrativ und der entsprechende Repräsentationsraum. Wer etwa sagt, daß er eine Geschichte des Unbewußten statt einer Geschichte des Bewußtseins fordert, will nicht bloß ein neues Zeichen in einem immer schon existierenden Archiv setzen, sondern das alte Archiv zerstören und es durch ein neues Archiv ersetzen. In einem solchen neuen Archiv muß nicht nur das Neue, sondern auch das Alte neu bewertet werden – nach völlig neuen Kriterien. Und der Vergleich zwischen allen existierenden Zeichen und Dingen der Kultur soll in einem anderen Medium durchgeführt werden – eben nicht mehr im Medium des Bewußtseins, sondern im Medium des Unbewußten. Ein solcher neuer Vergleich führt ja auch automatisch zu einer völlig neuen Bewertung der Vergangenheit, die mit dem alten geschichtlichen Narrativ unvereinbar ist. Die unterschiedlichen Einschätzungen neuer Dinge im gleichen Archiv sind kommensurabel, weil sie, wenn sie sich auch in der Bewertung dieser neuen Dinge voneinander unterscheiden, das Archiv als solches, d. h. die Vergangenheit, wie sie in diesem Archiv repräsentiert wird, stillschweigend akzeptieren. Die unterschiedlichen Archive sind dagegen inkommensurabel, wenn sie kein gemeinsames geschichtliches Narrativ voraussetzen. Hier endet der Frieden – und beginnt der Krieg.

Die Kämpfe zwischen Völkern sind bekanntlich immer und vor allem Kämpfe zwischen ihren Geschichtsschreibungen, zwischen ihren Archiven. Nun denkt man aber oft genug, daß diese unterschiedlichen Archive vielleicht mit der Zeit in einem Archiv vereint würden, so daß weitere Konflikte um die Bewertungen des Neuen friedlich ausgetragen werden können. Diese Hoffnung basiert auf einer naturalistischen Interpretation des Archivs und, dementsprechend, des historischen Narrativs – einer Interpretation, derzufolge es zunächst einmal eines »realen« Volkes bedarf, damit die Geschichte dieses Volkes geschrieben und im Archivraum repräsentiert werden kann. Nun stellt aber schon die Innovation ersten Grades eine solche naturalistische Interpretation des Archivs in Frage. Im Archiv wird nämlich nicht das als neu repräsentiert, was für das dieses Archiv tragende Volk neu ist – denn für neue Generationen dieses Volkes ist doch alles irgendwie neu –, sondern nur das, was für dieses Archiv selbst neu ist. Die geschichtliche Imagination der Menschen, die ein bestimmtes Archiv für das Archiv ihrer eigenen Geschichte halten, wird also notwendigerweise an diese durchaus künstliche und durch die immanente Beschaffenheit des Archivs diktierte Geschichte sekundär angepaßt. Man kann sagen, daß das, was man für die »reale« Geschichte hält, eine sekundäre Repräsentation dessen ist, was man im Archiv dessen findet, was man als »eigene« Geschichte zu betrachten gelernt hat – und nicht umgekehrt.

Nun besteht die Hauptlehre der künstlerischen Avantgarde

vor allem darin, daß sie noch darüber hinaus demonstriert, daß man unter Umständen zunächst ein Archiv schaffen – und sich erst dann nach einem Volk umsehen kann, das bereit wäre, dieses Archiv als das Archiv der eigenen Geschichte zu akzeptieren. Schon die verschiedenen religiösen Bewegungen innerhalb der jüdisch-christlichen Tradition haben diesen Mechanismus demonstriert. Man erfand zunächst einmal das Archiv eines geschichtlichen Versprechens, d. h. man erfand den Anfang einer Geschichte – und dann fand sich irgendwann ein Volk, das bereit war, diese Geschichte als die eigene zu akzeptieren und sie als solche fortzuschreiben. Auf die gleiche Weise erfand man später das Proletariat und die arische Rasse. Schon diese zwei Beispiele zeigen, daß Völker, die nicht aus einer vor-archivischen Vergangenheit kamen, sondern auf eine für alle durchschaubare Weise erst durch ein Bekenntnis zu einem neu erfundenen Archiv entstanden sind, in keiner Weise friedlicher waren als »Naturvölker«, sondern umgekehrt viel kriegerischer. Damit wird aber deutlich, daß die kritische Geschichtsschreibung nicht nur dazu führt, alte Archive zu vereinheitlichen und damit einen Friedenszustand herbeizuführen, sondern gleichermaßen, wenn nicht noch viel mehr dazu, neue Archive zu erfinden und damit neue unlösbare Konflikte zu produzieren.

Die künstlerische Avantgarde ist sicherlich nicht im gleichen Sinn, d. h. nicht »real« kriegerisch. Dafür manifestiert sie aber um so deutlicher die symbolischen Mechanismen der Entstehung und der Austragung solcher neuartiger Kriegshandlungen, denn das Volk der avantgardistischen Künstler ist im Geiste durchaus kriegerisch – auch wenn es im sogenannten realen Leben meistens träge ist. Und so möchte ich im weiteren zwei Fragen nachgehen: Wie werden neue Archive in der Moderne entworfen? Und wie produzieren sie Spaltungen und neue Konflikte?

2. Das Archiv ist vor allem der Ort einer Raum- und Zeitdiagnostik – in ihm wird zwischen eigen und fremd, zwischen alt und neu unterschieden. Ein neues Archiv anzulegen bedeutet

deswegen vor allem, einen neuen Vergleichsraum und neue Regeln der Raum- und Zeitdiagnostik einzuführen. Und in der Tat: Damit die Unterscheidung zwischen eigen und fremd sowie die zwischen alt und neu überhaupt vollzogen werden kann, braucht man doch eine raum- und zeitübergreifende, neutrale Perspektive, von der aus gesehen unterschiedliche Räume und Zeitperioden, inklusive der eigenen Gegenwart, miteinander verglichen werden können. Wenn man sich dabei dem Bereich der Kunst zuwendet, muß man freilich feststellen, daß es das Archiv der valorisierten künstlerischen Tradition ist – wie es durch die musealen Sammlungen, die kunsthistorischen Bücher und die künstlerische Unterrichtspraxis repräsentiert wird –, das eine solche Diagnostik nicht nur möglich macht, sondern auch erfordert.[1]

Damit bekommt die Frage nach den Medien, in denen die Archivierung der Vergangenheit sowie der Vergleich zwischen eigen und fremd beziehungsweise alt und neu stattfindet, für die historische Diagnostik eine entscheidende Bedeutung. Damit ein Vergleich zwischen den einzelnen Zeichen, die in diesen Medien situiert werden, überhaupt möglich ist, müssen diese Medien eben neutral, universal sein: Sie dürfen ihrerseits weder eigen noch fremd, weder alt noch neu sein. Der Begriff Medium ist also im Grunde eine Bezeichnung für die Ebene, auf der unterschiedliche Kunstwerke wie auch allgemein Zeichen und Dinge als vergleichbar und archivierbar angesehen werden. Die technische Apparatur, welche diese Zeichen und Dinge produziert und trägt, spielt bei einer solchen Festlegung sicherlich eine große, aber immer noch untergeordnete Rolle, denn diese Apparatur kann ebenfalls auf sehr unterschiedliche Weisen sowohl verwendet wie auch beschrieben werden. Die Technik radikal zu denken bedeutet nämlich, gerade die radikale Kluft zwischen der Produktion der künstlerischen Zeichen und diesen Zeichen selbst zu denken, denn in unserem Zeitalter der perfekten technischen Reproduzierbarkeit kann jedes Kunstwerk – zumindest potentiell – durch andere technische Mittel reproduziert werden als durch diejenigen, durch die es ursprünglich produziert wurde. Die Äußerlichkeit, die Fremdheit der technischen Mittel in bezug auf die Ergebnisse der Produktion ist, wenn man so will, die Definition der Technik als solcher. Ein rein technisches Verständnis des Mediums, das immer wieder zur Sprache kommt, wenn etwa über das Medium Malerei oder das Medium Fotografie gesprochen wird, ist somit mehr als problematisch.

Vielmehr ist der Begriff Medium ein strategischer, ein politischer und, wenn man so will, ein kämpferischer – und kein rein technischer Begriff. Wer das Medium bestimmt, in dem ein Zeichen angesiedelt ist, der entscheidet auch darüber, in welchen Vergleich, in welchen Kontext dieses Zeichen gestellt wird – und schließlich auch über die Bedeutung dieses Zeichens, denn wir wissen doch inzwischen, daß die Zeichen ihre Bedeutung letztendlich aus dem Kontext ihrer Verwendungen bekommen. Die Thematisierung des Mediums führt also nicht zwangsläufig zu einer Unterwerfung der Kunst unter die Logik der technologischen Entwicklung. Ganz im Gegenteil: Die Thematisierung des Mediums eröffnet die Chance, die Perspektive eines historischen Vergleichs strategisch zu definieren und deutlich zu machen. Vor allem in der Zeit der historischen Avantgarde tritt dieser Zusammenhang zwischen der Politik der Zeitdiagnostik auf der einen und der Frage nach dem Medium auf der anderen Seite mit besonderer Deutlichkeit hervor.

Als Beispiel eines solchen früheren Versuchs einer Medienbestimmung kann die künstlerische Praxis von Kandinsky dienen, wie sie von ihm selbst in seiner berühmten Schrift »Über das Geistige in der Kunst« (1910-11) reflektiert worden ist.[2] Am Anfang dieser Schrift steht eine ironische vergleichende Beschreibung der Bilder aus einer typischen Kunstausstellung der damaligen Zeit. Die Bilder werden in der damals üblichen Manier nach Thema, Inhalt sowie Intention und künstlerischer Individualität ihrer Autoren verglichen. Diesem Vergleich, den Kandinsky als oberflächlich und letztendlich lächerlich empfindet, setzt er einen anderen, medialen Vergleich entgegen, in dem unterschiedliche Bilder allein nach ihrer materiellen, medialen Beschaffenheit verglichen werden – entsprechend der vom Künstler verwendeten Farben und Formen. Kandinsky behauptet nämlich, daß nicht die bewußte Intention des Künstlers, sondern allein diese materielle Beschaffenheit der Bilder ihre künstlerische Relevanz und ihre eigentliche Wirkung auf den Betrachter ausmacht. Diese materiellen Form- und Farbkombinationen bleiben allerdings für einen Betrachter der figurativen Malerei zumeist unsichtbar, weil dessen Aufmerksamkeit ausschließlich auf das Sujet des Bildes fokussiert ist. Kandinsky tritt hier als ein Analytiker auf – durchaus mit Freud zu vergleichen –, der die unbewußten Wirkungen der Bilder analysiert, thematisiert und jenseits aller bewußt dargestellten Sujets und aller bewußt verwendeten künstlerischen Verfahren sichtbar macht. Wenn Kandinsky dabei das Wort »Geist« benutzt, dann meint er dabei offensichtlich das Unbewußte, denn er benutzt den Begriff Geist in Opposition zum Begriff Bewußtsein. Das zentrale Anliegen von Kandinsky besteht hier offensichtlich darin, dem Künstler – und nicht etwa dem Historiker oder dem Philosophen – das Privileg zu verschaffen, die Bilder miteinander zu vergleichen und sie aufgrund dieses Vergleichs zu beurteilen. (Hier zeigt sich übrigens, daß Kandinsky seine frühere Berufsausbildung als Rechtsanwalt nicht völlig vergessen hat.)

Die Einführung eines solchen medialen Vergleichs erlaubt Kandinsky zugleich, die Grenzen der Malerei zu erweitern und Bilder zu malen, die allein aus abstrakten Farb- und Formenkombinationen bestehen und damit seine eigene Definition des Mediums in einer besonderen Weise sichtbar machen. Kandinsky geht also in seiner Bestimmung des Mediums nicht von der Annahme aus, daß es immer schon bekannt und festgelegt ist, was die Malerei ist – und es sich jetzt nur darum handeln kann, diese äußere, technologische Definition des Mediums in der Kunst selbst zu reflektieren. Vielmehr geht Kandinsky davon aus, daß er erst durch seine eigene künstlerische Praxis die mediale Ebene der Kunst freilegt und beschreibt. Dabei schreibt Kandinsky seinen Bildern eine propädeutische oder, besser gesagt, eine pädagogische Funktion zu. Diese Bilder sollen dem Betrachter eine bestimmte Definition des Mediums verständlich machen, aber sie sind als solche keine ausschließlichen Manifestationen des Mediums, sondern immer nur bestimmte Bilder unter vielen anderen. Kandinsky stellt also seine eigenen Bilder ihrerseits in einen allgemeinen medialen Vergleich, denn alle Bilder sind für ihn gleichermaßen Kombinationen von Farben und Formen und haben somit die gleiche mediale Beschaffenheit und das gleiche Recht, das Medium zu vertreten. Für ihn selbst ist es somit weniger wichtig, als Autor der neuen Bilder zu gelten – viel wichtiger ist es ihm, derjenige zu sein, der die neuen allgemeinen Kriterien des medialen Vergleichs einführt, unter denen sowohl seine eigenen als auch fremde Bilder beurteilt werden können und sollen. Der Künstler wird hier zum Medium des Mediums, der nicht mehr das Eigene vom Fremden unterscheidet, sondern sich allein auf die mediale Ebene der Malerei bezieht, die in den Bildern aller Künstler aus allen Zeiten gleichermaßen präsent ist – wenn auch nicht in expliziter Form.

Diese Grundhaltung Kandinskys wurde auch von anderen, noch radikaleren Künstlern der historischen Avantgarde geteilt. Wenn Malewitsch beispielsweise den »Suprematismus der Malerei« ausruft und seine eigene Kunst zur Manifestation dieses Suprematismus proklamiert, relativiert er diese Behauptung zugleich und entwirft einen medialen Vergleich, in dem seine eigene suprematistische Kunst nur eine Kunstform unter anderen darstellt.[3] Malewitsch schreibt seinen eigenen Bildern ebenfalls vor allem einen pädagogischen Wert zu: Sie erziehen den Blick des Betrachters in einer Weise, die diesem erlaubt, den medialen Vergleich entsprechend der Kriterien anzustellen, die Malewitsch für einen solchen Vergleich aufstellt. Und dieser Vergleich, für den vor allem das Verhältnis zwischen Form und Hintergrund in einem Bild als Ausgangspunkt dient, beschränkt sich ebenfalls nicht auf die im technischen Sinne verstandene Malerei. Es wurde schon bemerkt, daß auch Fernseh- oder Computermonitore wie das »Schwarze Quadrat« von Malewitsch aussehen – und Malewitsch selbst hat seine Bestimmung des Bildes auf den Film angewandt.[4]

Der Künstler der Avantgarde bezieht sich also nicht auf das »Eigene« – vielmehr initiiert gerade der Verzicht auf dieses »Eigene« seine Kunstpraxis. Entgegen einer weitverbreiteten Meinung wird der avantgardistische Künstler auch nicht zum Medium des Anderen. Vielmehr will die Avantgarde die Grenze zwischen dem Eigenen und dem Fremden auslöschen, indem sie die Botschaft des Mediums selbst übermitteln will, in welchem die Unterscheidung zwischen eigen und fremd überhaupt erst formuliert werden kann. Und als Medium des Mediums ist der avantgardistische Künstler weder alt noch neu – er ist unvergleichlich. Die Kunst der Avantgarde markiert eine trennende Linie zwischen sich selbst und jeder anderen Kunst, die anstelle der üblichen Unterscheidung zwischen eigen und fremd tritt, und die durch keine Verständigung mehr überwunden, sondern allein durch Krieg bekämpft oder durch Tolerierung respektiert werden kann. Die Botschaft des Mediums selbst ist mit einer individuellen, privaten Botschaft per definitionem inkommensurabel. Indem der avantgardistische Künstler auf seine eigene, private, individuelle Botschaft verzichtet, verläßt er den Bereich der üblichen, friedlichen Kommunikation.

Der Grund dafür ist leicht einzusehen. Wenn ich meine eigene Meinung im Kontext einer Vielfalt von Meinungen vertrete, wenn ich meine eigene Haltung innerhalb einer Vielfalt bestimmter künstlerischer Haltungen markiere, wenn ich bestimmte Sätze innerhalb einer bestimmten Sprache für wahr halte, dann ist eine dialogische, kommunikative Verständigung immer möglich. Sie wird aber unmöglich, wenn ich beginne, im Namen des Mediums selbst zu sprechen – im Namen der Sprache als solcher, im Namen der Malerei als solcher, im Namen des Unbewußten als solchem oder im Namen des Volkes als solchem. Das »Eigene« kann einem überhaupt erst im Kontext eines Vergleichs zugeschrieben werden. Wenn ich beginne, im Namen des Mediums zu sprechen, in dem dieser Vergleich stattfindet, abstrahiere ich von meiner eigenen individuellen Meinung – und so verliere ich diese eigene Meinung und damit generell mein gesamtes privates Eigentum und habe nichts mehr, das ich bei einer Verhandlung zum Austausch anbieten könnte. Der Eigentumslose kann nicht verhandeln – nur betteln oder kämpfen. Bei ihm geht es um alles oder nichts. So kann Kandinsky entweder als derjenige gelten, der die ewigen Gesetze der Malerei entdeckt hat und als einziger im Namen der Malerei sprechen kann – oder als Scharlatan, Hochstapler und Verbrecher. Auf keinen Fall aber kann Kandinsky als ein Künstler unter vielen anderen gelten – ihn so zu interpretieren bedeutet, ihn völlig mißzuverstehen, denn er hat auf eine solche Position eines Künstlers unter vielen anderen von Anfang an verzichtet.

Der Frieden, die Kommunikation, die Verständigung sind also nur dann möglich, wenn privates Eigentum im Spiel ist – vor allem, wie gesagt, in Form eines Eigentumsrechts auf die eigene Meinung, Haltung oder ideologische Position. Wer über seine Meinung als »eigene« Meinung zu verfügen glaubt, kann diese Meinung gegen eine andere Meinung austauschen, er kann sie modifizieren, partiell aufgeben oder mit einer anderen Meinung koordinieren. Wer aber glaubt, daß durch ihn die Sprache selbst spricht, kann dies nicht, weil er über die Sprache als solche offensichtlich nicht als über sein privates Eigentum verfügen kann – da sich die Sprache als Medium ursprünglich in kollektivem, kommunalem Besitz befindet. Deswegen ist die Haltung eines solchen Mediums des Mediums unverhandelbar und letztendlich auch unkommunizierbar. Im Namen der Sprache zu sprechen ist das Gleiche, wie im Namen der Erde oder der Luft zu sprechen – sie gehören allen und niemandem. Daher fordert derjenige, der in ihrem Namen spricht, wie gesagt, notwendigerweise entweder alles oder nichts. Wie eine radikale religiöse Bewegung ist also die künstlerische Avantgarde des zwanzigsten Jahrhunderts ihrem Wesen nach kommunistisch. Sie ist kommunistisch, weil sie durch einen Verzicht auf das private Eigentumsrecht auf ihre eigenen Erzeugnisse initiiert wird – zumindest wenn es sich um das symbolische Eigentumsrecht auf Sinn und Form dieser Erzeugnisse handelt. Die dichterische Avantgarde will nicht selbst reden, sondern die Sprache als solche zum Reden bringen – und zwar als gemeinsame Sprache, die alle sprechen. So will auch die künstlerische Avantgarde die Malerei selbst aufscheinen lassen – statt der einzelnen Werke einzelner Künstler. Und so will auch die kommunistische Partei zu der Stimme werden, welche die Botschaft des Proletariats übermittelt – des Mediums der industriellen Produktion. Aber noch einmal: Wer in seinem eigenen Namen spricht, kann sein Reden auch ändern, d. h. es durch ein anderes Reden austauschen. Wer aber im Namen eines Mediums spricht, kann dies nicht – er kann sein Medium nicht austauschen, sondern nur ihm treu bleiben oder aber es verraten.

Dadurch führt die Avantgarde in die Gesellschaft einen Bruch ein, der auf keine der anderen, bereits existierenden gesellschaftlichen Differenzen reduzierbar ist. Diese neue, künstliche Differenz ist das eigentliche avantgardistische Kunstwerk. Jetzt ist es nicht mehr der Betrachter, der aus seiner spezifischen gesellschaftlichen Perspektive das Kunstwerk beurteilt, sondern das Kunstwerk beurteilt – und verurteilt oftmals – sein Publikum. Man hat oft gesagt, diese Strategie der Avantgarde sei elitär. Sie ist es vielleicht – aber es handelt sich um eine Elite, die allen gleichermaßen offensteht, wobei sie alle, die nicht dazugehören wollen, gleichermaßen ausschließt. In diesem Sinne wird das universalistische Versprechen der Avantgarde durch ihren elitären Charakter keineswegs verraten, sondern vielmehr erfüllt: Die Avantgarde führt nämlich eine einzige universelle Unterscheidung ein, die alle anderen, partiellen Unterscheidungen überdeterminiert. Nicht nur die Eingeweihten und Auserwählten fühlen sich durch die neue Differenz universalisiert. Es werden dadurch auch diejenigen universalisiert, die das neue Bekenntnis nicht ablegen wollen. Unabhängig von Klasse, Rasse oder Geschlecht stand die Mehrheit des Publikums dem Suprematismus von Malewitsch oder dem Dadaismus von Duchamp ihrerzeit verblüfft und ablehnend gegenüber. Durch die Einführung einer neuen unüberbrückbaren Differenz schafft die Avantgarde einen medialen Raum, in dem der Krieg nicht nur möglich, sondern unausweichlich wird.

Jenseits der Heterogenität: Die Ideologie der Cultural Studies und ihr postkommunistisches Anderes

Der gegenwärtig im Bereich der Cultural Studies herrschende Diskurs hat die Tendenz, die historische Entwicklung als einen Weg zu betrachten, der das Subjekt aus dem Partikularen ins Universale befördert, aus vormodernen geschlossenen Gemeinschaften, Ordnungen, Hierarchien, Traditionen und kulturellen Identitäten heraus in den offenen Raum der Universalität, der freien Kommunikation und der Staatsbürgerschaft in einem demokratischen modernen Staat. Dieser Weg der Demokratisierung ist zugleich der Weg der Modernisierung. Die gegenwärtigen Cultural Studies haben diese Figur mit der alten, gut etablierten, ehrwürdigen Tradition der europäischen Aufklärung gemeinsam – obgleich sie diese Figur anders verstehen und dementsprechend auch andere Schlußfolgerungen aus ihrer Analyse ziehen. Die zentrale Frage, die sich unter diesen Voraussetzungen stellt, ist nämlich die folgende: Wie soll man mit einem Individuum umgehen, das diesen Weg beschreitet – hier und jetzt? Die traditionelle Antwort der liberalen politischen Theorie, die ihren Ursprung im Denken der französischen Aufklärung hat, ist wohlbekannt: Das Individuum muß auf diesem Weg so schnell wie möglich vorankommen. Und wenn wir feststellen, daß eine Person nicht schnell genug vorankommt – daß sie eventuell sogar Halt macht oder einschläft, statt vorwärts zu gehen –, dann müssen geeignete Maßnahmen gegen diese Person ergriffen werden, denn eine solche Person kommt nicht nur individuell auf dem Weg zur universellen Freiheit zu langsam voran, sondern sie verlangsamt den allgemeinen Übergang der gesamten Menschheit in den Status der Freiheit. Doch die Menschheit kann eine solche Verzögerung nicht tolerieren, da sie so bald wie möglich frei und demokratisch sein möchte. Das ist der Ursprung der liberalen Form von Zwang und Gewalt im Namen von Demokratie und Freiheit. Und es ist durchaus verständlich, daß die gegenwärtigen Cultural Studies versuchen, diese Art von Zwang zurückzuweisen und das Recht des Subjekts auf Langsamkeit und Differenz zu verteidigen, das Recht, seine vormoderne kulturelle Identität als legitimes Gepäck, das nicht konfisziert werden darf, in die Zukunft mitzunehmen. Und wenn die perfekte, absolute Demokratie sich in der Tat nicht nur als unrealisiert, sondern als unrealisierbar erweist, dann ist der Weg, der zu ihr führt, ein unendlicher – und wenn er unendlich ist, dann ergibt es keinen Sinn, den hier und jetzt existierenden heterogenen kulturellen Identitäten die Homogenität und Universalität einer unendlichen Zukunft aufzuzwingen. Viel besser ist es, Heterogenität und Differenz anzuerkennen und sich mehr dafür zu interessieren, woher das Subjekt kommt, als dafür, wohin es geht. So können wir sagen, daß das gegenwärtige starke Interesse an Heterogenität und Differenz in erster Linie von bestimmten moralischen und politischen Erwägungen diktiert wird – denen des Schutzes der sogenannten unterentwickelten Kulturen gegen ihre Marginalisierung und Unterdrückung durch die dominierenden modernen Staaten im Namen des Fortschritts. Zugleich allerdings wird das Ideal des Fortschritts vom gegenwärtigen kulturellen Denken nicht vollständig verworfen. Dieses Denken bemüht sich vielmehr, einen Kompromiß zu finden zwischen den Erfordernissen der modernen, uniformen demokratischen Ordnung und den Rechten der vormodernen kulturellen Identitäten, die sich innerhalb dieser allgemeinen Ordnung befinden.

Aber ich möchte noch einen anderen Aspekt betonen. Der Diskurs der Heterogenität und der Differenz setzt nämlich auch eine gewisse ästhetische Wahl voraus – eine rein ästhetische Vorliebe für das Verschiedenartige, für den Mix, für das Crossover. Dieser ästhetische Geschmack ist in der Tat durch und durch charakteristisch für die postmoderne Kunst der späten siebziger und der achtziger Jahre – für die Zeit also, in der die Cultural Studies entstanden sind und sich zu ihrer heutigen Form entwickelt haben. Dieser ästhetische Geschmack ist angeblich sehr offen, sehr inklusiv – und in diesem Sinne auch genuin demokratisch. Wie wir allerdings wissen, ist der postmoderne Geschmack keineswegs so tolerant, wie er auf den ersten Blick zu sein scheint. Die postmoderne ästhetische Sensibilität verwirft nämlich alles Universale, Uniforme, Repetitive, Geometrische, Minimalistische, Asketische, Monotone, Langweilige – alles Graue, Homogene und Reduktionistische. Sie mag kein Bauhaus, keine geometrische Abstraktion, nichts Bürokratisches oder Technisches: Die klassische Avantgarde wird jetzt nur unter der Bedingung akzeptiert, daß ihre universalistischen Forderungen zurückgewiesen werden und sie zum Teil eines allgemeinen heterogenen Bildes wird. Und sicherlich hat die postmoderne Sensibilität eine große Abneigung – und *muß* sie haben – gegen das graue, monotone, uninspirierende Aussehen des Kommunismus. Das ist, glaube ich, der Grund, warum die postkommunistische Welt heutzutage innerhalb der Cultural Studies ein blinder Fleck bleibt. Westliche Betrachter, die in einer bestimmten Ästhetik trainiert und durch eine bestimmte künstlerische Sensibilität konditioniert sind, wollen die postkommunistische Welt nicht ansehen, weil ihnen einfach nicht gefällt, was sie da sehen. Das Einzige, was zeitgenössische westliche Betrachter am postkommunistischen – oder nach wie vor kommunistischen – Osten mögen, sind Dinge wie chinesische Pagoden, russische Kirchen oder die osteuropäischen Städte, die wie direkte Zitate aus dem neunzehnten Jahrhundert aussehen – alles Dinge, die nicht kommunistisch, sondern vorkommunistisch sind, die heterogen und different im allgemein akzeptierten Sinne des Wortes erscheinen, und die sehr gut in den Rahmen des zeitgenössischen westlichen Geschmacks passen. Die kommunistische Ästhetik erscheint hingegen nicht different, nicht heterogen, nicht regional, nicht bunt genug – und konfrontiert daher den herrschenden pluralistischen, postmodernen westlichen Geschmack mit seinem universalistischen, uniformen Anderen.

Wenn wir uns nun aber fragen: Was ist der Ursprung dieser herrschenden postmodernen Vorliebe für bunte Vielfalt? – dann ist nur eine Antwort möglich: Es ist ein Markt-Geschmack. Es ist ein Geschmack, der *durch* die heutigen Märkte geformt wird, und es ist zugleich eine Vorliebe *für* den Markt. In dieser Hinsicht muß daran erinnert werden, daß die Entstehung dieser Vorliebe fürs Heterogene und Differente auf direkte Weise mit der Entstehung der neuen, globalisierten Informations-, Medien- und Unterhaltungsmärkte in den siebziger Jahren und deren Expansion in den achtziger und neunziger Jahren des zwanzigsten Jahrhunderts verknüpft war. Jeder expandierende Markt betreibt, wie wir wissen, die Diversifizierung und Differenzierung des Warenangebots. Daher bin ich überzeugt, daß der Diskurs wie auch die Politik der kulturellen Heterogenität und Differenz nicht richtig gesehen und interpretiert werden können, ohne mit der marktgesteuerten Praxis der kulturellen Diversifizierung und Differenzierung der letzten Dekaden des zwanzigsten Jahrhunderts in Beziehung gesetzt zu werden. Diese Praxis hat eine dritte Möglichkeit eröffnet, mit der eigenen kulturellen Identität umzugehen – jenseits ihrer Unterdrückung und jenseits ihrer Repräsentation im Kontext existierender politischer und kultureller Institutionen. Diese dritte Möglichkeit besteht darin, die eigene kulturelle Identität einfach auf den internationalen Medien- und Touristikmärkten zu verkaufen, zur Ware zu machen, zu kommerzialisieren. Es ist eben diese Komplizenschaft zwischen dem Diskurs der kulturellen Heterogenität und der Diversifizierung der kulturellen Märkte, die einen bestimmten zeitgenössischen, postmodernen kritischen Diskurs so unmittelbar plausibel und gleichzeitig zutiefst ambivalent macht. Während dieser Diskurs gegenüber dem homogenen Raum des modernen Staates und dessen Institutionen eine extrem kritische Haltung einnimmt, tendiert er dazu, gegenüber den zeitgenössischen heterogenen Marktpraktiken vollkommen unkritisch zu sein – zumindest indem er ihnen nicht genug Aufmerksamkeit schenkt.

Betrachtet man den postmodernen kritischen Diskurs, so hat man den Eindruck, mit einer Wahl konfrontiert zu sein zwischen einer bestimmten universellen Ordnung, wie sie vom modernen Staat verkörpert wird, einerseits und fragmentierten, zusammenhanglosen, heterogenen »sozialen Realitäten« andererseits. Doch in Wirklichkeit existieren solche heterogenen Realitäten schlicht und einfach nicht – und die Wahl ist eine vollkommen illusorische. Die scheinbar fragmentierten kulturellen Realitäten sind nämlich de facto durch die globalisierten Märkte untereinander verbunden. Es gibt keine wirkliche Wahl zwischen Universalität und Heterogenität. Vielmehr gibt es eine Wahl zwischen zwei unterschiedlichen Formen der Universalität, zwischen zwei Universalitäten: zwischen der universellen Gültigkeit einer bestimmten politischen Idee und der universellen Zugänglichkeit, wie sie durch die heutigen Märkte geschaffen wird. Beide – der moderne Staat und der gegenwärtige Markt – sind gleich universell. Doch die Universalität einer politischen Idee ist eine offen manifestierte, artikulierte, sichtbar gemachte Universalität, die sich unmittelbar durch die Uniformität und die Repetitivität ihres äußeren Bildes zeigt. Die Universalität des Marktes hingegen ist eine verborgene, nicht explizite, nicht sichtbare Universalität, die durch die zur Ware gemachte Heterogenität und Differenz verdeckt wird. So läßt sich sagen, daß die postmoderne kulturelle Heterogenität ein Pseudonym ist für die Universalität des kapitalistischen Marktes. Die universelle Zugänglichkeit heterogener kultureller Produkte, die durch die Globalisierung der heutigen Informationsmärkte garantiert wird, hat die universellen und homogenen Projekte der europäischen Vergangenheit – von der Aufklärung bis zum Kommunismus – ersetzt. Universell zu sein bedeutete in der Vergangenheit, eine Idee oder ein künstlerisches Projekt zu formulieren, das Menschen unterschiedlicher Herkunft vereinen könnte, das die Heterogenität ihrer kulturellen Identitäten transzendieren könnte, dem sich jeder, der sich dafür entschieden hat, anschließen könnte. Dieser Begriff der Universalität war mit der Vorstellung einer inneren Veränderung verbunden, eines inneren Bruchs, einer Absage an die Vergangenheit und einer Öffnung für die Zukunft – mit der Vorstellung einer »metanoia«, eines Übergangs von einer alten

Identität zu einer neuen. Heute bedeutet universell zu sein hingegen die Fähigkeit, seine eigene Identität so, wie sie ist, zu ästhetisieren – ohne jeden Versuch, sie zu verändern. Dementsprechend wird diese immer schon existierende Identität gehandhabt wie eine Art Readymade im universellen Kontext der Heterogenität. Universell, abstrakt, uniform zu sein bedeutet unter dieser Bedingung, ästhetisch unattraktiv und kommerziell ineffektiv zu sein. Für den zeitgenössischen Geschmack sieht das Universale zu grau, zu unspektakulär, zu uncool und zu wenig unterhaltsam aus, um ästhetisch akzeptabel zu sein.

Aus diesem Grund ist der postmoderne Geschmack ein fundamental antiradikaler Geschmack. Eine radikale politische Ästhetik situiert sich immer am »degré zéro« der literarischen und visuellen Rhetorik, wie Roland Barthes ihn definierte[1] – und d. h. auch am »degré zéro« von Heterogenität und Differenz. Aus demselben Grund erscheint heute die künstlerische Avantgarde – das Bauhaus usw. – so unzeitgemäß: Diese künstlerischen Haltungen verkörpern eine ästhetische Sensibilität für das Politische, nicht für den Markt. Es kann, denke ich, nicht bezweifelt werden: Jeder radikale, utopische Geschmack beinhaltet eine Präferenz für das Asketische, das Uniforme, das Monotone, das Graue, das Langweilige. Von Platon über die Utopien der Renaissance bis hin zu den modernen, avantgardistischen Utopien – alle radikalen politischen und ästhetischen Projekte haben sich stets am »degré zéro« der Heterogenität präsentiert. Und das heißt: Man muß eine gewisse ästhetische Präferenz für das Uniforme – als das dem Heterogenen Entgegengesetzte – haben, um radikale politische und künstlerische Projekte zu akzeptieren und sich zu ihnen zu bekennen. Diese Art von Geschmack kann offensichtlich sehr unpopulär, sehr unattraktiv für die Massen sein. Das ist einer der Gründe für das Paradox, das Historikern moderner Utopien und radikaler Politik gut vertraut ist. Auf der einen Seite ist diese Politik und sind diese Utopien wahrhaftig demokratisch, weil sie wahrhaftig universell, wahrhaftig offen für alle sind – sie sind keineswegs elitär oder exklusiv. Doch auf der anderen Seite appellieren sie, wie gesagt, an einen ästhetischen Geschmack, der relativ selten ist. Aus diesem Grund präsentiert sich radikale demokratische Politik oft genug als exklusiv und elitär. Man muß sich zur radikalen Ästhetik bekennen, um radikale Politik akzeptieren zu können – und dieses Bekenntnis produziert relativ geschlossene Gemeinschaften, die durch ein identisches Projekt, eine identische Vision, ein identisches historisches Ziel geeint sind. Der Weg der radikalen Kunst und Politik führt nicht aus geschlossenen vormodernen Gemeinschaften in offene Gesellschaften und Märkte. Vielmehr führt er aus relativ offenen Gesellschaften in geschlossene Gemeinschaften, die auf gemeinsamen Bekenntnissen gründen. Aus der Literaturgeschichte wissen wir, daß alle Utopien der Vergangenheit auf fernen Inseln oder in beinahe unzugänglichen Gebirgen angesiedelt sind. Und wir wissen, wie isoliert, wie geschlossen die avantgardistischen Bewegungen waren – obgleich ihre künstlerischen Programme wirklich offen waren. Wir haben es hier mit dem Paradox einer universalistischen, aber geschlossenen Gemeinschaft oder Bewegung zu tun – einem Paradox, das wahrhaftig modern ist. Und das bedeutet, daß wir es im Fall der radikalen politischen und künstlerischen Programme mit einem anderen Weg zu tun haben als dem üblichen, wie er von den Cultural Studies beschrieben wird: Es ist kein Weg aus einer vormodernen Gemeinschaft in eine offene Gesellschaft der universellen Kommunikation. Vielmehr ist es ein Weg aus offenen, heterogenen und pluralistischen Märkten in Richtung utopischer Gemeinschaften, die auf einem gemeinsamen Bekenntnis zu einem bestimmten radikalen Projekt gründen. Diese künstlichen, utopischen Gemeinschaften gründen sich nicht auf die historische Vergangenheit, sie sind nicht daran interessiert, ihre Spuren zu bewahren oder ihre Tradition fortzusetzen. Diese universalistischen Gemeinschaften gründen sich ganz im Gegenteil auf historische Brüche, auf die Zurückweisung von Heterogenität und Differenz im Namen einer gemeinsamen Sache.

Um meine These zu illustrieren, möchte ich den kurzen,

aber wichtigen Text von Kasimir Malewitsch »Über das Museum« von 1919 zitieren. Zu dieser Zeit fürchtete die sowjetische Regierung, daß die alten russischen Museen und Kunstsammlungen durch den Bürgerkrieg und den allgemeinen Zusammenbruch der staatlichen Institutionen zerstört würden. Die Kommunistische Partei reagierte darauf mit dem Versuch, diese Sammlungen zu schützen und zu retten. In dem Text protestiert Malewitsch gegen diese promuseale Politik der Sowjetmacht, indem er an den Staat appelliert, nicht zugunsten der alten Kunstsammlungen zu intervenieren, da gerade ihre Zerstörung den Weg zur wahren, lebendigen Kunst eröffnen könnte. Nach einigen rhetorischen Fragen wie »Brauchen wir Rubens oder die Cheopspyramide? Hat der Pilot in den Höhen unseres neuen Verstehens die verderbte Venus nötig? Brauchen wir Tonkopien von alten Städten, getragen von griechischen Säulen?« kommt Malewitsch zu der entscheidenden Feststellung:

> »Das Leben weiß, was es tut, und wenn es mit Macht zerstören will, dürfen wir uns nicht einmischen, da wir durch seine Behinderung den Pfad zu dem neuen Lebenskonzept blockieren, das in uns geboren wird. Durch Verbrennen eines Leichnams erhalten wir ein Gramm Asche, somit könnten Tausende von Friedhöfen auf dem Regal eines Chemikers Platz finden. Wir könnten den Konservativen ein Zugeständnis machen und ihnen anbieten, alle vergangenen Epochen zu verbrennen, da sie tot sind, und dann eine Apotheke aufmachen.«

Schließlich nennt Malewitsch ein konkretes Beispiel für das, was er meint:

> »Der Zweck [dieser Apotheke] wird derselbe sein, selbst wenn die Menschen die Asche von Rubens und seiner ganzen Kunst untersuchen werden – es werden massenhaft Ideen in ihnen aufkeimen und oft lebendiger sein als die eigentlichen Bilder (und weniger Platz benötigen).«[2]

Diese Ideen, die im Betrachter aufkeimen, wenn er die Asche der Bilder von Rubens betrachtet, sind für Malewitsch bestimmt nicht Erinnerungen an die verbrannte Vergangenheit, sondern vielmehr in die Zukunft gerichtete Ideen, die aus der Einsicht entstehen, daß eine Rückkehr zur Vergangenheit unmöglich geworden ist. Die Betrachtung der Asche, die uns den Weg zurück zum Ursprung versperrt, soll uns in die Zukunft orientieren – oder vielmehr zwingen. Malewitsch hat seine kleine Schrift übrigens zu einer Zeit verfaßt, in der die Begeisterung für Krematorien gerade in linken Kreisen weitverbreitet war. Diese Faszination für irreparable Zerstörung repräsentiert sicherlich eine sehr charakteristische Eigenschaft des radikalen europäischen Fortschrittsdenkens. Schon Rousseau hat den Brand der antiken Bibliothek von Alexandria bestaunt, einen Verlust, von dem er behauptete, daß er einer neuen Schule des Schreibens den Weg bereitet habe. Die Einäscherung galt als eine symbolische Absage an die von der Kirche versprochene Auferstehung vom Tode, die in der christlichen Mythologie als Erhebung aus dem Grab vorgestellt wurde. Wer bereit war, der Zukunft Platz zu machen, mußte auch bereit sein, seine Leiche verbrennen und die Asche zerstreuen zu lassen. Auch im Westen haben viele linke Intellektuelle und insbesondere Marxisten ihre Testamente in diesem Sinne verfaßt. Im Moskau der postrevolutionären Jahre, das sich als radikal fortschrittlich verstand, wurden gerade für Künstler und Dichter spezielle Vorführungen der Arbeitsweise neu gebauter Krematorien organisiert – dabei konnte man sehen, in welcher Reihenfolge und auf welche Art unterschiedliche Körperteile verbrennen. Solche Vorführungen waren gerade in den Kreisen der künstlerischen Avantgarde besonders beliebt – man nahm Freunde und Geliebte zu solchen Vorführungen gerne mit. Besonders charakteristisch sind in diesem Zusammenhang Projekte der sekundären Nutzung der Hitze, die bei den Leichenverbrennungen entsteht, für Heizzwecke – besonders für die Heizung öffentlicher Einrichtungen. Allerdings wurden diese Projekte mit dem Verweis auf die technische Unvollkommenheit der damaligen russischen Krematorien wieder verworfen. Auf jeden Fall aber galt die Reduktion der historischen Identitäten und Differenzen zu Asche mit ihrer absoluten Neutralität, Uniformität und ihrem völligen Mangel an Heterogenität als Heilmittel gegen jegliche Nostalgie und Rückkehr zum Ursprung. Diese Option behält übrigens ihre Aktualität bis in unsere Zeit. Der Fortschritt der modernen Genetik verspricht die Möglichkeit, den genetischen Code auch einer gründlich verwesenden Leiche zu rekonstruieren. Die vollständige Einäscherung vernichtet hingegen, zumindest soweit wir es heute beurteilen können, den genetischen Code vollständig und macht damit die Wiederholung der Vergangenheit tatsächlich vollkommen unmöglich.

Auf der politischen und ökonomischen Ebene hat die Oktoberrevolution einen solchen vollständigen Bruch mit der Vergangenheit, eine solche absolute Zerstörung jeglichen individuellen Erbes tatsächlich vollzogen. Die Sowjetmacht hat diesen Bruch mit jeder Art von Erbe praktisch durchgesetzt, indem sie das private Eigentum vollständig abschaffte und alles individuelle Erbe in kollektives Eigentum überführte. Eine Spur des eigenen Erbes in dieser undifferenzierten Masse kollektiven Eigentums zu finden war ebenso unmöglich, wie die Spur individueller verbrannter Gegenstände in der kollektiven Masse der Asche zu entdecken. Dieser vollständige Bruch mit der Vergangenheit konstituiert sowohl die politische als auch die künstlerische Avantgarde. Der Begriff der Avantgarde wird oft mit dem des Fortschritts assoziiert. In der Tat suggeriert der Begriff Avantgarde eine solche Interpretation wegen seiner militärischen Konnotation – ursprünglich verwies er auf Truppen, die am Kopfende einer Armee voranschreiten. Zur Charakterisierung der radikalen avantgardistischen Bewegung wurde der Begriff aber erst relativ spät herangezogen. Auf die russische revolutionäre Kunst wurde er systematisch in den sechziger Jahren des zwanzigsten Jahrhunderts angewendet. Die russischen Künstler selbst benutzten den Begriff der Avantgarde dagegen nie. Statt dessen verwendeten sie Namen wie Futurismus, Suprematismus oder

Konstruktivismus – die keine fortschreitende Bewegung in Richtung Zukunft bedeuten, sondern beinhalten, daß man sich nach einem radikalen Bruch mit der Vergangenheit bereits in der Zukunft befindet, daß man am Ende – oder sogar jenseits des Endes – der Geschichte angelangt ist, verstanden als Geschichte der Klassenkämpfe oder als Geschichte der Kunstformen, der Kunststile und der Kunstbewegungen. Vor allem Malewitschs berühmtes »Schwarzes Quadrat« wurde als Nullpunkt der Kunst sowie als Nullpunkt des Lebens verstanden – und damit als Punkt der Identität von Leben und Kunst, von Künstler und Kunstwerk, von Betrachter und Kunstobjekt usw. Dabei wird das Ende der Geschichte hier nicht etwa im selben Sinne wie bei Francis Fukuyama gedacht.[3] Das Ende der Geschichte wird hier nicht durch einen finalen Sieg des Marktes über jedes mögliche universelle, vereinheitlichte politische Projekt herbeigeführt, sondern ganz im Gegenteil durch ein endgültiges politisches Projekt, d. h. durch eine endgültige Absage an die Vergangenheit, einen finalen Bruch mit der Geschichte der Heterogenität. Es ist das radikale, apokalyptische Ende der Geschichte – und nicht diese Art Ende-der-Geschichte, wie sie von der zeitgenössischen liberalistischen Theorie beschrieben wird. Daher besteht das einzige wirkliche Erbe des gegenwärtigen postkommunistischen Menschen – der Ort, von dem her er kommt – in der vollständigen Zerstörung jeglicher Art von kulturellem Erbe, in einem radikalen, absoluten Bruch mit der historischen Vergangenheit und mit jeder Art von eigenständiger kultureller Identität. Sogar der Name des Landes »Rußland« wurde ausgelöscht und durch einen neutralen Namen ersetzt, dem jede kulturelle Tradition fehlt: Sowjetunion. Der zeitgenössische russische, postsowjetische Mensch kommt aus dem Nirgendwo, vom Nullpunkt am Ende jeder möglichen Geschichte.

Nun wird klar, warum es für die Cultural Studies so schwierig ist, den Weg zu beschreiben, den die postkommunistischen Länder und Bevölkerungen nach dem Ende des Kommunismus beschritten haben. Einerseits scheint dieser Weg derselbe alte, gut bekannte Weg aus einer geschlossenen Gesellschaft in eine offene Gesellschaft, von der Gemeinschaft zur bürgerlichen Gesellschaft zu sein. Doch die kommunistische Gemeinschaft war in ihrer Absage an die Vergangenheit in vielerlei Hinsicht und auf eine viel radikalere Art und Weise modern als die Länder des Westens. Und sie war eine geschlossene Gemeinschaft nicht aufgrund der Stabilität ihrer Traditionen, sondern aufgrund der Radikalität ihrer Projekte. Und das bedeutet: Das postkommunistische Subjekt beschreitet zwar den Weg, wie er von den Cultural Studies beschrieben wird – aber es beschreitet ihn in die entgegengesetzte Richtung: nicht aus der Vergangenheit in die Zukunft, sondern aus der Zukunft in die Vergangenheit; vom Ende der Geschichte, von der Existenz in einer posthistorischen, postapokalyptischen Zeit zurück in die historische Zeit. Das postkommunistische Leben verläuft rückwärts, es ist eine Bewegung gegen den Fluß der Zeit. Das ist sicherlich kein völlig einzigartiges historisches Phänomen. Wir kennen viele moderne apokalyptische, prophetische, religiöse Gemeinschaften, die der Notwendigkeit unterworfen waren, in die historische Zeit zurückzukehren. Dasselbe kann von einigen künstlerischen Avantgarde-Bewegungen und auch von einigen politisch motivierten Gemeinschaften aus den sechziger Jahren des zwanzigsten Jahrhunderts gesagt werden. Der Hauptunterschied zu diesen Bewegungen und Gemeinschaften liegt in der Größe eines Landes wie Rußland, das nun seinen Weg zurück finden muß – aus der Zukunft in die Vergangenheit. Doch einem so riesigen Land wie Rußland steht nicht die Option des Selbstmords offen – es muß seinen Weg zurück gehen, welche Gefühle auch immer es dabei hat.

Selbstverständlich bescherte die Öffnung der kommunistischen Länder deren Bevölkerungen in erster Linie nicht Demokratisierung im politischen Sinne, sondern die Notwendigkeit, unter neuen, von den internationalen Märkten diktierten ökonomischen Bedingungen zu überleben. Allein das bedeutet schon eine Rückkehr in die Vergangenheit, denn alle kommunistischen Länder Osteuropas, inklusive Rußlands, hatten ja ihre kapitalistische Vergangenheit. Bis vor kürzester

Zeit kannte das Gros der russischen Bevölkerung den Kapitalismus vor allem aus der vorrevolutionären russischen Literatur des neunzehnten Jahrhunderts. Die Summe dessen, was die Leute über Banken, Darlehen, Versicherungspolicen oder private Betriebe wußten, zogen sie aus der Lektüre von Tolstoi, Dostojewski oder Tschechow in ihrer Schulzeit – die Impressionen hinterließen Spuren, vergleichbar mit denen, die bei der Lektüre von Büchern über das alte Ägypten aufkommen. Sicherlich wußte man, daß im Westen immer noch der Kapitalismus herrscht; doch genausogut wußte man, daß man eben nicht im Westen lebt, sondern in der Sowjetunion. Und plötzlich begannen alle diese Banken, Darlehen und Versicherungspolicen aus ihren literarischen Grabstätten emporzuschießen und Wirklichkeit zu werden. Für die gewöhnlichen Russen fühlt sich das so an, als ob alte ägyptische Mumien aus ihren Sarkophagen emporsteigen und nun ihre alten Gesetze wieder in Kraft setzen würden.

Darüber hinaus aber – und das ist wohl der unangenehmste Teil dieser Geschichte – verlangen die heutigen westlichen kulturellen Märkte von den Russen, den Ukrainern usw., ihre angebliche kulturelle Identität wiederzuentdecken, neu zu definieren und zu manifestieren. Wie ich zu zeigen versucht habe, besaßen diese postkommunistischen Menschen überhaupt niemals eine spezifisch russische oder ukrainische Identität, sie konnten sie gar nicht besitzen – denn wenn solche kulturellen Identitäten jemals existierten, sind sie durch das universalistische sowjetische Gesellschaftsexperiment restlos ausgelöscht worden. Die Einzigartigkeit des Kommunismus liegt in der Tatsache, daß es die erste moderne Zivilisation ist, die historisch untergegangen ist – mit Ausnahme vielleicht der kurzlebigen faschistischen Regime der dreißiger und vierziger Jahre des zwanzigsten Jahrhunderts. Bis zu jener Zeit waren alle Zivilisationen, die untergegangen sind, vormodern. Daher hatten sie auch feste Identitäten, die durch auffallende, berühmte Monumente wie die ägyptischen Pyramiden dokumentiert sind. Die kommunistische Zivilisation jedoch benutzte ausschließlich moderne Dinge, die sich in jedermanns Gebrauch befinden – und die keineswegs russischen Ursprungs sind. Das typisch Sowjetische war der sowjetische Marxismus. Doch es macht keinen Sinn, dem Westen den Marxismus als ein Zeichen der russischen kulturellen Identität zu präsentieren, da der Marxismus ja ganz offensichtlich westlichen und nicht russischen Ursprungs ist. Die spezifisch sowjetische Bedeutung und der spezifisch sowjetische Gebrauch des Marxismus konnten nur im spezifischen Kontext des sowjetischen Staates funktionieren und demonstriert werden. Nun, da dieser spezifische Kontext aufgelöst wurde, ist der Marxismus in den Westen zurückgekehrt – und die Spuren seines sowjetischen Gebrauchs sind einfach verschwunden. Der postkommunistische Mensch fühlt sich wie eine Coca-Cola-Flasche von Warhol, die aus dem Museum in den Supermarkt zurückgebracht wurde. Im Museum war diese Coca-Cola-Flasche ein Kunstwerk und hatte eine Identität – doch zurück im Supermarkt sieht diese Coca-Cola-Flasche genau wie alle anderen Coca-Cola-Flaschen aus. Unglücklicherweise sind dieser vollständige Bruch mit der historischen Vergangenheit und diese restlose Auslöschung der kulturellen Identität der Außenwelt so schwer zu erklären wie die Erfahrung des Krieges oder des Gefängnisses gegenüber jemandem, der nie im Krieg oder im Gefängnis gewesen ist. Anstatt also zu versuchen, diesen seinen Mangel an kultureller Identität zu erklären, versucht der postkommunistische Mensch daher, eine solche Identität zu erfinden – und handelt dabei wie Zelig in dem berühmten Film von Woody Allen.

Diese postkommunistische Suche nach kultureller Identität, die so leidenschaftlich, so authentisch und mit innerer Notwendigkeit betrieben zu sein scheint, ist eigentlich eine hysterische Reaktion auf die Erfordernisse der internationalen kulturellen Märkte. Die Osteuropäer möchten jetzt genauso nationalistisch, traditionell und kulturell identifizierbar sein wie alle anderen – aber sie wissen eigentlich nach wie vor nicht wirklich, wie sie es anstellen sollen. Ihr zur Schau gestellter Nationalismus ist daher primär eine Reflexion der und eine Anpassung an die Suche nach Andersheit, wie sie für den kulturellen Geschmack des gegenwärtigen Westens charakteristisch ist. Ironischerweise wird diese Anpassung an die Erfordernisse des heutigen internationalen Marktes und an den herrschenden kulturellen Geschmack von der westlichen öffentlichen Meinung meistens als »Wiedergeburt« des Nationalismus, als »Wiederkehr des Verdrängten« interpretiert und dient als ein zusätzlicher Beweis zur Stärkung des Glaubens an Andersheit und Heterogenität. Ein gutes Beispiel für diesen Spiegel-Effekt – der Osten reflektiert die westlichen Erwartungen der »Andersheit« und bestätigt sie durch eine künstliche Simulation seiner kulturellen Identität – ist die Neuausrichtung der Moskauer Architektur, die unmittelbar nach dem Ende der Sowjetunion stattfand.

Während einer relativ kurzen Zeit nach der Selbstauflösung der Sowjetunion hat sich Moskau – inzwischen nicht länger sowjetische, sondern russische Hauptstadt – architektonisch erstaunlich schnell und gründlich transformiert. Es wurde in dieser Zeit sehr viel gebaut – und die neu entstandenen Bauten und Monumente haben das Bild der Stadt neu definiert. Nun fragt man sich sicherlich: Wie? Die Antwort, die man in den Texten der westlichen Beobachter und in Teilen der heutigen ernsthaften russischen Architekturkritik am häufigsten findet, lautet: Die neue Architektur Moskaus ist kitschig, restaurativ und vor allem darum bemüht, an rückwärtsgewandte russisch-nationalistische Gefühle zu appellieren. Dabei glauben diese Beobachter eine gewisse Diskrepanz feststellen zu können zwischen der kapitalistischen Öffnung Rußlands und der rückwärtsgewandten, restaurativen Ästhetik der heutigen russischen Hauptstadt. Zumeist erklären sie diesen vermeintlichen Widerspruch dadurch, daß diese restaurative Ästhetik in bezug auf den aktuellen Modernisierungsschub, der von vielen wirtschaftlichen und sozialen Verwerfungen begleitet wird, kompensatorisch wirken und an die vergangene Glorie Rußlands erinnern soll.

Ohne Zweifel ist die Ästhetik des neuen Moskau in der Tat eindeutig restaurativ – wenn die westliche Moderne auch immer wieder zitiert wird, so werden diese Zitate in einen historizistischen, eklektizistischen Kontext gestellt. Und gerade die repräsentativsten Gebäude der neuen Moskauer Architektur signalisieren eine programmatische Ablehnung der internationalen Moderne. Nun wird aber der Kapitalismus selbst in Rußland vielmehr als restaurativ empfunden – als Rückkehr aus der sozialistischen Zukunft in die vorrevolutionäre, kapitalistische Vergangenheit. Und das bedeutet wiederum, daß die restaurative Architektur vom Geist des russischen Kapitalismus beseelt ist, anstatt ihm zu widersprechen. Nach der russischen Chronologie gehört die Moderne in die sozialistische Zukunft, die jetzt Vergangenheit geworden ist, und nicht in die kapitalistische Vergangenheit, die jetzt Zukunft geworden ist. Die Moderne assoziiert man in Rußland mit dem Sozialismus – nicht, wie im Westen, mit dem fortschrittlichen Kapitalismus. Und man tut das nicht deswegen, weil die Künstler der Moderne oft sozialistische Überzeugungen hatten, sondern aus dem einfachen Grund, daß die Moderne zu der Zeit stattfand, in der in Rußland der Sozialismus herrschte – d. h. im gesamten zwanzigsten Jahrhundert. Daher möchte die neue Moskauer Architektur die Rückkehr des Landes in vorrevolutionäre Zeiten, d. h. ins neunzehnte Jahrhundert signalisieren, indem sie dem Modernismus des zwanzigsten Jahrhunderts den Rücken kehrt. Zudem assoziiert der russische Bürger mit der Moderne vor allem die sowjetische Architektur der sechziger und siebziger Jahre, die er meistens zutiefst gehaßt hat. Während dieser Dekaden entstanden in der ganzen Sowjetunion riesige urbane Zonen, die mit großen, streng geometrisierten, monoton aussehenden, grauen Standardhäusern bar jedes künstlerischen Anspruchs bebaut wurden – eine Architektur auf der Nullebene. Eine solche Moderne wird jetzt abgelehnt, weil sie mit Monotonie, Standardisierung und vor allem mit der typisch sozialistischen Mißachtung des privaten Geschmacks assoziiert wird. Mit den gleichen Argumenten wird übrigens heute auch die oppositionelle, modernistisch orientierte Dissidentenkultur der sechziger und siebziger Jahre abgelehnt, deren Vertreter inzwischen fast ausschließlich im Westen Anerkennung gefunden haben. In Rußland wird diese oppositionelle Kultur als eine immer noch zu sowjetische, d.h. zu hochmütige, intolerante, ideologisierte, modernistische abgelehnt. Statt dessen wird im heutigen Rußland die Postmoderne gefeiert. Die Rückkehr des Eklektizismus und des Historismus wird daher als Ankunft des wahren Pluralismus, der Offenheit, der Demokratie und des Rechts auf persönlichen Geschmack gepriesen – als unmittelbare und sichtbare Bestätigung des Gefühls, endlich von den ideologischen Belehrungen der kommunistischen Ideologie sowie vom ästhetischen Terror des Modernismus befreit zu sein.

Doch entgegen dieser Rhetorik der Heterogenität, der Inklusivität und der Befreiung des persönlichen Geschmacks ist der neue Moskauer Stil in Wirklichkeit ganz und gar das Produkt einer zentralisierten Planung. Die repräsentativsten und stilbildenden Gebäude sind alle dank der Initiative des postsowjetischen Moskauer Bürgermeisters Juri Luschkow sowie seines Leibbildhauers Surab Zereteli entstanden. Wie auch im Fall der Stalinschen Architektur, die ebenfalls als Effekt einer engen Kooperation zwischen Stalin und einigen wenigen von ihm ausgewählten Architekten entstanden ist, haben wir hier ein Beispiel eines für russische Verhältnisse sehr typischen, wenn man so sagen darf, geplanten und zentralisierten Pluralismus. Der gegenwärtige Moskauer Stil hat sich von der modernistischen Monotonie der sechziger und siebziger Jahre des zwanzigsten Jahrhunderts im gleichen Maße distanziert, wie die stalinistische Architektur sich des Rigorismus der Avantgarde entledigt hatte. Der Moskauer Stil ist ein Revival des Revivals. Und vor allem ist in beiden Fällen die Rückkehr zum Volksgeschmack und zum ästhetischen Pluralismus eine letztendlich staatlich verwaltete und finanzierte Inszenierung.

Wie dieser kontrollierte Pluralismus funktioniert, läßt sich am besten an einem konkreten Beispiel zeigen – der Wiedererrichtung der Christ-Erlöser-Kathedrale im Zentrum Moskaus, die erst vor kurzer Zeit abgeschlossen wurde. Diese wiedererrichtete Kathedrale gilt aber schon heute als das zentrale postsowjetische Architekturmonument in Moskau. Besonders Luschkow selbst hat die Wiedererrichtung der Kathedrale zum hochrangigsten städtischen Prestigeobjekt gemacht. Nun einige historische Informationen, welche die Bedeutung dieses Restaurationsvorhabens einsichtig machen.

Die Christ-Erlöser-Kathedrale wurde ursprünglich von dem Architekten Konstantin Ton in den Jahren 1838 bis 1883 als Symbol des Sieges Rußlands über die napoleonische Armee erbaut und auf Befehl Stalins im Jahr 1931 gesprengt. Von der damaligen Kritik wurde die überproportional große Kathedrale gleich nach ihrer Fertigstellung einhellig als monumentaler Kitsch bewertet und verlacht. Diese ursprüngliche Einschätzung, die von der späteren Architekturgeschichte geteilt wurde, hat sicherlich dazu beigetragen, daß in der Stalinzeit entschieden wurde, das Gebäude zu sprengen – es galt eben als künstlerisch wenig wertvoll. Zugleich wurde diese Sprengung aber zu einem höchst symbolischen politischen Akt, denn trotz – oder vielmehr dank – ihrer Kitschigkeit erfreute sich die Kathedrale beim Volk großer Beliebtheit und symbolisierte im vorrevolutionären Rußland am deutlichsten die Macht der russischen orthodoxen Kirche. So geriet diese Sprengung zum Höhepunkt der antikirchlichen Kampagne der späten zwanziger und der dreißiger Jahre und hat sich deswegen tief ins Volksgedächtnis eingeprägt.

Der Platz, der durch die Sprengung frei geworden war, wurde von Stalin wegen seiner symbolischen Bedeutung für die Errichtung des »Palastes der Sowjets« vorgesehen, der als zentrales Monument des sowjetischen Kommunismus dienen sollte. Der »Palast der Sowjets« wurde nie gebaut – wie auch der Kommunismus, dessen Monument er sein sollte, nie errichtet wurde. Allerdings gilt der Entwurf des Palastes, der von Boris Jofan Mitte der dreißiger Jahre ausgearbeitet und nach mehrfacher Überarbeitung von Stalin akzeptiert wurde, zurecht als das wichtigste Architekturprojekt des Stalinzeit. Wenn auch der »Palast der Sowjets« selbst nie gebaut worden ist, so diente doch sein Entwurf als Vorbild für die gesamte spätere stalinistische Architektur. Vor allem die berühmten stalinistischen Hochhäuser, die in der Nachkriegszeit gebaut wurden und bis jetzt die Silhouette von Moskau weitgehend bestimmen, folgen eindeutig diesem Vorbild. So wie der Kommunismus entsprechend der damaligen offiziellen Ideologie durch die Stalinsche Kultur vorbereitet und präfiguriert wurde, wurden die Stalinschen Hochhäuser um den abwesenden Palast der Sowjets herum zentriert, um sein späteres Erscheinen anzukündigen. Doch statt des »Palastes der Sowjets« wurde an dessen Stelle im Zuge der Entstalinisierung in den sechziger Jahren das riesige Freiluftschwimmbad »Moskwa« errichtet, das sich, wie früher die Christ-Erlöser-Kathedrale, großer Beliebtheit bei der Bevölkerung erfreute und gerne benutzt wurde. Das Bad hatte auch im Winter geöffnet – so daß aus ihm mehrere Monate lang große und von allen Seiten sichtbare Dunstwolken aufstiegen, die der ganzen Szenerie etwas Unterirdisch-Höllisches verliehen. Zugleich kann man dieses Bad als Ort sehen, an dem sich die Moskauer Bevölkerung von den Sünden ihrer stalinistischen Vergangenheit reinwaschen durfte. Wie dem auch sei, dieses Bad symbolisierte gerade durch seinen denkwürdigen Ort am deutlichsten das »moderne« kulturelle Bewußtsein der sechziger und siebziger Jahre: die radikale Absage an jegliche Architektur, das Freischwimmen unter freiem Himmel, die Nullebene des Bauens.

Nun hat man nach dem Untergang der Sowjetmacht dieses Bad trockengelegt und an seiner Stelle eine genaue Kopie der zerstörten Christ-Erlöser-Kathedrale errichtet. Wie genau diese Kopie tatsächlich ist, gilt in Rußland als eine höchst umstrittene und heiß diskutierte Frage. Doch im Grunde zählt allein die Intention, die unzweifelhaft darin besteht, eine genauestmögliche Kopie der zerstörten Kirche aufzubauen – die symbolisch die Funktion einer exakten Kopie der historischen Vergangenheit, der russischen kulturellen Identität hat. Weit davon entfernt, ein Monument des neuen russischen Nationalismus oder das Symptom einer Wiederkehr antiwestlichen Ressentiments zu sein, war die Wiedererrichtung der Kathedrale dazu bestimmt, die Niederlage der universalistischen, modernistischen, avantgardistischen sowjetischen Vergangenheit und die Rückkehr zur folkloristischen russischen Identität zu feiern – einer Identität, die mühelos in die neue kapitalistische Ordnung eingeschrieben werden kann. Und auf den ersten Blick scheint in diesem Fall eine solche symbolische Rückkehr zur nationalen Identität reibungslos vonstatten zu gehen: Während der gesamten sowjetischen Zeit war der Platz der Kathedrale, wie gesagt, ein leerer, unbesetzter Ort geblieben – gleich einem weißen Blatt Papier, das von jeder beliebigen Schrift bedeckt werden kann. Dementsprechend bestand keine Notwendigkeit, irgendwelche Gebäude zu versetzen oder zu zerstören, um die alte Kathedrale an ihrem früheren Ort zu rekonstruieren. Die Sowjetzeit manifestiert sich hier als eine ekstatische Unterbrechung der historischen Zeit, als eine pure Absenz, als materialisiertes Nichts, als ein leerer, unbesetzter Raum. So scheint es, daß sich nichts ändert, wenn diese Leere verschwindet: Die Löschung wird ihrerseits gelöscht, und die Kopie wird mit ihrem Original identisch – ohne irgendwelche zusätzlichen historischen Verluste.

Doch in Wirklichkeit zeigt diese Rekonstruktion, daß der Schritt in Richtung Vergangenheit – wie zuvor der Schritt in Richtung Zukunft – das Land nur immer wieder zum selben Fleck zurückführt. Und dieser Fleck, dieser Punkt, von dem aus das Panorama der russischen Geschichte in seiner Gesamtheit überblickt werden kann, hat einen Namen: Stalinismus. Die Kultur der Stalinzeit war bereits ein Versuch gewesen, die Vergangenheit nach dem vollständigen revolutionären Bruch mit ihr zu reappropriieren – auf dem Müllhaufen der Geschichte, den die Revolution hinterlassen hat, bestimmte Dinge zu finden, die für den Aufbau der neuen Welt nach dem Ende der Geschichte nützlich sein könnten. Das wichtigste Prinzip des Dialektischen Materialismus in seiner leninistisch-stalinistischen Fassung, die sich Mitte der dreißiger Jahre konstituiert und verfestigt hat, bildet das sogenannte »Gesetz der Einheit und des Kampfes der Gegensätze«. Gemäß diesem Gesetz haben zwei sich widersprechende Aussagen gleichzeitig ihre Gültigkeit: »A« und »Nicht-A« schließen sich keineswegs gegenseitig aus, sondern befinden sich in einem dynamischen Verhältnis. Ein logischer Widerspruch bildet in seiner inneren Struktur den realen Konflikt der gegensätzlichen geschichtlichen Kräfte ab, der den lebendigen Kern des Lebens ausmacht. Deswegen sind nur die innerlich widersprüchlichen Sätze »lebendig« und damit wahr. Das Denken der Stalinzeit wertet also den Widerspruch zu Ungunsten der widerspruchslosen Aussage auf. Diese Aufwertung der Widersprüchlichkeit hat der Dialektische Materialismus selbstverständlich von der Hegelschen Dialektik geerbt. Allerdings konnte der Widerspruch im leninistisch-stalinistischen Modell nie, wie es bei Hegel der Fall war, geschichtlich überwunden und retrospektiv betrachtet werden. Alle Widersprüche waren ständig präsent, kämpften ständig gegeneinander und bildeten ständig eine Einheit. Und wer auf einer bestimmten Aussage bestand, machte sich insofern schuldig, als er diese Einheit der Gegensätze auf perfide Weise zerstörte. Die Lehre von der Einheit der sich widersprechenden Gegensätze bildet die Grundfigur und das ganze innere Geheimnis des stalinistischen Totalitarismus. Denn dieser Totalitarismus erhebt den Anspruch, in sich selbst alle Gegensätze zu vereinen, die es überhaupt gibt. Der Stalinismus verwirft nichts, sondern nimmt alles in sich auf und findet für alles einen gebührenden Platz. Das Einzige, was für das stalinistische Denken unerträglich ist, ist ein Festhalten an der logischen Konsequenz einer eigenen Position, die eine gegenteilige Position ausschließt. Darin sieht die stalinistische Ideologie eine Weigerung, sich dem Leben und dem Kollektiv zu stellen, die nur von einem bösen Willen diktiert sein kann. Die Grundstrategie dieser Ideologie funktioniert ungefähr folgendermaßen: Wenn der Stalinismus schon alle Gegensätze in sich vereint hat, welchen Sinn kann es dann noch haben, auf einem dieser Gegensätze einseitig zu bestehen? Einen rational begründeten Sinn kann es in diesem Fall nicht geben, weil die entsprechende Haltung in der Totalität der stalinistischen Ideologie immer schon gut aufgehoben ist. Der einzige Grund für eine solche Trotzreaktion könnte also ein irrationaler Haß auf die Sowjetmacht und auf Stalin persönlich sein. Da es aber unmöglich ist, mit einem solchen haßerfüllten Menschen zu diskutieren, kann er leider nur umerzogen oder eliminiert werden.

Dieser kurze Exkurs zur Lehre des Dialektischen Materialismus erlaubt es uns jetzt, das Kriterium zu formulieren, welches das künstlerische Schaffen der Stalinzeit innerlich bestimmt: Angestrebt wird die maximale innere ästhetische Widersprüchlichkeit jedes einzelnen Kunstwerks. Dieses Kriterium bestimmte auch die Strategien der künstlerischen Kritik der damaligen Zeit. Die stalinistische Kunstkritik reagierte immer dann negativ, wenn sie im kritisierten Kunstgegenstand eine klar definierte, konsequent vertretene und eindeutig feststellbare ästhetische Haltung entdeckte – welcher Art diese Haltung war, galt dabei als sekundär. Im Gegensatz zur expliziten und aggressiven Ästhetik der künstlerischen Avantgarde legte die Ästhetik der Stalinzeit sich nie im positiven Sinne fest. Weder die stalinistische Ideologie noch die stalinistische Kunstpolitik sind in irgendeinem Sinne dogmatisch. Die stalinistische Staatsmacht agiert vielmehr wie eine unsichtbare Hand hinter der Heterogenität und Pluralität der individuellen künstlerischen Projekte – sie zensiert, redigiert und kombiniert diese Projekte gemäß ihrer eigenen Vorstellung von einem geeigneten ideologischen Mix. Und das bedeutet auch, daß die symbolische Leere, in die hinein die neu-alte Kathedrale gebaut wurde, letztendlich gar kein so leerer Raum ist. Es ist vielmehr ein unsichtbarer, innerer Raum der Macht, der hinter der Heterogenität der künstlerischen Formen verborgen bleibt. Daher war es so einfach, im gegenwärtigen Kontext die unsichtbare Hand der stalinistischen Staatsmacht mit der unsichtbaren Hand des Marktes zu koordinieren – wenn nicht gar zu identifizieren. Beide operieren sie im selben Raum unter der heterogenen, pluralistischen Oberfläche. Weit davon entfernt, eine Wiedergeburt der russischen kulturellen Identität zu bedeuten, symbolisiert die Kopie der Kathedrale im Zentrum Moskaus ein Revival der stalinistischen kulturellen Praktiken unter den neuen Marktbedingungen.

Dieses Beispiel des Revivals der stalinistischen sowjetischen

Ästhetik als Effekt des postmodernen Geschmacks, das ich hier relativ ausführlich behandelt habe, illustriert eine ganz bestimmte These, die ich am Ende meiner Präsentation aufstellen möchte. Alle Kunst ist selbstverständlich politisch. Alle Versuche, die Kunst als autonom zu definieren und sie über dem oder jenseits des Politischen anzusiedeln, sind zutiefst naiv. Doch über dieser Feststellung dürfen wir nicht vergessen, daß die Kunst nicht auf ein spezifisches Feld unter vielen anderen Feldern, die als Arenen für politische Entscheidungen funktionieren, reduziert werden kann. Es reicht nicht aus zu bekräftigen, daß die Kunst von der Politik abhängig ist. Es ist wichtiger, denke ich, die Abhängigkeit der politischen Diskurse, Strategien und Entscheidungen von ästhetischen Haltungen, Geschmacksrichtungen, Präferenzen und Prädispositionen zu thematisieren. Wie ich zu zeigen versucht habe, ist radikale Politik nicht von einem ganz bestimmten ästhetischen Geschmack zu trennen – einer Vorliebe für das Universelle, für den »degré zéro« der Heterogenität. Auf der anderen Seite korreliert die liberale, marktorientierte Politik mit einer Vorliebe für Pluralität, Differenz, Offenheit und Heterogenität. In unserer Zeit herrscht nach wie vor der postmoderne Geschmack vor. Radikale politische Projekte haben heute fast keine Chance, von der Öffentlichkeit akzeptiert zu werden, weil sie nicht mit der herrschenden ästhetischen Sensibilität harmonieren. Doch die Zeiten ändern sich. Und es ist sehr wohl möglich, daß in naher Zukunft wieder eine neue Sensibilität für radikale Kunst und Politik entstehen wird.

Die Sprache des Geldes

Die Sprache, die unsere Gesellschaft heutzutage vorzugsweise benutzt, um über sich selbst zu sprechen, ist die Sprache des Geldes. Das Geld nämlich stiftet die innere Einheit unserer Welt – eine Funktion, die früher von der Religion erfüllt worden ist. Die heutige soziale, politische und kulturelle Wirklichkeit scheint auf den ersten Blick extrem gespalten, fragmentiert, pluralistisch zu sein. Es gibt keine bindenden Traditionen, keine allgemeingültigen Ideen, keine allgemeinverpflichtenden politischen Projekte mehr. So scheint der moderne – und noch mehr der postmoderne – Mensch in eine Freiheit entlassen zu werden, die einige als euphorisierenden Schwebezustand und viele als depressive Unverbindlichkeit erleben. Doch gleichzeitig ist alles in der heutigen Welt auf wundersame Weise miteinander verbunden, denn alles in dieser Welt hat seinen Preis. Die moderne Freiheit konkretisiert sich im internationalen Finanzmarkt. Nachdem man sich von allen überkommenen kulturellen Identitäten gelöst, alle regionalen Begrenzungen überwunden und allen bindenden Ideen entsagt hat, beginnt man zu fließen, frei zu zirkulieren, sich unendlich zu flexibilisieren und unbegrenzt zu transformieren. Oder anders gesagt: Der Mensch wird geldähnlich. Die Geldähnlichkeit als Ideal der modernen Seele hat die Gottähnlichkeit abgelöst. Der Mensch hatte immer den Wunsch, sich dem Höchsten und Allgemeinsten zu nähern und mit dem Absoluten innerlich zu verschmelzen – wenn auch nur symbolisch. Und das Absolute, das jenseits aller kulturell bedingten Meinungen, Wertungen und Haltungen allen Dingen ihren eigentlichen, »objektiven« Platz im Weltganzen – ihren wahren Preis – zuschreibt, tritt heute als internationaler Finanzmarkt auf. Für diesen internationalen Markt ist jeder Staat bloß ein Standort, der sich mit anderen Standorten in einem Wettbewerb um Investitionen befindet. Der moderne Staat hat heute also auch seinen Preis bekommen – und dadurch seine alte universalisierende und legitimierende Rolle endgültig verloren.

Das Wichtigste dabei ist, daß die Wege des internationalen Finanzmarktes unerforscht zu sein scheinen – so wie früher die Wege Gottes. Wir sprechen über den Markt, aber wir sehen ihn nicht. Er verbindet alles, aber gerade deswegen entzieht er sich jeder konkreten Anschauung. Für das Geld braucht man bekanntlich vielmehr ein gewisses Gespür, ein gewisses Gefühl, eine gewisse Sensibilität, die sich nicht in die Sprache der üblichen Sinne übersetzen läßt. Deswegen ist die Sprache des Geldes zur obersten, zur ultimativen Sprache unserer Kultur geworden. Das Ideal dieser Kultur ist nämlich nicht mehr die Aufbewahrung ihrer eigenen alten Traditionen, aber auch nicht mehr ihre revolutionäre Abschaffung, sondern vielmehr ihre Dekonstruktion in Form eines potentiell unbegrenzten Variierens und Kombinierens. Nun hat aber schon Marx seine Analyse des Kapitals mit der Analyse seiner ästhetischen Dimension eingeleitet. Indem der Markt nämlich extrem unterschiedlichen, extrem heterogenen Gegenständen den gleichen Preis zuweist, unterwandert das Kapital alle unsere ästhetischen und ideologischen Ordnungen und Hierarchien. Und in der Tat: Was verbindet etwa ein Bild von Leonardo, eine Lieferung von Rohöl, eine Propagandakampagne zugunsten einer politischen Partei und die Zerstörungen einer Stadt infolge eines Erdbebens? Auf der einen Seite nichts, obwohl wir uns auf der anderen Seite leicht vorstellen können, daß alle diese unterschiedlichen Dinge den gleichen Preis haben. So zeigt sich das Geld als die unerreichbare Grenze jeder künstlerischen Phantasie – viel surrealistischer als jeder Surrealismus, viel abstrakter als jede Abstraktion.

So können wir sagen, daß wir heute keineswegs in der Zeit des Atheismus, in der post-utopischen Zeit leben, wie oft behauptet wird. Vielmehr leben wir in der Zeit einer neuen Religion des Geldes und des Marktes, welche die alten Religionen vor allem deswegen abgelöst hat, weil sie mit einem noch radikaleren Anspruch auf Universalität aufgetreten ist. Nun möchte ich aber im weiteren einige wenn nicht gerade atheistische, so doch zumindest agnostische Kommentare zu dieser neuen Religion anbieten. Ich möchte nämlich die einheitsstiftende Rolle des Marktes in Frage stellen, die das zentrale Glaubenspostulat dieser Religion darstellt. Ist der Markt wirklich einheitlich? Kann man wirklich sagen, daß alles in der heutigen Welt fragmentiert ist – allein der Markt nicht? Als Ausgangspunkt für diese Fragestellung möchte ich den sogenannten »Kunstmarkt« nehmen und fragen: Ist der Kunstmarkt ein Teil des allgemeinen, universalen, einheitlichen Marktes – oder vielleicht doch nicht?

Freilich: Das erste Wort, das einem in den Sinn kommt, wenn man heute an Kultur denkt, ist das Wort »Finanzierung«. So entsteht der Eindruck, daß die Kunst in unserer Zeit endgültig zum Teil und zur Funktion des Marktes geworden ist. Und auch wenn gegen die kulturelle Allmacht des Marktes Protest erhoben wird, formuliert sich dieser Protest ebenfalls in Termini der Geldpolitik – nämlich als Forderung nach staatlicher finanzieller Unterstützung. Nun hat diese Übermacht des Geldcodes zunächst einmal auch ihre Vorzüge. Die Nennung des Geldwerts eines Kunstwerks gibt dem heutigen Kunstbetrachter in der Tat die Möglichkeit, sein ästhetisches Urteil zu quantifizieren, zu differenzieren und zu präzisieren. Ohne die Verfügbarkeit des Geldcodes würde sich das ästhetische Urteil für uns nämlich als eine wenig aufregende Wahl zwischen einem bloßem »ja« und »nein« oder »gut« und »schlecht« oder »gefällt« und »gefällt nicht« präsentieren. Jenseits dieser zwei Möglichkeiten gäbe es keinen Raum für eine differenzierte Einschätzung des eigenen ästhetischen Empfindens. Die Nennung des Preises für ein Kunstwerk bietet aber die Chance, über dieses Kunstwerk viel präziser und subtiler zu urteilen. Beispielsweise kann man in bezug auf ein Kunstwerk sagen: »ja« für 2000 €, aber »nein« für 2500 €. Dabei muß ein solches Urteil nicht einmal bedeuten, daß der Urteilende das entsprechende Kunstwerk für die genannte Summe tatsächlich kaufen würde, wenn er nur die Gelegenheit dazu hätte. Mit einer solchen Aussage markiert der Urteilende vielmehr eine unsichtbare quantitative Wertgrenze zwischen ja und nein – eine Grenze, bei deren Überschreitung sich das qualitative Urteil in sein Gegenteil verwandelt.

Diese Markierung ist auf der einen Seite relativ genau, auf der anderen Seite aber höchst rätselhaft: Woher weiß der Betrachter eigentlich, welche Distanz das Ja vom Nein trennt – und wie sich diese Distanz quantifizieren läßt?

Gerade an dieser Stelle kommt die universale Dimension des Geldes ins Spiel – das Utopische, das Religiöse unseres Geldempfindens. Es gibt nämlich keine »objektiven« Gesetze von Angebot und Nachfrage für ein Kunstwerk, das in der Regel nur in einem einzigen Exemplar existiert. Alle üblichen, den Preis rechtfertigenden Überlegungen, die sich auf den Namen des Künstlers, seinen Bekanntheitsgrad usw. beziehen, erweisen sich am Ende bekanntlich als höchst problematisch. Vielmehr ist die Zahl, welche die Geldsumme bezeichnet, die der Betrachter »bereit wäre, für dieses Kunstwerk zu zahlen«, der Ausdruck eines inneren, rein subjektiven, ästhetischen Empfindens, das zugleich ein inneres, subjektives Geldempfinden ist. Die Kunst manifestiert zunächst einmal mit einmaliger Radikalität die subjektive, seelische Dimension des Geldes, eine innere, rätselhafte Verknüpfung zwischen Zahl und Gefühl, die in der »objektiv« funktionierenden Ökonomie oft übersehen wird und sich im Alltag nur indirekt in zärtlichen Namen zeigt wie »meine Teure« oder »mein Schatz«, wobei man sich sofort fragen muß: Teuer – aber wie teuer? Oder: Schatz – aber wie groß? Diese Frage nach der genauen Zahl, die mit einem Gefühl der Zuneigung impliziert wird, wird in den sogenannten zwischenmenschlichen Beziehungen meistens unterdrückt und bleibt unausgespochen. Anders aber in der Kunst: Man kann zwar eigentlich nicht wissen, daß dieses bestimmte Kunstwerk genau 2000 € kosten soll. Aber man fühlt es. Es ist, wie gesagt, ein merkwürdiges, ein rätselhaftes Gefühl – das innere Empfinden einer verborgenen Geldpräsenz in allen Dingen. Dieses Gefühl entwickelt man dadurch, daß man sich immer wieder unwillkürlich fragt: Wie fühle ich mich in der Präsenz von Gegenständen, die so oder so viel kosten? Ähnlich fragt man sich und die anderen oft, wenn man zum Beispiel ein fremdes Haus betritt: Was denkst Du, was kostet dieses Haus? Diese Frage zielt sicherlich nicht darauf zu erfahren, wie vermögend der Hausbesitzer ist, oder wie die Immobilienpreise in der betreffenden Region aussehen. Vielmehr fühlt man sich in diesem Haus, sagen wir, wie in einem Haus, das eine Million kostet (egal in welcher Währung). Und man will wissen, ob dieses Gefühl einen nicht täuscht.

Dieses Gefühl, in Präsenz einer gewissen Geldsumme zu sein, überkommt einen in unserer Zivilisation überall – in Restaurants, Museen, Boutiquen, aber auch in der Natur, denn auch die Natur ist heutzutage teuer geworden. So gesehen ist dieses Gefühl das Innerste unter allen unseren Gefühlen. Einen Preis für ein Kunstwerk zu nennen bedeutet deswegen keineswegs, sich von den ästhetischen Gefühlen und Erlebnissen loszusagen und zum harten Geschäft überzugehen. Man fragt sich vielmehr in seinem Innersten, wenn man ein Bild sieht: Wie fühle ich mich in Präsenz dieses Bildes? Sicherlich erinnert man sich dabei an andere Bilder und daran, welche Gefühle sie im Inneren hervorgerufen – und was sie dabei gekostet haben. Aber man erinnert sich auch an Häuser, in denen man zu Gast war, an Reisen, die man unternommen hat, an Restaurants, in denen man gegessen hat – und erinnert sich an die Gefühle, die man dabei empfunden hat, und an die Preise, die man dafür bezahlt hat. Die Erfahrung eines ganzen Lebens summiert sich also in dieser Einschätzung: Dieses Bild kostet 2000 €. Und das bedeutet: In Präsenz dieses Bildes fühlt man sich so, wie man sich in Präsenz von 2000 € fühlt – keinen Cent mehr oder weniger.

Ein Freund von mir – ein Künstler – hat einmal gesagt, daß kein Kunstkritiker je ein Kunstwerk verstehen kann, denn ein Kunstwerk wirklich zu verstehen bedeutet, dieses Kunstwerk zu kaufen – und keineswegs bloß darüber zu schreiben. Die

Nennung des Preises, den man bereit ist, aus eigener Tasche für ein bestimmtes Kunstwerk zu zahlen, ist die einzige Hermeneutik, die der Kunst angemessen ist. Diese Bemerkung ist sicherlich sehr scharfsinnig. Letztendlich impliziert sie aber eine vorbehaltlose Bejahung des Phänomens, das Marx seinerzeit als Warenfetischismus bezeichnet und für den Grundzug der Psychologie des Kapitalismus gehalten hat. Im Kapitalismus, sagt Marx, wird der Wert eines Dings für seine eigene, innere Qualität gehalten – wobei die Arbeit, die in die Produktion dieses Dings investiert wurde, sowie die Gesetze der allgemeinen Ökonomie, die den einzelnen Dingen bestimmte Werte zuschreiben, übersehen werden. Für Marx ist also das Gefühl, in Präsenz eines Geldwertes zu sein, gleichzeitig notwendig und trügerisch. Die Rolle des Gesellschaftskritikers und, wenn man so will, auch des Kunstkritikers besteht ja demnach gerade darin, nach der Beschaffenheit der Arbeit zu fragen, die in ein bestimmtes Werk investiert wurde und dadurch beim Betrachter dieses Werks das Gefühl produzieren konnte, in Präsenz eines Geldwerts zu sein. Nun hat die Entwicklung der modernen Kunst eine solche kritische Fragestellung anscheinend unmöglich gemacht, da diese Entwicklung offensichtlich einer paradoxen Regel folgt: Je weniger Arbeit in das Kunstwerk investiert wird, desto mehr kostet es.

Das moderne Kunstgeschäft ist in der Tat paradox oder, sagen wir, christlich geworden: Es versteht sich als Offenbarung eines inneren, verborgenen, sich jedem unmittelbaren Gefühl entziehenden Wertes der Dinge. Der gläubige Christ nämlich spürt die göttliche Präsenz vor allem in denjenigen Dingen, die sich nicht unmittelbar als prachtvoll, teuer oder schick zeigen. Vielmehr ist es das Arme, Bescheidene, Kranke und Häßliche, das in ihm das Gefühl weckt, in Präsenz von Gott zu sein. Für den Christen sind Gott auch die Armen und Häßlichen teuer. Und dieser Gedanke zwingt den Betrachter, die Allmacht des Göttlichen gerade bei der Betrachtung der Armut besonders deutlich zu spüren. Dementsprechend werden die Reliquien der Armut, des Leidens und des grausamen Todes im Christentum besonders hochgeschätzt.

Nichts zeigt deutlicher die gottähnliche Allmacht, die dem Geld in unserer heutigen Zivilisation verliehen wird, als dieses zutiefst paradoxe, christlich gewordene Gefühl, mit dem die Geldpräsenz vom heutigen Kunstbetrachter diagnostiziert wird. Gerade die Bilder, die arm an Zeichen des weltlichen Erfolgs, der Pracht, des »äußeren« Reichtums sind, besitzen seit Beginn der klassischen Avantgarde die größten Chancen, als Orte diagnostiziert zu werden, an denen sich das wirklich große Geld manifestiert. Das Fehlen des unmittelbaren Geldempfindens wird hier paradoxerweise als untrügliches Zeichen der verborgenen Geldpräsenz interpretiert. So, wie der Mönch des Mittelalters, auf dem nackten Boden in der kalten Zelle sitzend, sagen konnte: Auch hier – und das bedeutet, vor allem hier – ist Gott – so sagt man heute vor einem Bild, auf dem keine Zeichen einer wertvollen künstlerischen Tradition zu finden sind: Auch das kostet Geld – und deswegen muß es viel Geld kosten. Das Geld wird hier zur inneren Kraft, die sich vor allem im Kleinsten, Trivialsten und Unscheinbarsten zeigt.

Ohne diese neue, quasi-christliche Mystik des Geldes ist die Kunst der Moderne undenkbar, denn sie kann und will sich nicht visuell beweisen. Die moderne Kunst scheint zur Offenbarung des tiefsten Geheimnisses des Geldes geworden zu sein: Man kann den wahren Preis der Dinge durch ihre äußere Betrachtung niemals erkennen – das Geld ist ein Geheimnis, das sich verbirgt. Der moderne Künstler ist ein Geldheiliger oder, anders gesagt, ein mystischer Börsenspekulant, denn er meint, den verborgenen Wert der Dinge dadurch demonstrieren zu können, daß er sie in speziell dafür geschaffene Räume transportiert, in denen sich die Epiphanie der göttlichen Allmacht oder, was das gleiche ist, des großen Geldes ereignet.

Der Preis eines Kunstwerks wird hier zum Versprechen, das erst in einer potentiell unendlichen Zukunft erfüllt werden kann, wobei die Gegenwart dafür keine Garantie übernimmt. Oder vielmehr verspricht gerade das Fehlen einer jeden solchen Garantie die Offenbarung eines zukünftigen Preises. Wir wissen es: Wenn ein Künstler hier und jetzt einen kommerziellen Erfolg erzielen konnte, geht man automatisch davon aus, daß sein Werk in der Zukunft seinen Wert – und damit auch seinen Preis – verlieren muß. Nur die Kunst, die hier und jetzt als wertlos gilt, verspricht eine Wertsteigerung in der Zukunft. Damit zeigt sich allerdings der wahre Charakter der modernen Geldreligion. Sie ist, wie jede authentische Religion, apokalyptisch. Und ihre Hauptgestalt ist ein Prophet, der den zukünftigen Preis erahnen kann. Wenn aber eine Religion apokalyptisch und prophetisch wird, zerfällt sie in Sekten, Schulen, esoterische Gemeinschaften und verfeindete Glaubensbekenntnisse. Die Sprache des Geldes beginnt sich zu spalten, zu differenzieren und sich selbst zu widersprechen.

Die Sprache der Finanzierung ist heute vor allem deswegen zur universalen Sprache der Kultur geworden, weil sie inzwischen durchaus differenziert und zersplittert geworden ist, auch wenn sie dabei immer noch die Illusion der Einheit zu erzeugen vermag. In dieser Sprache kann man heute mühelos und präzise alles das ausdrücken, was man früher nur undeutlich in der Sprache der Spiritualität und der Utopie ausdrücken wollte. Jeder künstlerischen Intention entspricht nämlich heute eine spezifische Art ihrer Finanzierung. Ästhetische Entscheidungen sind beinahe mit Finanzierungsentscheidungen identisch geworden.

Wenn ein Künstler einen ökonomischen Erfolg in der kommerziellen, medial verbreiteten Massenkultur anstrebt, dann entscheidet er sich damit notwendigerweise für bestimmte Inhalte und für eine bestimmte ästhetische Form – und umgekehrt. Wenn Inhalte »provozierender« und die Form »schwieriger« sein sollen, dann muß der Künstler von Anfang an mit einem kleineren, minoritären und, wenn man so will, elitären Publikum rechnen, das allerdings unter Umständen bereit ist, für eine solche »schwierige« Kunst einen angemessenen Preis zu zahlen. Wenn also über den »Kunstmarkt« als solchen gesprochen wird, darf dabei die immense Vielfalt dieses Marktes nicht übersehen werden. Kommerzielle Filme, Fernsehsendungen, Popmusik, Werbung und andere Kunstformen wie etwa die Literatur, die sich an das breite Publikum richten, funktionieren unter Bedingungen, die dem allgemeinen Warenverkehr am ähnlichsten sind. Der größte ökonomische Erfolg wird dabei von denjenigen Autoren und Werken erzielt, die sich für das größtmögliche Publikum als attraktiv erweisen. Der individuelle finanzielle Beitrag, den der einzelne Konsument dieser Werke dabei zahlen will, ist gering. Deswegen ist die Höhe der Auflage für die Finanzierbarkeit dieser Künste entscheidend. Dementsprechend tendieren diese Künste auch inhaltlich und formal zur Warenähnlichkeit. Sie appellieren an die Themen, die »die Leute interessieren«, und benutzen dabei die ästhetischen Verfahren, die »für die Leute attraktiv« sind. Dabei handelt es sich übrigens um keine leichte Aufgabe, denn in unserer fließenden und zersplitterten Gesellschaft festzustellen, was die Leute interessiert, ist gar nicht so einfach. Nur wenige Produkte der Massenkultur erweisen sich deswegen als ästhetisch und ökonomisch effektiv – doch wenn sie es sind, dann treffen sie die allgemeine Stimmung oft besser als jede statistische Untersuchung. Jede ästhetische Kritik, welche die Kunstwerke, die im Rahmen der Massenkultur zirkulieren, beurteilen will, ohne ihren ökonomischen Erfolg zu berücksichtigen, ist deswegen ihrem Gegenstand nicht angemessen. Der ökonomische Erfolg ist in diesem Fall der beste Beweis für das ästhetische Gelingen, denn dieser Erfolg bestätigt die Präzision, mit der bestimmte Allgemeinplätze festgestellt und wiederholt worden sind – und eine solche Ermittlung und präzise Wiederholung der Allgemeinplätze sind zugleich die Kriterien, nach denen die Werke der Massenkultur ästhetisch beurteilt werden sollten.

Nun unterliegen aber viele andere Künste völlig anderen Kriterien des ökonomischen Erfolgs, auch wenn es sich dabei ebenfalls um einen Markterfolg handelt. So werden Werke der Malerei oder der Skulptur, inzwischen auch Readymades oder Photographien, nicht in großer Auflage, sondern als Einzelexemplare oder in sehr geringer Auflage verkauft. In diesem Fall zählt nicht die Verbreitung, sondern umgekehrt die

Rarität. Je höher die inhaltliche und formale Einmaligkeit und Exklusivität solcher Werke ist, einen desto größeren Erfolg können sie in den kleinen Kreisen der Sammler, Kuratoren und Kritiker haben, und desto höhere Preise können sie dabei erzielen. Bei solchen künstlerischen Einzeldingen wird also nicht ihre Verbreitung auf einem offenen Markt geschätzt, sondern im Gegenteil ihre inhaltliche Verschlossenheit, Unzugänglichkeit, Sperrigkeit, »Schwierigkeit«. Gerade der Mißerfolg auf dem offenen Markt, der für das breite Publikum zugänglich ist, führt in diesem Fall zur Anerkennung und Hochschätzung auf dem geschlossenen Markt für Eingeweihte. Wenn ein Kunstwerk dagegen zu gut auf dem offenen Markt ankommt, sinkt sein Wert auf dem Markt für Kenner. Der Erfolg auf dem einen Markt führt zu einem Mißerfolg auf dem anderen Markt – und umgekehrt. Und das bedeutet eben, daß es so etwas wie einen einheitlichen Markt gar nicht gibt. Wer über »den« Markt spricht – und speziell über »den« Kunstmarkt –, der unterliegt einer ideologischen Illusion. Unsere Märkte sind genauso fragmentiert wie unsere Gesellschaft insgesamt. Dementsprechend gibt es keine allgemeinen Kriterien für Markterfolg, sondern nur partielle Kriterien, die für klar definierte, partielle Märkte gültig sind – und außerhalb ihres unmittelbaren Gültigkeitsbereichs jede Bedeutung verlieren. Diese partiellen ökonomischen Kriterien sind, wie gesagt, mit den entsprechenden ästhetischen – aber auch politischen – Kriterien im Grunde identisch. Der Konflikt zwischen dem Ästhetischen und dem Ökonomischen ist daher vollkommen fiktiv: Er entsteht nur dann, wenn man unterschiedliche Märkte miteinander vermischt und beginnt, die Werke, die in einem Markt zirkulieren, nach den Kriterien zu beurteilen, die für andere Märkte ihre Gültigkeit haben.

So können wir im Grunde nur in bezug auf die Künste, die Einzeldinge produzieren und sich deswegen nicht nur ästhetisch, sondern auch ökonomisch dem breiten Publikum entziehen, von einer »Hochkunst« sprechen. Deswegen begrenzt sich die Suche nach der ästhetischen Originalität vor allem auf diese von der Auflage unabhängigen Künste, die deswegen auch das, was man die ästhetische Modernität nennt, radikal und kontinuierlich vertreten können. Der bildende Künstler kann nämlich in unserer Zivilisation ökonomisch auch dann mehr oder weniger gut überleben, wenn seine Kunst nur wenigen gefällt – bloß einigen Kuratoren, Galeristen und Kritikern. Diese Orientierung am Geschmack weniger hat der bildenden Kunst eine ästhetische Dynamik verliehen, von der diejenigen Künste, deren ökonomischer Erfolg von der Zustimmung vieler abhängig ist, nur träumen können. Sowohl in der Literatur wie auch im Film konnten sich ästhetisch »schwierige« Formen und Verfahren letztendlich nicht etablieren. Das breite Publikum hat sich in den schwierigen Werken nicht wiedererkannt. Die Zahl ihrer Leser und Zuschauer begrenzt sich im wesentlichen auf Professoren und Studenten an den Universitäten, deren Aufgabe es ist, Raritäten zu untersuchen und zu kommentieren.

Dementsprechend gerät die aus den Avantgarden des zwanzigsten Jahrhunderts hervorgegangene Gegenwartskunst in unserer Zeit zunehmend unter den Verdacht, antidemokratisch, elitär oder sogar verschwörerisch zu sein, weil sie sich dem einheitlichen Marktgeschehen entzieht und einen eigenen, ketzerischen, sektiererischen Markt aufbaut. Autoren wie Bourdieu oder Baudrillard lehnen die gegenwärtige post-avantgardistische Kunst als eine ökonomische Strategie ab, die einen pseudo-elitären Geschmack bedient und sich dadurch einer demokratischen Legitimierung entzieht. Dabei richtet sich diese Polemik nicht einmal in erster Linie gegen die »Reichen« im Namen der »Armen«, wie es auf den ersten Blick scheinen mag. Ein elitärer Habitus wird allzuschnell mit Reichtum gleichgesetzt. Nun haben wir aber genug Beispiele aus der Geschichte der modernen Kunst, die zeigen, daß die wenigen, die die avancierte Kunst unterstützen, nicht unbedingt die reichsten sind. Ein Künstler kann auch dann ökonomisch überleben – wenn auch vielleicht an der Grenze des Existenzminimums –, wenn er von einem Kreis nicht besonders betuchter Freunde und Gönner finanziell unterstützt wird. Die Polemik gegen den elitären Charakter der post-avantgardistischen Kunst richtet sich primär also nicht gegen die Reichen, sondern gegen die Entstehung geschlossener Märkte als solcher, die sich von den einheitlichen, offenen Massenmärkten abkoppeln. Man mißtraut solchen isolierten, geschlossenen Minderheitsmärkten, obwohl man zugleich nicht sagen kann, warum der offene Massenmarkt besser oder, umgekehrt, schlechter sein soll als ein Minderheitsmarkt. Aus rein ökonomischen Überlegungen ist eine solche Ablehnung der Minderheitsmärkte in der Tat nicht erklärbar: Im Rahmen einer ökonomischen Rationalität muß es doch keinen Unterschied geben zwischen einem »richtigen«, weil durch offene Märkte legitimierten, und einem »falschen«, elitären Markterfolg. Die Ablehnung der Minderheitsmärkte ist also rein ideologischer Natur. Hier werden geschlossene, fragmentierte Märkte im Namen eines offenen, einheitlichen Marktes kritisiert, wie früher geschlossene, protestantische Erweckungsbewegungen im Namen der einheitlichen, offenen, universalen katholischen Kirche kritisiert wurden. Wenn sich unsere Gesellschaft inzwischen daran gewöhnt hat, angestammte, »natürliche« Minderheiten wie etwa die ethnischen zu respektieren, so lehnt sie »artifizielle« Minderheiten, die sich durch exklusive ästhetische Präferenzen bilden, immer noch quasi-instinktiv ab. Deswegen wird auch der Erfolg auf solchen exklusiven Märkten aus moralisch-ideologischen Gründen als »Spinnerei« abgelehnt.

Eine bestimmte und durchaus energische Fraktion der gegenwärtigen öffentlichen Meinung hat also auf die offenen, expandierenden, sich globalisierenden, alles umfassenden Märkte ihre utopischen, totalisierenden Hoffnungen übertragen, die früher etwa in den Katholizismus und in den Sozialismus investiert wurden. Allein diese religiös-ideologische Verklärung des einheitlichen Marktes, der alle »Leute« miteinander verbindet und eine totale »Kommunikation« aller mit allen schafft, kann erklären, warum bestimmte Autoren auf die offensichtliche Fragmentierung der Märkte – und vor allem der kulturellen Märkte – so allergisch reagieren. Die innere Einheit zwischen den ästhetischen, ideologischen und ökonomischen Strategien wird hier endgültig manifest. Es geht heute nicht mehr wie früher um die Opposition kommerziell vs. nicht-kommerziell oder Markt vs. Nicht-Markt oder die Ware vs. das Wahre, sondern um durchaus unterscheidbare und oft sogar gegensätzliche Marktstrategien unter den Bedingungen pluraler, fragmentierter, heterogener Märkte – um einen Agnostizismus des Geldes und einen Relativismus des Marktes. Wenn Künstler und Kritiker heute eine bestimmte ästhetische Option wählen, so wählen sie gleichzeitig auch den Markt, auf dem diese Option eine ökonomische Chance haben könnte. Deswegen gestalten sich viele der heutigen ästhetisch-ökonomischen Diskussionen so undurchsichtig und müssen so sorgfältig analysiert werden, um überhaupt verstanden zu werden. Wenn einige für die offenen Märkte plädieren, auf denen sich die Kunst angeblich autonom behaupten soll, so tun sie es oft nur deswegen, weil sie von Anfang an ahnen, welche Art von Kunst auf diesen offenen Märkten überleben kann – und sympathisieren insgeheim gerade mit dieser Art von Kunst. Das Gleiche gilt freilich für diejenigen, die für den Schutz der exklusiven Märkte auftreten, denn auch sie haben ihre ästhetischen Vorlieben, denen sie eine ökonomische Chance geben wollen.

Doch es geht nicht nur darum, daß sich die kulturellen Märkte inzwischen differenziert und fragmentiert haben. Sie lassen sich heute auch neu gestalten und neu erfinden. Letztendlich ist der Markt ein im höchsten Maße artifizielles Gebilde, dessen Stabilität und Funktionieren von vielen expliziten und impliziten Konventionen, Regelungen, Riten und Bräuchen abhängig ist. Und vor allem hängt das Funktionieren des Marktes von der Nachfrage ab. Nun sind aber die sogenannten »natürlichen« menschlichen Bedürfnisse äußerst begrenzt – und sehr leicht zu befriedigen. Eine entwickelte Ökonomie kann sich deswegen nur dann weiter steigern, wenn sie die natürlichen Bedürfnisse des Menschen übersteigt, wenn der Konsument seine natürlichen Bedürfnisse konsequent durch künstliche, frei erfundene Wünsche ersetzt, wenn er beginnt, nach dem scheinbar Unnötigen, Überflüssigen, Luxuriösen – nach dem Kultur- und nicht mehr bloß nach dem Naturdeterminierten – zu streben.

Ich habe einmal eine amerikanische Bekannte, die an der Achtundsechziger-Bewegung aktiv teilgenommen hat, gefragt, was ihrer Meinung nach von diesen glorreichen Jahren übriggeblieben ist. Und sie hat eine überraschende Antwort gegeben: Vor allem habe die Achtundsechziger-Bewegung viele neue Märkte erfunden – für Rockmusik, ökologische Lebensmittel und vieles andere mehr. Diese Märkte sind bis jetzt intakt geblieben – und sie haben vielen Menschen Arbeit verschafft und ihre Existenz gesichert. Ich muß gestehen, daß mir eine solche Interpretation dieses Geschehens viel mehr eingeleuchtet hat als das übliche Gerede von der Vereinnahmung der damaligen Utopien durch »den« einheitlichen Markt. Und so ist es ein Jammer, daß die Geschichte der politischen und ästhetischen Revolutionen als Markterfindungen noch nicht geschrieben worden ist, denn gerade weil eine solche Geschichte fehlt, glaubt man an die autonome, allumfassende, unhintergehbare Realität des einheitlichen Marktes. In Wirklichkeit ist der Markt, ist das Geld aber nicht allein die neueste aller Sprachen, in denen das Absolute zu uns spricht, sondern auch eine Sprache, in der auch wir uns artikulieren können – und das sogar immer schon tun, ohne uns allerdings dessen ausreichend bewußt zu sein.

Kapital. Kunst. Gerechtigkeit

Die allgemeine Bestimmung der Gerechtigkeit, mit der auch unser heutiger Diskurs über die Gerechtigkeit operiert, hat sich schon seit den alten Griechen, vor allem aber seit Aristoteles in unserer Kultur etabliert. Gerecht ist, Gleiches mit Gleichem und Ungleiches mit Ungleichem zu vergelten. Ausgehend von dieser Definition der Gerechtigkeit ist es relativ leicht, den linken und rechten Diskurs über die Gerechtigkeit im Kapitalismus zu formulieren und zu positionieren. Der linke Diskurs tendiert dazu, alle Menschen, vielleicht aber auch Menschen und Tiere oder sogar Menschen und Dinge gleichzusetzen. Die linke Kritik am Kapitalismus verweist also vornehmlich darauf, daß der Kapitalismus dort neue Ungleichheiten produziert bzw. alte historische Ungleichheiten immer weiter reproduziert, wo eigentlich Gleichheit herrschen sollte, daß er das Gleiche ungleich behandelt.

Die rechte Kritik unterstellt dem Kapitalismus, daß er das Ungleiche gleich behandelt. Und in der Tat: Der Kapitalismus wird immer wieder der globalen Gleichmacherei, der Standardisierung, der Uniformierung bezichtigt – der Ignorierung oder sogar der Einebnung aller kulturellen Differenzen inklusive der Wertdifferenzen. Diese rechte Kritik am Kapitalismus im Namen der Differenz wird übrigens oft kombiniert mit der schon erwähnten linken Kritik im Namen der Gleichheit. Im Ergebnis werden wir mit einer großen Vielfalt an kritischen Diskursen konfrontiert, die alle dem Kapitalismus einen Mangel an Gerechtigkeit vorwerfen – wenn auch oft aus entgegengesetzten Gründen. So ist, wenn man über das Thema Kapitalismus und Gerechtigkeit spricht, die Versuchung groß, eine eigene Position innerhalb dieser diskursiven Vielfalt finden zu wollen, sich selbst im Feld der kritischen Theorie zu situieren. Ich möchte aber dieser Versuchung zunächst einmal widerstehen – und statt dessen vielmehr fragen, in welchem Verhältnis zum Kapitalismus sich die Sprache als solche befindet, in der wir versuchen, das Gleiche und das Ungleiche auf unterschiedliche Weise zu definieren. Denn die Antwort auf diese Frage gibt vielleicht Auskunft darüber, warum wir alle – ich werde dieses »wir« im weiteren genauer definieren – warum wir alle, ob links oder rechts, das gleiche Gefühl haben, daß der Kapitalismus als solcher ungerecht ist. Ich betone: Der Kapitalismus als solcher – und nicht nur diese oder jene seiner Aktionen, Manifestationen oder Folgen.

Nun – und das ist das Entscheidende – benutzt der Kapitalismus selbst keinen Diskurs, sei es ein religiöser, ideologischer, philosophischer, moralischer oder politischer Diskurs, um über das Gleiche und Ungleiche zu urteilen. Das Kriterium für ein solches Urteil unter den Bedingungen des Kapitalismus ist bekanntlich allein der wirtschaftliche Erfolg. Das Gleiche ist das, was den gleichen wirtschaftlichen Erfolg erzielt, und das Ungleiche ist das, was einen ungleichen wirtschaftlichen Erfolg erzielt. Was aber ist es an diesem Urteil, das verstörend oder unbefriedigend auf uns wirkt – und zwar unabhängig davon, ob wir denken, daß dieses Urteil das Ungleiche im Gleichen oder das Gleiche im Ungleichen produziert? Es ist, so scheint mir, allein die Tatsache, daß der Kapitalismus, um sein Urteil zu fällen und es zu manifestieren, nicht das Medium Sprache benutzt, das wir diskutierende, kritisierende und theoretisierende Menschen benutzen. Der Kapitalismus benutzt einfach ein anderes Medium – nämlich das Medium des Geldes. Und dieses Medium ist erstens dem Medium Sprache heterogen und zweitens der Sprache als Medium nicht gleichgestellt. Unserer Unzufriedenheit mit dem Kapitalismus als solchem liegt also die Einsicht in eine tiefe, fundamentale Ungerechtigkeit zugrunde: die Ungerechtigkeit in der Behandlung von Diskurs und Kapital als zweier Medien, in denen wir die Unterscheidung zwischen Gleichem und Ungleichem feststellen können. Und diese Ungerechtigkeit besteht darin: Die Urteile, die im Medium des Geldes gefällt werden, zählen. Und die Urteile, die wir in unserer diskursiven, theoretischen Sprache fällen – wie auch immer sie im Einzelfall ausfallen mögen –, zählen nicht.

Gerade deswegen können wir die Frage nach dem Verhältnis von Gerechtigkeit und Kapitalismus als solchem stellen. Denn die Ungerechtigkeit ist zwar geschichtlich nichts Neues: Man wurde auch früher immer wieder mit Entscheidungen, Verfügungen und Befehlen von Machthabern konfrontiert, die einem als schreiend ungerecht erschienen sind. Doch alle diese Entscheidungen, Verfügungen und Befehle waren immer noch in der gleichen Sprache formuliert, in der auch eine Kritik an diesen Entscheidungen und Verfügungen formuliert werden konnte. Noch die kommunistischen oder, sagen wir, sozialistischen Staaten gründeten auf einem ideologischen Diskurs und auf einem geschichtlichen Narrativ. Jeder, der in diesen Staaten irgend etwas unternehmen wollte, mußte sich ständig ideologisch rechtfertigen, mußte ständig beweisen, daß seine Worte und Taten im Einklang mit der herrschenden Ideologie stehen. Doch auch die Macht mußte sich ständig ideologisch rechtfertigen und beweisen, daß sie etwa in der Tat die Avantgarde des historischen Progresses darstellt. Auch alle ökonomischen Entscheidungen mußten in diesen Staaten politisch, d. h. letztendlich ideologisch und sprachlich begründet werden. Die Sprache funktionierte also sowohl als Medium der staatlichen Selbstbehauptung und Repression wie auch als Medium der Opposition. Alle gesellschaftlichen Konflikte mußten letztendlich sprachlich ausgetragen werden. Macht und Opposition bewegten sich auf dem gleichen Terrain – dem Terrain der sprachlichen, ideologischen Selbstrechtfertigung. Unter solchen Bedingungen ist es sinnvoll, darüber zu reden, ob dieser oder jener Machthaber gerecht oder ungerecht ist. Oder ob diese oder jene Entscheidung gerecht oder ungerecht ist. Denn jedem einzelnen Urteil der Macht konnte sprachlich widersprochen werden. Die Tatsache, daß die Macht und die Kritik an der Macht die gleiche Sprache sprachen, schuf die Möglichkeit eines Ausgleichs und eröffnete die Aussicht auf eine höhere Gerechtigkeit, von der in unserer kulturellen Tradition immer wieder die Rede ist. Man kämpfte damals gegen eine Macht, die auf einem Diskurs gründete, der als wahr anerkannt wurde – sei es ein religiöser oder ein ideologischer Diskurs. Man kämpfte gegen diesen Diskurs und seinen Anspruch auf absolute Wahrheit für das Recht einer frei diskutierenden demokratischen Öffentlichkeit, diesen Diskurs und somit auch jede Entscheidung, jedes Urteil der Macht in Frage zu stellen. Dieser Kampf wurde weitgehend gewonnen. Die Gesellschaft hat sich vom wahren Diskurs der Macht emanzipiert. Aber zugleich hat sie sich dabei von jedem Diskurs überhaupt emanzipiert. Sie ist zu einer postdiskursiven Gesellschaft geworden, in der die Gerechtigkeit nicht mehr im Medium der Sprache geschieht – und der Kapitalismus ist eben diese postdiskursive Gesellschaft.

Mit dem Kapitalismus befreit sich die Macht von jeder Ideologie, von jeder sprachlichen Begründung und somit auch von jedem Rechtfertigungszwang. Und das bedeutet: Die Macht verläßt das Terrain der Sprache, sie wird gegen jede Art sprachlicher Kritik grundsätzlich immun, weil sie das Medium ihrer Selbstdefinition ändert. Wenn die Macht einen wirtschaftlichen Erfolg erzielt, ist sie dadurch genügend gerechtfertigt. Wenn sie Mißerfolg produziert, gibt es darüber ebenfalls nicht viel zu diskutieren, denn durch ökonomischen Mißerfolg erledigt sich die Macht selbst. Die Gerechtigkeit des Kapitals wirkt in beiden Fällen ohne jede sprachliche Intervention. Deshalb kann man erst unter diesen neuen Bedingungen über die Gerechtigkeit und den Kapitalismus als solchen sprechen – aber zugleich nicht mehr darüber, ob dieser oder jener Kapitalbesitzer gerecht handelt oder nicht. In der heutigen, postdiskursiven Gesellschaft ist keiner eine Erklärung oder eine Legitimierung schuldig – wenn er sich innerhalb bestimmter, gesetzlich definierter Rahmen bewegt. Ob man etwas kauft oder verkauft, ob man bei den Wahlen für diese oder jene Partei stimmt – man tut es schweigend. In allen diesen Fällen nach einer Erklärung zu verlangen ist eine unerlaubte Zumutung. Die Tatsache, daß man genug Geld besitzt, um etwas zu kaufen, ist eine ausreichende Rechtfertigung für diesen Kauf. Und eine Stimme bei politischen Wahlen zu bekommen ist ein Äquivalent des Mindestlohns. Die Souveränität, über die der einzelne in der kapitalistischen Gesellschaft verfügt, ist somit eine absolute, weil stumme Souveränität. Nicht einmal Könige verfügten über ein so ungeheures Maß an Souveränität, denn auch wenn sie ihren Untertanen keine Erklärung schuldig waren, so mußten sie ihre Taten immer noch vor ihrem Gott rechtfertigen.

Ein interessantes Symptom dieser neuen Lage ist das Austrocknen der affirmativen, legitimierenden Diskurse. Wir bewundern immer noch die komplizierten, subtilen und zugleich gewaltigen theologischen Konstruktionen, die der Legitimierung der kirchlichen Autorität dienen sollten. Die marxistische bzw. kommunistische Theorie, welche die Avantgarde-Rolle der Kommunistischen Partei legitimieren sollte, ist ebenfalls sehr vielfältig, oft interessant und zugleich mit echter Leidenschaft geschrieben. Die Schriften, die den Kapitalismus legitimieren wollen, die also beweisen wollen, daß die Gerechtigkeit, die durch den Markt erzielt wird, die gleiche Gerechtigkeit ist, die man durch den Diskurs definieren und legitimieren kann, wirken dagegen flach und leblos. Und man versteht sofort, warum. Diese Schriften erfüllen eine überflüssige, antiquierte Aufgabe: Sie wollen etwas legitimieren, das keine Legitimierung braucht, das vollkommen souverän ist. Der Diskurs überlebt sicherlich auch in einer postdiskursiven Gesellschaft des entwickelten Kapitalismus, aber nur als eine Ware unter vielen anderen Waren – jenseits seiner traditionellen legitimierenden Funktion. Nicht von ungefähr erhält die Sprache ihre legitimierende Funktion erst dann wieder, wenn es sich um das Verbrechen handelt, d. h. um Handlungen jenseits der etablierten Marktwirtschaft. Vor allem wenn man die Hollywood-Filme der letzten Zeit ansieht – und die Hollywood-Filme sind für diagnostische Zwecke immer besonders gut geeignet –, fällt auf, daß die nachdenklichsten und wortgewaltigsten Helden in diesen Filmen Mafiosi, Diebe und insbesondere professionelle Killer sind. Von diesen Helden erwartet und erfährt man die tiefsten Wahrheiten über den

Sinn des Lebens. Ein Philosophieprofessor, wenn er überhaupt in solchen Filmen je vorkommt, wird dagegen in der Regel als Hysteriker und Alkoholiker dargestellt, der niemals einen halbwegs gut formulierten Satz zustande bringen kann. Und in der Tat: Nachdem der Philosophieprofessor sein Gehalt erhalten hat, wird alles, was er gesagt oder noch zu sagen hat, vollkommen irrelevant – weil immer schon bezahlt. Der Profikiller wird dagegen nicht für seine Sprüche bezahlt, sondern allein für seine Taten. Deswegen sind seine Einsichten für das Publikum interessant. Doch so bleibt es nur, solange der Profikiller nicht in die legitime Marktwirtschaft einbezogen wird – z. B. als Spezialist für Spezialoperationen. Dann bekommt auch der Profikiller seine finanzielle Berechtigung – und wird schweigsam.

In einer postdiskursiven Gesellschaft ist allerdings nicht nur der affirmative, sondern auch der kritische Diskurs überflüssig. Da die kapitalistische Souveränität keine religiöse oder ideologische Legitimierung hat oder braucht, kann diese Souveränität durch eine Religions- oder Ideologiekritik auch nicht erschüttert werden. Die Religionskritik hatte ihre Berechtigung unter dem ancien régime. Die Ideologiekritik hatte ihre Berechtigung unter den totalitären Regimen. In beiden Fällen konnte der Intellektuelle den Anspruch erheben, im Namen der Allgemeinheit zu sprechen. Dieser Anspruch war von dem Anspruch abgeleitet, den die herrschende Ideologie selbst erhoben hat. Wenn eine Religion oder eine Ideologie nämlich den Anspruch erhebt, die Gesellschaft in ihrem Ganzen zu legitimieren, dann hat eine kritische Delegitimierung dieser Gesellschaft ebenfalls eine allgemeine Bedeutung. Unter den Bedingungen einer postdiskursiven Gesellschaft fragt man sich aber eher, wieviel ein Intellektueller mit seinen kritischen Diskursen jährlich verdient. Der Intellektuelle, der Schriftsteller, der Künstler werden heute als Kleinunternehmer wahrgenommen. Der kritische Diskurs, falls sie ihn führen, wird dementsprechend als zusätzliche Werbung für ihre Auflagen verstanden. Man fragt nicht mehr nach der Wahrheit des Diskurses – man fragt allein nach seiner Finanzierung und nach dem Profit, den er bringt. Würde Zola heute »J'accuse« publizieren, stellte sich sofort die Frage, wie sich das auf die Auflage seines nächsten Buchs auswirken würde. Fiele diese Auflage dann höher aus als die Auflage seines vorherigen Buchs, dann hätte Zola mit seiner Kritik recht. Würde die Auflage sinken, hätte er sich verkalkuliert, weil sich seine Kritik als nicht mehrheitsfähig und somit als irrelevant erwiesen hat. Und das zeigt: Nicht der Diskurs legitimiert oder delegitimiert heute den Kapitalismus, sondern der Kapitalismus legitimiert oder delegitimiert jeden Diskurs – inklusive jedes kritischen Diskurses.

Nun kann jetzt vielleicht jemand einwenden, daß ich eine elitäre Position einnehme und nur eine gebildete Minderheit anspreche, denn wenn ich die Ungerechtigkeit in der Behandlung von Kapital und Diskurs als das zentrale Problem des Kapitalismus hinstelle, scheint dieses Problem auf den ersten Blick doch zu marginal zu sein im Vergleich zu solch gewaltigen Problemen wie der weltweiten Armut, dem Hunger in der Dritten Welt oder den neokolonialistischen Kriegen – Problemen, von denen Millionen, wenn nicht Milliarden von Menschen direkt betroffen sind. Ich glaube aber, daß das Problem der Sprache doch das zentrale Problem darstellt – und zwar aus einem einfachen Grund. Die Klagen und Proteste gegen diese konkreten und gewaltigen Ungerechtigkeiten werden letztendlich ebenfalls in der Sprache formuliert. Und sie bleiben aus dem gleichen Grund ungehört, aus dem die Klagen der gebildeten Minderheit ungehört bleiben. Die ungleiche Behandlung von Kapital und Diskurs betrifft nämlich alle, denn wir alle agieren in diesen beiden Medien – mehr oder weniger geschickt. Der Unterschied zwischen einem philosophischen Traktat und dem schlicht formulierten Protest eines Hungrigen ist kleiner, als man möglicherweise denkt. Die Ineffizienz beider unter den Bedingungen einer postdiskursiven Gesellschaft hat auf jeden Fall eine gemeinsame Ursache.

Es gibt eine Gerechtigkeit des Marktes: Diese Gerechtigkeit des Marktes manifestiert sich im Medium des Geldes, des Kapitals. Und jeder Diskurs, inklusive des Diskurses über die

Gerechtigkeit, unterliegt dem Urteil des Marktes. Unter den Bedingungen des Kapitalismus werden also das Kapital und der Diskurs ungleich behandelt. Die Frage nach dem Verhältnis von Kapitalismus und Gerechtigkeit ist deswegen vor allem die Frage nach der Gerechtigkeit dieser ungleichen Behandlung selbst. Kann man wirklich sagen, daß das Kapital besser sei als die Sprache, als der Diskurs – und soll es deswegen auch besser behandelt werden? Mir scheint, die meisten werden heutzutage sagen, das Kapital sei in der Tat besser als die Sprache. Viele Regime, die sich auf den Diskurs, auf die diskursive Wahrheit berufen haben, bleiben den Menschen in unangenehmer Erinnerung. Jedem Anspruch auf einen wahren Diskurs wird daher heute mit Mißtrauen begegnet – und er wird als potentiell totalitär abgelehnt. Die Emanzipation von der Sprache, die Souveränität im Schweigen wird immer noch von vielen als Segen empfunden. Sokrates und Platon, die den Staat auf einen wahren Diskurs gründen wollten, hätten heutzutage keine Chance, mehrheitsfähig zu werden. Ob man allerdings die Gerechtigkeit des Kapitals der Gerechtigkeit des Diskurses vorzieht oder umgekehrt – es passiert immer noch innerhalb der Sprache, und so verfehlt man das Niveau des eigentlichen Problems. Die Frage nach der Gleich- oder Ungleichbehandlung von Diskurs und Kapital kann nur die Kraft beantworten, die wir als Kraft des Faktischen bezeichnen können. Heute scheint uns der Sieg des Kapitalismus endgültig zu sein. Fredrick Jameson wird mit dem Wort zitiert, daß wir uns leichter den Untergang der Welt als den Untergang des Kapitalismus vorstellen können. Aber die faktischen Grundlagen und Infrastrukturen der Marktwirtschaft sind bekanntlich leicht zu gefährden.

Der neuerliche Aufstieg des Militarismus und das Wiederauftauchen der imperialen Visionen, die wir gerade jetzt beobachten können, bringen die Macht der Sprache zurück. Denn militärische Ziele und Befehle werden in der Sprache formuliert, die auch wir sprechen – und lassen sich somit wiederum in der Sprache kritisieren. Nicht von ungefähr wurde die sozialistische bzw. sowjetische Wirtschaft als Kommandowirtschaft bezeichnet, als Wirtschaft also, die im Medium der Sprache und nicht im Medium des Geldes operiert. Die Militarisierung bedeutet also eine neue Versprachlichung – und falls die Militarisierung der Wirtschaft irgendwann zur Realität wird, wird dies eine Unterordnung des Kapitals unter die Sprache, unter den Diskurs bedeuten. Dann erhält auch die diskursive Kritik wiederum eine echte Chance. Momentan sind wir also nicht imstande zu sagen, ob die Emanzipation von der Sprache im Namen des Kapitals und die Entstehung einer postdiskursiven Gesellschaft definitiv sind oder nicht.

Da wir aber zunächst einmal unter den Bedingungen der Ungleichbehandlung von Kapital und Diskurs leben, ist es sinnvoll zu fragen, wie sich diese fundamentale Ungerechtigkeit – wenn es eine ist – auf unsere Situation als Sprechende, Schreibende oder Künstler auswirkt. Mir scheint, daß Clement Greenberg seinerzeit die beste Formulierung dafür gefunden hat. Nach seiner Theorie sind unter den Bedingungen des Kapitalismus die Wissenschaftler und Techniker systematisch überfordert und die Künstler nicht weniger systematisch unterfordert. Diese Unterforderung, die übrigens mit Unterförderung wenig zu tun hat, ist unter den Bedingungen des Kapitalismus nicht zufällig, nicht kontingent, sondern wesensmäßig. Im Kapitalismus wird von Künstlern, Schriftstellern oder Intellektuellen aus strukturellen Gründen gefordert, daß sie weniger gut arbeiten, als sie es eigentlich können. Von ihnen wird verlangt, ihre Aktivität, ihr Talent, ihren Elan bewußt und konsequent zu reduzieren. Und der Grund dafür ist klar: Unter der allgemeinen Ungleichbehandlung von Kapital und Sprache wird auch von jedem einzelnen gefordert, daß er möglichst wenig Sprache produziert – und wenn er sie trotzdem produziert, muß sie von minderer Qualität sein. Greenberg definierte die Avantgarde als Revolte der modernen Künstler gegen diese systematische Unterforderung, die ihre Ungleichbehandlung manifestiert – verglichen mit früheren Epochen, in denen von den Künstlern mehr gefordert wurde. Der Konflikt zwischen Künstler und Gesellschaft, der für den Kapitalismus konstitutiv ist, entsteht demnach als Reaktion des Künstlers auf seine Unterforderung, die er als Ungleichbehandlung auffaßt, und gegen die er sich auflehnt. Ich werde nun versuchen, die Mechanismen dieser Ungleichbehandlung genauer zu analysieren (was Greenberg selbst nicht tut – er beläßt es bei einer allgemeinen Feststellung dieser Ungerechtigkeit, ohne zu verdeutlichen, wie sie funktioniert).

Das Kapital operiert bekanntlich mittels Expansion und Zirkulation. Und das bedeutet vor allem: Das Kapital wendet sich in erster Linie an diejenigen, die mit ihm noch nicht in Berührung gekommen sind – also an immer neue Bevölkerungsschichten, aus denen Konsumenten gemacht werden müssen. Diese neuen Bevölkerungsschichten müssen für die immer gleichen Produkte gewonnen werden, damit diese Produkte weiter Profit bringen können, damit also der Markt nicht stagniert. Die Dynamik des Kapitalismus dient vor allem der Erschließung neuer Märkte – der Suche nach einem neuen Konsumenten für die gleiche Ware. Vor kurzem konnten wir einen neuen Schub dieses Prozesses beobachten, als in Moskau und Peking neue Filialen von McDonald's eröffnet wurden und in den Filmtheatern Osteuropas zum ersten Mal amerikanische Blockbusters liefen. Nichts ist dem Kapital fremder als das Prinzip Akkumulation, als die Sammlung, als das Archiv, das die Werte aus dem Umlauf herausnimmt und ruhen läßt – und aus der Sicht des Kapitals damit auch entwertet. Jede diskursive oder künstlerische Produktion braucht dagegen ein Archiv, wenn sie qualitativ hochwertig sein will, denn wenn es kein Archiv gibt, dann besteht auch keine Möglichkeit, die heutige Kulturproduktion mit der gestrigen Kulturproduktion qualitativ zu vergleichen. Wenn das Archiv fehlt – wenn alle Kunstwaren gleichermaßen zirkulieren –, dann fehlt auch das Kriterium des Vergleichs. Und der Intellektuelle oder der Künstler wissen einfach nicht mehr, ob sie gut sind oder nicht. Und vor allem wissen sie nicht mehr, ob das, was sie machen, neu ist oder nicht – wobei man nur, wenn man das Gefühl hat, etwas ganz Neues zu tun, in sein Werk die gehörige Energie investiert, um zu beweisen, daß sich dieses Neue mit dem Alten messen läßt. Wenn man nicht das

Gefühl hat, etwas Neues zu tun, arbeitet man bekanntlich nur mit halber Kraft.

Erst das Archiv, erst die Akkumulation der existierenden Kulturgüter, ermöglicht die Produktion des Neuen – und zwingt gleichzeitig zur Produktion des Neuen. Denn das Archiv bietet den Vergleich zwischen dem, was früher, und dem, was später produziert wurde, und eröffnet damit erst die Möglichkeit zu sagen, worin die Neuigkeit des Neuen eigentlich besteht. Und das Archiv zwingt zum Neuen, weil es Wiederholungen und Nachahmungen nicht in sich aufnimmt. Für das Archiv, für das historische Gedächtnis zu arbeiten bedeutet, ständig das Neue produzieren zu müssen. Wenn also der Konsument, d.h. in diesem Fall das Archiv, das gleiche bleibt, muß die Kunst neu werden. Wenn das Archiv fehlt, so fehlt auch der Zwang zum Neuen – er wird durch die Suche nach immer neuen Konsumenten für die gleiche Kunst ersetzt. Statt dem Zwang zum neuen Werk wird der Zwang zum neuen Markt erzeugt. Offensichtlich fehlt das Archiv heute. Die Institution Museum bietet dafür das beste Beispiel, weil das Museum lange Zeit als Ort des Kunstarchivs par excellence gedient hat. Die Bedeutung der permanenten musealen Sammlung tendiert aber seit einigen Jahren gegen Null. Das Museum wird heute hauptsächlich als Ort für große Ausstellungen genutzt, die das Publikum immer erneut anziehen sollen. Wenn früher die permanente Sammlung noch einen würdigen Hintergrund für solche Ausstellungen abgegeben hat, wird sie heute in dieser ihrer letzten gesellschaftlich relevanten Rolle durch die spektakuläre, spezifisch museale Architektur ersetzt. Die Kunst beginnt auch innerhalb des musealen Systems zu zirkulieren. Dabei will sie sich an ein immer neues Publikum oder, was noch auffälliger ist, an das junge Publikum wenden.

Dieser Ruf nach dem neuen und vor allem nach dem jungen Zuschauer, der mit allen Mitteln ins Museum, ins Theater, in die Oper usw. gebracht werden muß, ist zu einer richtigen Plage für den heutigen Kunstbetrieb geworden. Zu welcher Konferenz, zu welchem Symposium, zu welchem Kongreß in

Sachen Kunst und Kultur man auch kommt, man hört immer nur das eine: Jetzt müssen wir uns ernsthaft Gedanken darüber machen, wie wir die Menschen ins Museum, ins Theater, ins Konzert bringen, wie wir unsere künstlerische Arbeit für diejenigen attraktiv gestalten, die noch nie in einem Museum, in einem Theater oder in einem Konzert waren. Diese Sätze werden meist in einem milden, aber sorgenvollen Ton ausgesprochen, der den tiefen Wunsch des Sprechenden zum Ausdruck bringen soll, demokratisch, offen und kommunikativ zu sein – und den Ausschluß des Anderen durch seinen Einschluß zu ersetzen. Es handelt sich schließlich um den Ton, in dem das Kapital zu uns spricht, denn in diesem Ton klingt vor allem eine echte Sorge um das finanzielle Überleben der entsprechenden kulturellen Institutionen mit, das allein durch die Erschließung neuer Märkte und die Einbeziehung neuer Konsumenten gesichert werden kann. Wie soll man diese Sorge bewerten? Was soll man der Stimme des Kapitals antworten?

Zunächst einmal ist diese Sorge in jedem einzelnen Fall durchaus berechtigt – und leicht nachvollziehbar. Man darf aber bei allem Verständnis für diese Sorge nicht vergessen, daß ihr Ursprung in der schon angesprochenen fundamentalen Ungerechtigkeit liegt, d. h. in der Ungleichbehandlung von Kapital und Diskurs. Um das festzustellen, genügt es, sich in die Zeiten der früheren Avantgarde am Anfang des zwanzigsten Jahrhunderts zurückzuversetzen. Damals gab es auch hitzige Diskussionen über das Neue, aber es handelte sich um das Neue in der Kunst – nicht um das Umwerben eines neuen Publikums. Freilich wurde auch damals zur Rechtfertigung dieser neuen Kunst das Argument benutzt, eine neue Generation von Betrachtern brauche eine neue Kunst. Diese neue Generation wurde aber als eine historisch neue gedacht. Im Kontext eines großen historischen Narrativs, das in den musealen Archiven repräsentiert war, wurde jede Generation durch ihre eigene Kunst ausgewiesen: Renaissance, Barock, Romantik oder Impressionismus. Der Künstler der damaligen Zeit wollte zu einem Helden dieses großen Narrativs werden, in dem die Geschichte der modernen Kunst erzählt wurde. Und er wollte einen Platz in der musealen Sammlung erlangen, in der diese Geschichte repräsentiert wurde. Vor allem wollte der Avantgarde-Künstler diesen Platz im Museum auch dann und gerade dann erlangen, wenn er gegen das Museum kämpfte. Heute ist ein solcher Kampf sinnlos, denn das Museum ist nicht mehr der Ort, an dem der Wert eines Kunstwerks festgestellt wird. Und jede Geschichte, auch die Kunstgeschichte, ist schon seit langem zur Fiktion erklärt worden – was macht es da für einen Sinn, zum Helden einer fiktiven Geschichte zu werden?

Heute wird die junge Generation nicht historisch, sondern rein biologisch begriffen. Dementsprechend stellt sich auch nicht mehr die Frage, wie man einer neuen historischen Generation einen geschichtlich einmaligen Ausdruck gibt. Statt dessen will man dieser neuen Generation das gleiche verkaufen – aber so, daß man zugleich dem »Lebensgefühl der jungen Menschen gerecht wird«. Die kulturelle Innovation vollzieht sich heute als zeitgemäße Anpassung der kulturellen Tradition an neue Lebensumstände, neue Präsentations- und Distributionstechniken oder neue Wahrnehmungsmuster. Das Ziel dieser Anpassung besteht darin, die historischen Unterschiede zu überbrücken, die infolge der technischen und sozialen Entwicklung entstanden sind, und die heutige Jugend davon zu überzeugen, daß sich die Helden der Vergangenheit von der heutigen Jugend im Grunde nicht unterscheiden: Wie die Heutigen sind diese Helden geboren, haben geliebt und gelitten und sind später gestorben. Romeo und Julia leben in Slums, Orpheus singt in Begleitung seiner Gitarre. Auf diese Weise wird die junge Generation erreicht – ob sie es will oder nicht. Wenn sie nicht ins Theater geht, dann geht sie zumindest ins Kino – aber sie sieht auf jeden Fall das gleiche. Der Generationenkonflikt, der lange Zeit als Motor der Moderne funktionierte, ist inzwischen erledigt. Die junge Generation kommt nicht mehr als potentiell gefährlicher diskursiver Konkurrent, sondern als willkommener Konsument auf die Welt.

Indem das Kunstsystem von heute sowohl die eigene Aufgabe wie auch die Aufgabe des Künstlers vor allem darin sieht, die Kunstproduktion an den Mann zu bringen, agiert der heutige Künstler selbst so, wie das Kapital agiert. Die heutige Kunst gleicht, wie Beuys zu Recht sagte, auch wenn er dabei etwas anderes meinte, dem Kapital. Um das zu verdeutlichen, muß man allerdings zunächst mit einem weitverbreiteten Mißverständnis aufräumen. Oft meint man: Das Kunstwerk ist eine Ware wie jede andere. Der Kunstmarkt ist ein Teil des Marktes als solchen und funktioniert nach den üblichen Gesetzen der Warenökonomie. Die Kunstwerke zirkulieren in unserer Ökonomie wie jede andere Ware auch – im Kontext der allgemeinen Warenzirkulation. Daraus entsteht die Illusion, daß die heutige Kunst als Produktion dem Kapital entgegengesetzt sei. Zumindest seit Duchamp wissen wir aber, daß der heutige Künstler nicht produziert, sondern selektiert, kombiniert, transportiert und neu situiert. Die heutige Kunst operiert mit Readymades – auch dann, wenn diese Readymades selbst produziert sind. Und das bedeutet: Die Kunst operiert so, wie das Kapital operiert. Denn das Kapital operiert ebenfalls durch Selektion, Neuordnung, Neuverpackung, Deterritorialisierung, Reterritorialisierung usw. Der größte Künstler unserer Zeit ist das Kapital. Und der Künstler, wenn er ebenfalls groß sein will, beginnt, kapitalartig zu agieren – die Aufmerksamkeit wird verschoben vom Produkt selbst auf die Art und Weise seiner zeit- und ortsgemäßen Situierung. Jetzt wird deutlich, warum im Unterschied zur klassischen Avantgarde die heutige Kunst keine Revolte gegen das klassische Erbe inszeniert. Die Produzenten konkurrieren untereinander. Der heutige Künstler ist aber kein Produzent, sondern ein Appropriator – er steht in einem mimetischen Verhältnis zum Kapital, er appropriiert, wie das Kapital appropriiert. Die heutige Kunst behandelt das gesamte Kunsterbe so, wie Duchamp sein Urinoir behandelt hat: Sie stellt dieses Erbe unter anderen Bedingungen noch einmal aus, um für das gleiche Produkt ein neues Publikum zu gewinnen.

Duchamp praktizierte sein Readymade-Verfahren freilich

immer noch als Insider-Witz. In letzter Zeit hat sich in der Kunstszene dagegen der Pop-Geschmack als der führende Kunstgeschmack etabliert. Der Pop-Geschmack definiert sich als Vorliebe für alles, was populär ist, was sich medial verbreitet, was eine Massenwirkung erzeugt, was gute Statistiken in den Umfragen und gute Verkaufszahlen aufweisen kann. Und das bedeutet zunächst einmal: Der Pop-Geschmack als solcher ist mit dem Massengeschmack keineswegs identisch. Nehmen wir das folgende Beispiel, das sicherlich, wie jedes Beispiel, hinkt, aber trotzdem die Sache beleuchtet. Ein »einfacher« Massenzuschauer mag den Film »Titanic«, weil er meint, daß dieser Film wunderbar und großartig ist – daß er ein Meisterwerk ist, das ihn zum Lachen und Weinen bringt. Das ist übrigens das Hauptkriterium bei Bewertung durch den Massengeschmack: daß man bei der Betrachtung der Kunst lachen und weinen kann. Ein Zuschauer dagegen, der in der Tradition der »high culture« erzogen wurde, denkt vielmehr, daß »Titanic« einfach Schrott ist, ein typisches Produkt von Hollywood und seiner zynischen, kommerziellen Strategien, daß er der Verdummung der Massen und der Verschleierung der wirklichen sozialen Umstände und Konflikte dient. Wohlgemerkt lacht und weint auch dieser hochkulturelle Zuschauer mit dem guten Geschmack, wenn er »Titanic« sieht. Aber er interpretiert sein eigenes Weinen als einen zusätzlichen Beweis dafür, wie zynisch und manipulativ Hollywood sein kann. Je mehr der Zuschauer mit dem guten Geschmack bei »Titanic« weint, desto mehr wächst in ihm die Entschlossenheit, noch mehr Widerstand gegen die Übermacht der amerikanischen Kulturindustrie und gegen den »American way of life« überhaupt zu leisten. Denn wenn sogar er, der Mensch mit dem guten Geschmack, weint – wie können dann die breiten Massen sich der Manipulation durch die Kulturindustrie widersetzen? Die Antwort auf diese Frage ist allerdings bekannt: nur durch ununterbrochene Aufklärung.

Wie situiert sich aber ein Mensch mit Pop-Geschmack – nennen wir ihn den Pop-Fan – in diesem Spannungsfeld zwischen unmittelbarer Begeisterung und Kulturkritik?

Er weint nicht – aber er empört sich auch nicht. Er schaut überhaupt nicht so sehr auf den Film selbst – ihn interessieren nur die Zahlen. Wenn die Zahlen stimmen und beweisen, daß der Film ein großer Erfolg ist, dann findet der Pop-Fan diesen Film auf jeden Fall relevant. Aber eigentlich auch großartig. Einfach wunderbar. Weil dieser Film irgendwie dem Zeitgeist entspricht, weil seine Macher irgendwie den Zeitgeist gespürt haben. Und in diesem Sinne ist der Film lehrreich. Und das ist doch bei einem Film das Wichtigste. Dabei tendiert der Pop-Fan eigentlich dazu, »Titanic«, wenn er schon nach seiner ganz persönlichen Meinung gefragt wird, ebenfalls für Schrott zu halten. Aber Schrott ist für ihn kein Schrott mehr, wenn die Zahlen stimmen, sondern ein Meisterwerk. Und das ist der zentrale Punkt für die Konstituierung des Pop-Geschmacks: Der Pop-Geschmack reagiert nicht auf das Kunstwerk selbst, sondern auf das Kunstwerk plus die Zahlen, die seine Verbreitung fixieren. Und dieses Verfahren ist, muß man schon sagen, durch und durch avantgardistisch.

Arnold Gehlen sprach seinerzeit von der Kommentarbedürftigkeit der modernen, der avantgardistischen Kunst. Diese Formulierung ist genau und ungenau zugleich. Die Fähigkeit zum avantgardistischen Geschmack besteht ja eigentlich darin, das Kunstwerk und dessen Kommentar als eine untrennbare Einheit zu sehen. Denn das avantgardistische Kunstwerk ist eben ein solches, das seine eigene historische, politische, und sonstige Kontextualisierung explizit in sich selbst reflektiert. Wenn man von einem avantgardistischen Kunstwerk den Kommentar abzieht, dann bleibt eben ein sehr traditionelles Kunstwerk übrig – auch wenn es äußerlich und rein ästhetisch gesehen etwas anders aussieht als andere, traditionelle Kunstwerke. Unkommentiert sind das »Schwarze Quadrat« von Malewitsch oder »Fountain« von Duchamp trivial. Der Kommentar ist ihnen also nicht äußerlich, sondern ein integraler Teil dessen, was aus ihnen interessante Kunstwerke macht.

Der Pop-Geschmack konstituiert sich dadurch, daß er den Kommentar, also die Worte, durch Zahlen ersetzt. So kann man in diesem Sinne von der Zahlenbedürftigkeit des Pop-Geschmacks sprechen. Der Pop-Geschmack ist nämlich so konstituiert, daß er im primären Akt der Wahrnehmung eines Kunstwerks die Zahlen seiner Verbreitung mit wahrnimmt, mit fühlt, mit denkt. Das Kunstwerk und seine Statistik bilden hier eine untrennbare Einheit – so wie in der Kunst der Avantgarde das Kunstwerk und sein Kommentar eine untrennbare Einheit gebildet haben. Und das bedeutet: Der Pop-Geschmack ist vom Massengeschmack meilenweit entfernt – und hat eine völlig andere Genealogie. Der Pop-Geschmack ergibt sich aus einer durch und durch elitären Sensibilität, für welche die unmittelbare Reaktion eines Zuschauers, eines Zuhörers oder eines Lesers – eben Lachen und Weinen – einfach naiv ist. Der Pop-Geschmack ist ein reflektierender Geschmack: Er nimmt nicht nur das Kunstwerk, sondern auch seinen Kontext wahr – und beurteilt beide gleichzeitig. In diesem Sinne ist der Pop-Geschmack eine Variante oder eine Weiterentwicklung des avantgardistischen Geschmacks. Diese Genealogie wird noch deutlicher, wenn man bedenkt, daß der Pop-Geschmack ständig aktualisiert werden muß. Wer heute immer noch von Madonna schwärmt, ist passé. Und passé zu sein ist verboten. Wie die klassische Avantgarde strebt der Pop-Geschmack nach dem Neuen, nach dem Jetzt – danach, absolut modern zu sein. Der Pop-Geschmack ist also eine Variante der avantgardistischen Sensibilität, die, wie gesagt, Worte durch Zahlen ersetzt. Oder anders gesagt: Der Pop-Geschmack entsteht, wenn man einen alten Betrachter durch einen jungen Betrachter ersetzt.

Denn dem heutigen Kunst- und Kulturschaffenden schweben nicht nur abstrakte Zahlen vor, wenn er beginnt, seine Kunst zu praktizieren, und wenn er sich seinen Konsumenten, seinen Leser oder seinen Zuschauer vorstellt, für den er arbeitet. Vielmehr handelt es sich dabei um ein ganz bestimmtes Bild von einem solchen Konsumenten. Mir persönlich scheint, daß sich dieses Bild der Imagination des heutigen Autors als das »Schwarze Quadrat« von Malewitsch präsentiert. Dieses Bild ist nämlich völlig gereinigt von jeder kulturellen Voraussetzung, von jedem Vorwissen, von jedem Archiv. Malewitsch sprach von seinem »Schwarzen Quadrat« als von einem Baby, einem Neugeborenen – und zwar einem Neugeborenen aus dem Nichts. Das »Schwarze Quadrat« ist somit das ideale Bild jenes jungen Lesers oder jenes jungen Zuschauers, für den die heutige Kunst gemacht wird. Dieser ideale junge Konsument verfügt über kein Archiv von kulturellen Vergleichsmöglichkeiten. Sein Bewußtsein ist ein Quadrat – auf dem alles plaziert sein kann, was vom Kapital transportiert wird. Für diesen Konsumenten ist jede Kunst gleich neu und aufregend. Damit entfällt also die Suche nach dem Neuen in der Kunst definitiv.

Dabei kann der heutige Kunstbetrieb übrigens seine grenzenlose Verachtung für diejenigen nicht verbergen, die aus dem einen oder anderen Grund ein solches Archiv immer noch im Kopf haben – und zum historischen Vergleich fähig sind. Solche dunklen, unangenehmen Gestalten gelten als theorielastig, kopflastig und generell kunstfeindlich. Sie verderben nämlich ein unmittelbares Erlebnis der Kunst, d.h. eben diesen ekstatischen Schwarz-auf-Weiß-Zustand der totalen Unschuld, durch einen überflüssigen und gehässigen historischen Kommentar. Aber vor allem gelten sie als diejenigen, die es unter dem Vorwand, nach einer neuen Kunst zu suchen, vermeiden, die eigentliche Kunst-Arbeit unserer Zeit zu tun: ein immer neues Publikum für die gleiche Kunst zu gewinnen. Diese dunklen Gestalten können somit in der Tat nur Abscheu hervorrufen – und zwar sowohl bei Konsumenten, denen sie den ganzen Spaß verderben, als auch bei den Künstlern, denen sie das Geschäft mit diesem Spaß ruinieren. Auch von den Freunden, wenn sie in der Kunstszene tätig sind, hört man heutzutage immer wieder, daß bei dieser oder jener Kunstveranstaltung zum Glück nicht die üblichen Verdächtigen dabei waren, sondern ganz frisch aussehende junge Menschen, die fröhlich Bier getrunken haben – und schon deswegen das Ganze gut wahrgenommen und richtig verstanden haben, auch wenn sie nichts dazu gesagt haben. Wer also das Unglück hat, sich selbst zu den üblichen Verdächtigen zu zählen, und noch dazu von der schlechten Angewohnheit nicht lassen kann, das Gesehene zu kommentieren, sollte sich schämen. Die Zeiten sind definitiv vorbei, in denen die Kunst in erster Linie für diejenigen gemacht wurde, die diese Kunst am besten verstehen konnten, weil sie in ihrem eigenen Kopf das größtmögliche Archiv an Vergleichsmöglichkeiten hatten. Die heutige Kunst braucht keine Hermeneutik – diese stört nur, weil sie im Ruf steht, die Kunst schwieriger, unzugänglicher und anspruchsvoller zu machen, als sie es eigentlich sein soll.

Statt dessen braucht die heutige Kunst allein die Konsumenten, deren hermeneutisches Vermögen gegen Null tendiert. Das »Schwarze Quadrat« war als das letzte, minimale Bild konzipiert. Heute strebt man nach dem letzten, unbekannten Konsumenten, der minimale Forderungen an die Kunst stellt. In beiden Fällen steht das Ganze auf dem Spiel. Für Malewitsch symbolisierte sein »Schwarzes Quadrat« alle Bilder, weil alle Bilder die minimale Struktur aufweisen müssen, die im »Schwarzen Quadrat« zum Ausdruck kommt. Der unbekannte Konsument, der jenseits aller Kenntnisse und Voraussetzungen die Kunst wahrnehmen soll und für den die heutige Kunst gemacht wird, symbolisiert ebenfalls das Ganze des potentiellen Publikums. Sowohl das Kapital wie auch die Kunst befinden sich auf der Suche nach diesem unbekannten Konsumenten – nach dieser undeutlichen schwarzen Gestalt, die im weißen Nichts schwebt. Dabei werden übrigens nicht nur berüchtigte Kunstinsider, sondern im Grunde alle real existierenden Leser und Zuschauer vom heutigen Kunstsystem ungerecht und schlecht behandelt, weil sie alle das ein oder andere persönliche Archiv an Erinnerungen in ihren Köpfen haben – und vom Ideal des absolut archivlosen unbekannten Konsumenten immer noch zu weit entfernt sind.

Nun weiß ich, daß nach einer Analyse, die zu Recht oder zu Unrecht als eine kritische wahrgenommen wird, immer die Frage gestellt wird: Was ist dann die Alternative? Was können Sie vorschlagen, um es anders zu machen? Und wenn Sie es nicht können, wird Ihre Kritik dann möglicherweise allein vom Ressentiment gegen den Zeitgeist diktiert? Von Ressentiment geleitet zu werden gilt aber seit Nietzsche als schlecht.

Aber warum eigentlich? Wie verhält es sich eigentlich mit dieser Moralkeule des Ressentiments, die man sofort zu schwingen beginnt, wenn von einer kritischen Auseinandersetzung mit der Gegenwart die Rede ist?

Michel Foucaults »Il faut défendre la société« ist vor allem dank des Begriffs der Biopolitik bekanntgeworden, den er dort eingeführt hat. Mir scheint aber, daß das Interessanteste in diesem Buch die Rehabilitierung des Ressentiments ist, die dort, wenn auch nicht in diesen Termini formuliert, de facto betrieben wird. Foucault beschreibt nämlich die genuin politische Einstellung als eine solche, die Beleidigung, Ungerechtigkeit und Niederlage nicht vergißt und nicht verzeiht – auch wenn sie dabei hilflos und ohne Hoffnung bleibt. Oder die sogar Beleidigungen und Ungerechtigkeiten bloß erfindet, um sich selbst zu konstituieren. Dementsprechend läßt sich eine genuin politische Einstellung nicht durch den Nachweis ihrer Antiquiertheit oder historischen Überholtheit entmutigen – auch wenn dies bedeutet, daß sie für alle Zeiten nur auf ohnmächtige, gehässige Kommentare voller Ressentiment reduziert werden muß. Nun wissen wir sehr wohl, daß die Ungleichbehandlung von Kapital und Diskurs früh erkannt wurde – schon zu Zeiten von Flaubert und Baudelaire, die an ohnmächtig-gehässigen Kommentaren nicht gespart haben. Seitdem wurde vieles unternommen, um diese Ungerechtigkeit zu korrigieren – einschließlich der kommunistischen Revolutionen. Heute tendieren wir dazu, diese Revolutionen als gescheitert anzusehen und die Regime, die infolge dieser Revolutionen entstanden sind, als ungerecht einzuschätzen. Das mag so sein. Aber es bedeutet noch lange nicht, daß die Ungleichbehandlung von Kapital und Diskurs dadurch plötzlich gerecht geworden ist. Und das bedeutet weiter: Die Politik des Widerstands gegen diese Ungerechtigkeit muß fortgesetzt werden. Sie muß vor allem dadurch fortgesetzt werden, daß man als Autor der systematischen Unterforderung durch die heutige Gesellschaft widersteht – und damit die Tradition der modernen Kunst fortsetzt, wie sie von Greenberg verstanden wurde. Doch darüber hinaus muß man, denke ich, auch die Tradition des ohnmächtig-gehässigen Kommentars, also die Tradition des Ressentiments fortsetzen, die heute im Namen einer falsch verstandenen quasi-nietzscheanischen Moral unterdrückt wird. Denn ein solcher Kommentar voller Ressentiment bietet seinem Autor immer wieder eine Genugtuung, auf die man nicht ohne Not verzichten sollte.

Anmerkungen

Die Topologie der Aura

1 Walter Benjamin, »Das Kunstwerk im Zeitalter seiner technischen Reproduzierbarkeit«, in: ders., *Abhandlungen. Gesammelte Schriften*, Bd. I,2, Suhrkamp, Frankfurt/M. 1974, S. 437.
2 Walter Benjamin, »Der Sürrealismus. Die letzte Momentaufnahme der europäischen Intelligenz«, in: ders., *Angelus Novus. Ausgewählte Schriften* 2, Suhrkamp, Frankfurt/M. 1966, S. 213.
3 Walter Benjamin, »Über die Sprache überhaupt und über die Sprache des Menschen«, in: ders., *Angelus Novus. Ausgewählte Schriften* 2, Suhrkamp, Frankfurt/M. 1966, S. 9-26.

Der Künstler als Konsument

1 Marcel Mauss, »Gabentausch« (Essais sur le don), in: ders., *Soziologie und Anthropologie*, Fischer, Frankfurt/M., 1989, B. 2, S. 28ff.
2 Georges Bataille, »Der verfemte Teil« (La part maudite), in: ders., *Die Aufhebung der Ökonomie*, Matthes und Seitz, München 1967, S. 62ff.

Medienkunst im Museum

1 Siehe: Boris Groys, »Die Geschwindigkeit der Kunst«, in: ders., *Kunst-Kommentare*, Passagen Verlag, Wien 1997, S. 139-149.
2 Als Beispiel hierfür kann die Arbeit »City« von Beat Streuli dienen. Siehe: Boris Groys, »Die Dauer der Bilder« in diesem Band S. 104-110.
3 Siehe: Gilles Deleuze, *Das Bewegungs-Bild*, Kino 1, Suhrkamp, Frankfurt/M. 1989, S. 22ff.
4 Gilles Deleuze, *Das Bewegungs-Bild*, Kino 2, Suhrkamp, Frankfurt/M. 1991, S. 205ff.
5 So schreibt Jean-Louis Baudry: »What emerges here (in outline) is the specific function fullfilled by cinema as support and instrument of ideology...: creating a phantasmatization of the subject, it collaborates with marked efficacy in the maintainance of idea-

lism«, zit. nach: Jacques Aumont, Alain Begala, Michel Marie, Marc Vernet, *Aesthetics of Film*, University of Texas Press 1992, S. 216.

Ikonoklasmus als Verfahren: Ikonoklastische Strategien im Film

1 Boris Groys, »Iconoclastic Delights«, Videoinstallation (Kinoraum, Videocollage 20 min.). Gezeigt im Rahmen der Ausstellung »Iconoclash« im Zentrum für Kunst und Medientechnologie (ZKM) Karlsruhe, 4. Mai - 1. September 2002.

Einführung in die Heterochronie

1 Gezeigt in der Ausstellung »Douglas Gordon« im Kunsthaus Bregenz, 19. Januar - 14. April 2002.
2 James Hogg, *The Private Memoirs and Confessions of a Justified Sinner* (1824), Oxford University Press, Oxford 1999; dt. Ausgabe: *Die privaten Memoiren und Bekenntnisse eines gerechtfertigten Sünders*, hrsg. von Hannelore Winter, Reclam, Leipzig 1984.

Die Dauer der Bilder

1 Gezeigt in der Ausstellung »Beat Streuli: City« in der Kunsthalle Düsseldorf, 23. April - 27. Juni 1999.

Fragen ohne Antwort

1 Diainstallation »Fragen Projektionen« von Peter Fischli und David Weiss (1999-2002). Gezeigt in der Ausstellung »Fischli & Weiss: Fragen Projektionen« im Museum Ludwig Köln, 18. Oktober 2002 - 19. Januar 2003.

Das Versprechen der Photographie

1 Douglas Crimp, *On the Museum's Ruins*, MIT Press, Cambridge/ Massachusetts 1993, S. 58.
2 Ebd., S. 50 f.
3 Ebd., S. 75 ff.
4 Siehe dazu: Boris Groys, »Die Wahrheit in der Photographie«, in: ders., *Logik der Sammlung*, Carl Hanser Verlag, München/Wien 1997, S. 127-144.

5 Walter Benjamin, »Kleine Geschichte der Photographie«, in: ders., *Angelus Novus. Ausgewählte Schriften 2*, Suhrkamp, Frankfurt/M. 1966, S. 232.

6 Siehe: Horst Bredekamp, *Antikensehnsucht und Maschinenglauben. Die Geschichte der Kunstkammer und die Zukunft der Kunstgeschichte*, Wagenbach, Berlin 1993.

7 Siehe dazu: Siegfried Kracauer, »Die Photographie«, in: ders., *Schriften Bd. V/2: Aufsätze 1927-31*, Suhrkamp, Frankfurt/M. 1990, S. 86 ff., sowie: Roland Barthes, *Die helle Kammer*, Suhrkamp, Frankfurt/M. 1989.

8 Marcel Mauss, »Die Gabe«, in: ders., *Soziologie und Anthropologie*, Fischer, Frankfurt 1989, Bd. 2, S. 73ff.

9 Georges Bataille, »Der verfemte Teil«, in: ders., *Die Aufhebung der Ökonomie*, Matthes und Seitz, München 1985, S. 107ff.

10 Carl Schmitt, *Der Begriff des Politischen*, Duncker und Humblot, Berlin 1963, S. 83.

11 Die neuerlichen Diskussionen um den Tod von Prinzessin Diana haben die Problematik der Skoptophobie, des Schutzes vor dem fremden Blick, und der gesellschaftlichen Rolle der Photographie wieder einmal in Erinnerung gerufen.

Kunst im Zeitalter der Biopolitik: Vom Kunstwerk zur Kunstdokumentation

1 Siehe hierzu: Boris Groys, *Unter Verdacht. Eine Phänomenologie der Medien*, Carl Hanser Verlag, München 2000, S. 54ff.

2 Giorgio Agamben, *Homo sacer. Il potere sovrano e la nuda vita*, Giulio Einaudi Editore, Turin 1995, dt. Ausgabe: *Homo sacer. Die souveräne Macht und das nackte Leben*, übers. von Hubert Thüring, Suhrkamp, Frankfurt/M. 2002, S. 175-186.

3 Siehe auch: Jean-François Lyotard, *Le Différend*, Les Éditions de Minuit, Paris 1983, dt. Ausgabe: *Der Widerstreit*, übers. von Joseph Vogl, Wilhelm Fink, München 1987, S. 20.

4 Siehe: *Kollektiwnyje Dejstwija. Pojesdki sa gorod 1977-1998*, Ad marginem, Moskau 1998. Siehe hierzu auch Hubert Klocker, »Gestus und Objekt. Befreiung als Aktion. Eine europäische Komponente performativer Kunst«, in: *Out of Actions. Zwischen Performance und Objekt, 1949-1979*, Ausst.-Kat. The Museum of Contemporary Art, Los Angeles, MAK – Österreichisches Museum für angewandte Kunst, Wien, Museu d'Art Contemporani de Barcelona und Museum of Contemporary Art, Tokio, 1998/99, S. 167.

5 Walter Benjamin, »Das Kunstwerk im Zeitalter seiner technischen Reproduzierbarkeit«, erste Fassung (1935; in einer Variante erstveröffentlicht in franz. Übersetzung in: *Zeitschrift für Sozialforschung*, Bd. V, Paris 1936), Erstveröffentlichung in: ders., *Gesammelte Schriften*, Bd. I,2, Suhrkamp, Frankfurt/M. 1974, S. 437.

Die Stadt im Zeitalter ihrer touristischen Reproduzierbarkeit

1 Immanuel Kant, *Kritik der Urteilskraft*, Felix Meiner Verlag, Hamburg 1990.
2 Ebd., S. 90.
3 Karl Rosenkranz, *Ästhetik des Häßlichen*, Reclam, Leipzig 1990, S. 20.

Im Namen des Mediums:
Kunst und Politik der Avantgarde

1 Ausführlicher in: Boris Groys, »On the New«, *RES. Journal of Anthropology and Aesthetics*, Nr. 38, Harvard University, Cambridge Herbst 2000, S. 5-17.
2 Wassily Kandinsky, *Über das Geistige in der Kunst*, Benteli Verlag, Bern, 1952.
3 Kasimir Malewitsch, »Vvedenie v teoriyu pribavochnogo elementa v zhivopisi«, in: ders., *Suprematismus*, Florian Kupferberg Verlag, Mainz 1980.
4 Kasimir Malewitsch, »Zhivopisnye zakony v problemakh kino«, in: ders., *Sobranie sochineniy*, Gileya, Moskva 1995, S. 300-306.

Jenseits der Heterogenität: Die Ideologie der Cultural Studies
und ihr postkommunistisches Anderes

1 Roland Barthes, *Le degré zéro de l'écriture*, Seuil, Paris 1953; dt. Übers.: *Am Nullpunkt der Literatur*, Claassen, Hamburg 1959.
2 Kasimir Malewitch, »On the Museum«, in: *Essays on Art*, hrsg. von Troels Andersen, Wittenborn, New York 1971, Bd. 1, S. 68-72 (Übers. Boris Groys).
3 Francis Fukuyama, *The End of History and the Last Man*, Free Press, New York 1992; dt. Übers.: *Das Ende der Geschichte*, Kindler, München 1992.

Quellennachweise

Die Topologie der Aura

Vortrag anläßlich der Gründung der Walter Benjamin Gesellschaft e.V. in Barcelona und Port Bou im September 2000. Erstveröffentlichung in: *Neue Rundschau*, Heft 4/2002.

Der Künstler als Konsument

Erstveröffentlichung in: *Shopping – 100 Jahre Kunst und Konsum*, Hatje Cantz Verlag, Ostfildern 2002, S. 55-60 (Katalog zur Ausstellung »Shopping – 100 Jahre Kunst und Konsum« in der Schirn Kunsthalle Frankfurt, 28. September - 1. Dezember 2002).

Medienkunst im Museum

Erstveröffentlichung in: Claus Pias (Hrsg.), *Neue Vorträge zur Medienkultur*, VDG, Weimar 2000, S. 267-284.

Ikonoklasmus als Verfahren: Ikonoklastische Strategien im Film

Deutschsprachiges, bisher unveröffentlichtes Manuskript.
Englische Übersetzung: »Iconoclasm as an Artistic Device. Iconoclastic Strategies in Film«, in: Bruno Latour und Peter Weibel (Hrsg.), *Iconoclash*, MIT Press, Cambridge/Massachusetts 2002 (Katalog zur Ausstellung »Iconoclash« im Zentrum für Kunst und Medientechnologie (ZKM) Karlsruhe, 4. Mai - 1. September 2002).

Einführung in die Heterochronie

Bisher unveröffentlichter Beitrag zur Ausstellung »Douglas Gordon« im Kunsthaus Bregenz, 19. Januar - 14. April 2002.

Die Dauer der Bilder

Erstveröffentlichung in: *Beat Streuli: City*, Hatje Cantz Verlag, Ostfildern 1999, S. 13-19 (Katalog zur Ausstellung »Beat Streuli: City« in der Kunsthalle Düsseldorf, 23. April-27. Juni 1999).

Fragen ohne Antwort

Erstveröffentlichung in: *Fragen Projektionen*, Verlag der Buchhandlung Walther König, Köln 2002 (Katalog zur Ausstellung der Diainstallation »Fragen Projektionen« von Peter Fischli & David Weiss im Museum Ludwig Köln, 18. Oktober 2002-19. Januar 2003).

Das Versprechen der Photographie

Erstveröffentlichung in: Luminita Sabau (Hrsg.), *Das Versprechen der Photographie*, Prestel, München 1998. S. 26-33.

Die Erotik des Nicht-Perfekten

Erstveröffentlichung (englische Übersetzung) in: Boris Mikhailov, *Salt Lake*, Steidl, Göttingen 2002.
Deutschsprachige Fassung in: Hans Belting, Dietmar Kamper, Martin Schulz (Hrsg.), *Quel corps? Eine Frage der Repräsentation*, Wilhelm Fink, München 2002, S. 292-400.

Kunst im Zeitalter der Biopolitik:
Vom Kunstwerk zur Kunstdokumentation

Erstveröffentlichung in: Okwui Enwesor et al. (Hrsg.), *Documenta 11 Plattform 5*, Hatje Cantz Verlag, Ostfildern 2002, S. 107-113 (Katalog zur Documenta 11 in Kassel, 2002).

Die Einsamkeit des Projekts

Deutschsprachiges, bisher unveröffentlichtes Manuskript.
Englische Übersetzung: Boris Groys, *The Loneliness of the Project*, Publikation des Museum of Contemporary Art of Antwerp, hrsg. von Bart de Baere, Antwerpen 2002.

Das Museum im Zeitalter der Medien

Bisher unveröffentlichtes Vortragsmanuskript.
Vortrag im Rahmen der Konferenz des CIMAM Modern Art (»The Museum as a Statement? The Erosion of the Public Role of the Museum«) im Museum für Gegenwart im Hamburger Bahnhof Berlin, 18.-22. September 2002.

Die Stadt im Zeitalter ihrer touristischen Reproduzierbarkeit

Deutschsprachiges, bisher unveröffentlichtes Manuskript.
Englische Übersetzung in: »The City in the Age of Touristic Reproduction«, in: Alfons Hug (Hrsg.), *Cidades. 25ª Bienal de Sao Paulo,* Sao Paulo 2002, S. 44-55.

Versklavte Götter: Kino und Metaphysik

Erstveröffentlichung in: *Lettre International,* Heft 52/2001, S. 55-59.

Im Namen des Mediums«: Kunst und Politik der Avantgarde

Erstveröffentlichung in: Bazon Brock, Gerlinde Koschik (Hrsg.), *Krieg und Kunst,* Wilhelm Fink, München 2002.

Jenseits der Heterogenität: Die Ideologie der Cultural Studies und ihr postkommunistisches Anderes

Deutsche Übersetzung (Übers.: Barbara Kuon) des englischsprachigen Manuskripts.
Erstveröffentlichung: »Beyond Diversity: Cultural Studies and Its Postcommunist Other«, in: Okwui Enwesor et al. (Hrsg.), *Democracy Unrealised. Documenta 11 Plattform 1,* Hatje Cantz Verlag, Ostfildern 2002, S. 303-319.

Die Sprache des Geldes

Erstveröffentlichung in: *Wiener Slawistischer Almanach,* Bd. 50/2002.

Kapital. Kunst. Gerechtigkeit

Bisher unveröffentlichtes Vortragsmanuskript.
Vortrag im Rahmen der Reihe »Kapitalismus und Gerechtigkeit« am Schauspielhaus im Schiffbau Zürich, 6. April 2002.

Bei Fragen zur Produktsicherheit wenden
Sie sich bitte an den Carl Hanser Verlag:
Vilshofener Straße 10, 81679 München
info@hanser.de